GOT1000 시리즈와 멜섹 Q PLC를 이용한 !

HMI 응용실습

조철수 저

구민사

GOT1000 시리즈와 멜섹 Q PLC를 이용한
HMI 응용실습

머리말

HMI(Human Machine Interface) 시스템은 단순한 전기시퀀스 및 PLC로만 시스템을 구성하면 사용자가 쉽게 감시 및 제어하기가 힘들기 때문에 현장의 구조와 형태를 그래픽하여 한눈에 쉽게 파악할 수 있도록 한 시스템이다. 산업현장이 자동화되어가고 스마트화되어 감에 따라 기존의 자동화 판넬에서 HMI시스템을 도입이 확대되고 있는 중이다.

제4차 산업혁명 즉, Industry4.0이나 국내의 제조업 혁신 3.0에서 산업계에 적용하는 Smart Factory는 현재의 자동화시스템 기술에 ICT 기술을 접목하여 One Stop 제조가 가능하도록 하는 기술을 적용하고자 한다. 여기에서 핵심은 정보의 저장과 분류 및 가공하는 능력이다. 이에 따라 차세대 HMI는 단순한 스크린 적용을 넘어서서 데이터의 제어와 관리가 가능하며 그를 위한 보안성과 이동성까지 제공하는 강력한 인터페이스가 될 것이다. 이제는 산업용 제품뿐만 아니라 더 많은 분야에서 적용이 이루어질 수밖에 없다. 본 책은 HMI 기술을 배울 마땅한 교재가 없어 고민하고 있던 자동화 기술자나 학생들에게 기본적인 HMI의 작화 기술을 쉽게 따라가면서 배울 수 있도록 기술하였다. HMI에 접속하여 직접 제어부분을 담당하는 PLC(미쓰비시 QCPU)에 대한 기본설명과 PLC 프로그래밍에 필요한 기본명령어와 응용명령어를 간단한 예제와 함께 서술하였다. HMI와 PLC의 접속방법과 인텔리전트 모듈인 A/D모듈과 D/A모듈의 사용법을 설명하고 어떻게 HMI에 적용할 것인가에 대하여도 기술하였다.

본 교재가 자동화 분야를 공부하는 학생들이나 자동화 분야에 종사하고 있는 기술자들에게 많은 도움이 되기를 바란다. 끝으로 본 교재가 나오기까지 도움을 주신 도서출판 구민사 조규백 대표님과 담당자들, 그리고 전공분야에 조언을 해주신 지인 여러분들에게 감사의 말씀을 드립니다.

저자

Contents

LEARNING
IS FUN!

GOT1000 시리즈와 멜섹 & PLC를 이용한

HMI 응용실습

CHAPTER 01

멜섹 Q PLC 기초

멜섹 Q PLC 기초

1.1 개요

1.1.1 PLC의 명령 처리 순서

PLC의 CPU 모듈은 명령 실행을 [그림 1-1]의 순서로 처리한다.

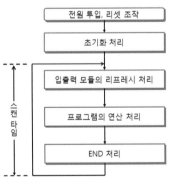

```
┌─────────────────────┐
│  전원 투입, 리셋 조작   │
└─────────────────────┘
┌─────────────────────┐
│      초기화 처리       │
└─────────────────────┘
┌─────────────────────┐
│ 입출력 모듈의 리프레시 처리 │
└─────────────────────┘
┌─────────────────────┐
│   프로그램의 연산 처리   │
└─────────────────────┘
┌─────────────────────┐
│      END 처리        │
└─────────────────────┘
```

스캔 타임

|그림 1-1| PLC의 명령 처리 순서

1 초기화 처리

프로그램을 연산하기 위한 사전처리를 한다. 전원 투입이나 리셋 조작시 한번만 실행된다.

2 입출력 모듈의 리프레시 처리

입력 모듈이나 인텔리전트 기능 모듈에서 CPU 모듈에 ON/OFF 데이터의 입력과 CPU 모듈에서 출력 모듈 또는 인텔리전트 기능 모듈에 대한 ON/OFF 데이터의 출력이 실행된다.

3 프로그램의 연산 처리

CPU 모듈에 저장되어 있는 프로그램의 스텝 0에서 END/FEND 명령까지 순차적으로 실행한다.

4 END 처리

네트워크 모듈 등과의 리프레시 처리나 외부 기기와의 교신 등을 실행한다.

1.1.2 프로그램의 저장과 실행

1 프로그램 작성

GX Work2에서 프로그램을 작성한다.

2 프로그램 저장

작성한 프로그램이나 파라미터는 아래의 CPU 모듈 메모리에 저장한다.
- **프로그램 메모리**
- **표준 ROM(파라미터만)**
- **메모리 카드**

3 프로그램 실행

프로그램 메모리에 저장되어 있는 프로그램을 연산한다.

1.2 CPU 모듈의 동작

1.2.1 초기화 처리

1 시퀀스 프로그램을 연산하기 위한 사전 처리이다. [표1-1]에 초기화 처리가 시행되는 CPU 모듈의 상태와 처리 항목들을 나타내었다.

|표1-1| 초기화 처리 일람

초기화 처리 항목	CPU 모듈 상태		
	전원투입시	리셋조작시	STOP→RUN 시
입출력 모듈의 초기화	O	O	X
메모리 카드에서의 부트	O	O	X
PLC 파라미터 체크	O	O	O
멀티 CPU 시스템 파라미터의 동일성 체크	O	O	O
래치 범위를 벗어나는 디바이스의 초기화	O	O	X
장착 모듈 입출력 번호의 자동 할당	O	O	O
CC-Link IE 컨트롤러 네트워크, MELSECNET/H 정보 세트	O	O	X
인텔리전트 기능 모듈의 스위치 설정	O	O	X
CC-Link 정보 세트	O	O	X
Ethernet 정보 세트	O	O	X
디바이스 초기값 세트	O	O	O
시리얼 커뮤니케이션 기능 설정	O	O	X

2 초기화 처리가 완료되면, CPU 모듈은 RUN/STOP/RESET 스위치로 설정한 동작 상태가 된다.

1.2.2 입출력 모듈의 리프레시 처리

시퀀스 프로그램의 연산 시작 전에 실행하는 기능으로 입력 모듈 또는 인텔리전트 기능 모듈에서 CPU 모듈에 ON/OFF 데이터를 입력하고, CPU 모듈에서 출력 모듈 또는 인텔리전트 기능 모듈에 ON/OFF 데이터를 출력하는 처리를 한다.

1.2.3 프로그램 연산

CPU 모듈에 저장되어 있는 프로그램의 스텝 0부터 END/FEND 명령까지 순차적으로 실행한다.

1.2.4 END 처리

프로그램 연산을 완료하면 CPU 모듈은 네트워크 모듈 등과 리프레시 처리를 하거나 외부 기기와 교신을 한다.
주요 내용은 다음과 같다.

- 네트워크 모듈의 리프레시
- 인텔리전트 기능 모듈의 자동 리프레시
- 인텔리전트 기능 모듈 전용 명령 처리
- 디바이스 데이터의 래치 처리
- 서비스 처리
- WDT 리셋
- 멀티 CPU 간 자동 리프레시
- 샘플링 트레이스 기능에 의한 디바이스 내용 수집
- 자기 진단 처리
- 특수 릴레이/특수 레지스터에 대한 값 세트

RUN 상태, STOP 상태, PAUSE 상태의 연산 처리

1 RUN 상태의 연산 처리

RUN 상태에서 시퀀스 프로그램의 연산을 스텝 0 → END(FEND) 명령 → 스텝 0의 순서로 반복해서 연산한다.

2 STOP 상태의 연산 처리

RUN/STOP/RESET 스위치의 STOP 상태 또는 리모트 STOP에 의해 시퀀스 프로그램의 연산을 중지하고 있는 상태이거나 정지 에러가 발생한 경우에도 STOP 상태가 된다.
STOP 상태가 되면 출력(Y) 상태를 임시 저장하고 출력을 모두 OFF한다. 출력 이외의 디바이스 메모리 값은 유지된다.

3 PAUSE 상태의 연산 처리

PAUSE 상태는 리모트 PAUSE에 의해 1 스캔 실행 후에 출력 및 디바이스 메모리의 상태를 유지한 채로 시퀀스 프로그램의 연산을 중지하고 있는 상태이다.

4 스위치 조작 시 CPU 모듈의 연산 처리

1) RUN → STOP
- END 명령까지 실행하고 정지한다.
- STOP 상태가 되기 직전의 출력(Y) 상태를 임시 저장하고 모든 접점을 OFF한다.
- STOP 상태가 되기 직전의 디바이스 메모리 상태를 유지한다.

2) STOP → RUN
- 스텝 0부터 시퀀스 프로그램의 연산처리를 시작한다.
- STOP 상태가 되기 직전의 디바이스 메모리 상태를 유지한다. 다만 디바이스 초기값이 설정되어 있는 경우, 디바이스 초기값을 세트한다.

1.2.6 순간 정전 시의 연산 처리

1 허용 순간 정전 시간 이하의 순간 정전이 발생한 경우

순간 정전이 발생하면 에러 이력을 등록하고 나서 연산처리를 중단한다. 다만 타이머 디바이스의 계측은 계속한다. 이때 출력 상태는 유지된다. 그리고 순간 정전이 해제되면 연산 처리를 속행한다.

2 허용 순간 정전 시간을 초과하는 정전이 발생한 경우

CPU 모듈은 초기화 스타트한다.

1.3 베이스 모듈과 인출력 번호 할당

1.3.1 베이스 모듈 할당

1 베이스 모드

기본 베이스 모듈, 증설 베이스 모듈에 장착할 수 있는 슬롯수를 할당하는 모듈이다. 베이스 모드에는 자동모드와 상세모드가 있다.

1) **자동 모드** : 사용하는 베이스 모듈의 실제 슬롯수로 베이스 모듈을 할당하는 모드

2) **상세 모드** : 베이스 모듈마다 설정하는 모드이다. 슬롯수는 사용하는 베이스 모듈의 실제 슬롯수에 관계없이 설정할 수 있다.

2 베이스 모듈 할당 설정

[그림 1-2]와 같이 PLC 파라미터의 I/O 할당 설정의 베이스 모드에서 설정한다.

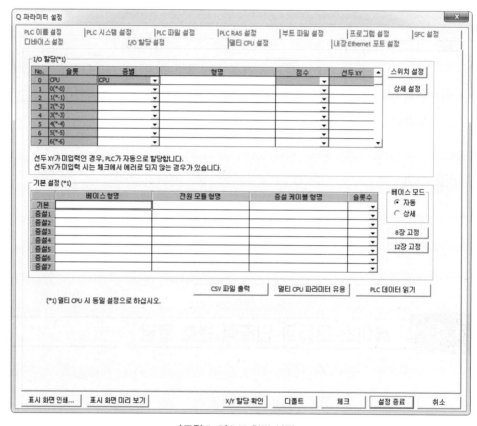

|그림 1-2| I/O 할당 설정

입출력 번호 할당

1 ON/OFF 데이터 수신과 출력

CPU 모듈의 ON/OFF 데이터 수신은 입력모듈(X)로, CPU 모듈에서 ON/OFF 데이터 출력은 출력모듈(Y)로 실행한다.

2 입출력 번호 표현

입출력 번호는 16진수로 표현한다. 16점의 입출력 모듈을 사용하는 경우 입출력 번호는 [그림 1-3]과 같이 1슬롯이 □□0 ~ □□F의 16점으로 연번이 된다.
입력 모듈의 경우 입력 번호의 선두에 "X"를, 출력 모듈의 경우 출력 번호의 선두에 "Y"를 붙인다.

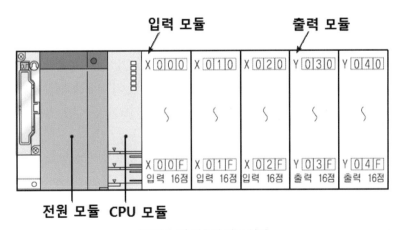

|그림 1-3| 입출력 번호 설정

1.4 CPU 모듈의 동작

 내부 사용자 디바이스

1 입력(X)

푸시 버튼 스위치, 전환 스위치, 리미트 스위치, 디지털 스위치 등의 외부 기기에서 CPU 모듈에 명령이나 데이터를 보내기 위한 디바이스이다.

프로그램 내에서 입력의 a접점과 b접점의 사용수는 프로그램 용량의 범위 내라면 제한이 없다.

2 출력(Y)

프로그램 제어 결과를 외부의 신호등 디지털 표시기, 전자 개폐기, 솔레노이드 등에 출력하는 디바이스이다. a접점을 사용하는 것처럼 외부에 출력할 수 있다.

프로그램 내에서 출력의 a접점과 b접점의 사용수는 프로그램 용량의 범위 내라면 제한이 없다.

입력 모듈을 장착한 영역 및 모듈 미장착 영역에 대응하는 출력(Y)를 내부 릴레이(M) 대신으로 사용할 수 있다.

3 내부 릴레이(M)

CPU 모듈 내부에서 사용하는 보조 릴레이이다. 내부 릴레이는 정전 유지 기능이 없고, 프로그램 내에서 a접점과 b접점의 사용수는 프로그램 용량의 범위 내라면 제한이 없다.

시퀀스 프로그램의 연산 결과를 외부에 출력하는 경우에는 출력(Y)를 사용한다.

4 래치 릴레이(L)

CPU 모듈 내부에서 사용하는 정전 유지(래치)가 가능한 보조 릴레이이다. 정전 중에는 래치 릴레이의 내용을 CPU 모듈 본체의 배터리에 의해 유지하고 있다. 전원을 OFF → ON하거나 CPU 모듈을 리셋하더라도 연산결과를 유지한다.

래치 클리어 조작으로 OFF가능하다. 프로그램 내에서 a접점과 b접점의 사용수는 프로그램 용량의 범위 내라면 제한이 없다.

5 어넌시에이터(F)

1) 사용자가 제작한 설비에 대해 이상이나 고장 검출용 프로그램에 사용하면 편리한 내부 릴레이이다. 어넌시에이터를 ON하면 특수 릴레이(SM62)가 ON되고 특수 레지스터(SD62 ~ 79)에 ON한 어넌시에이터의 개수와 번호가 저장된다.

- **특수 릴레이** : SM60-어넌시에이터 1개라도 ON하면 ON
- **특수 레지스터**
  · SD62 : 최초로 ON한 어넌시에이터 번호를 저장
  · SD63 : ON되어 있는 어넌시에이터의 개수를 저장
  · SD64 ~ 79 : ON한 순서로 어넌시에이터 번호를 저장

2) 어넌시에이터 ON 방법

- SET F□ 명령
  SET F□ 명령은 입력 조건의 상승펄스 시(OFF→ON)만 어넌시에이터를 ON한다. 입력조건이 OFF되어도 어넌시에이터는 ON상태를 유지한다.
- OUT F□ 명령
  OUT F□ 명령을 사용하여 어넌시에이터의 ON/OFF할 수 있지만, 매스캔 처리하므로 SET F□ 명령을 사용하는 것보다 스캔타임이 늘어난다.

3) 어넌시에이터 OFF 방법

- RST F□ 명령
  SET F□ 명령으로 ON한 어넌시에이터 번호를 OFF하는 경우에 사용한다.
- LEDR 명령
  SD62, SD64에 저장되어 있는 어넌시에이터 번호를 OFF하는 경우에 사용한다.

- BKRST 명령

지정 범위의 어넌시에이터 번호를 일괄로 OFF하는 경우에 사용한다.

6 에지 릴레이(V)

래더 블록의 선두부터 접점의 ON/OFF 정보를 기억하는 디바이스이다. 접점으로만
사용할 수 있고, 코일으로는 사용할 수 없다.

인덱스 수식을 사용한 프로그램에서 상승펄스(OFF→ON)를 검출하여 실행하도록
하는 경우에 사용한다.

7 링크 릴레이(B')

MELSECNET/H 네트워크 모듈 등의 링크 릴레이(LB)를 CPU 모듈에
리프레시하거나 CPU 모듈 내의 데이터를 MELSECNET/H 네트워크 모듈 등의 링크
릴레이(LB)에 리프레시하는 경우에 사용하는 CPU 모듈측 릴레이이다.

네트워크 파라미터의 설정이 필요하다. 네트워크 파라미터가 설정되어 있지 않은
범위는 내부 릴레이 또는 래치 릴레이로 사용할 수 있다.

8 링크 특수 릴레이(SB)

CC-Link IE 컨트롤러 네트워크 모듈 및 MELSECNET/H 네트워크 모듈 등의
인텔리전트 기능 모듈의 통신 상태 및 이상 상태 검출을 나타내는 릴레이이다.

데이터 링크 시에 발생하는 다양한 요인에 의해 ON/OFF된다. 링크 특수 릴레이를
모니터하여 데이터의 통신 상태 및 이상 상태를 파악할 수 있다.

CPU 모듈의 링크 특수 릴레이 점수는 2048점(SB0~7FF)이다. 다만 PLC 파라미터의
디바이스 설정에서 변경할 수 있다.

CC-Link IE 컨트롤러 네트워크 모듈 및 MELSECNET/H 네트워크 모듈 등의
인텔리전트 기능 모듈이 가지고 있는 링크 특수 릴레이는 512점이다.

9 스텝 릴레이(S)

SFC 프로그램용 디바이스이다.

10 타이머(T)

1) 타이머의 코일이 ON되면 카운터를 시작하고, 현재값이 설정값과 동일한 값을 가지게 되면 타임업하여 접점이 ON된다.

2) 타이머의 종류

 - 코일이 OFF되었을 때 현재값이 0이 되는 타이머
  · 저속 타이머(OUT T)
  · 고속 타이머(OUTH T)
 - 코일이 OFF되어도 현재값을 유지하는 적산 타이머
  · 저속 적산 타이머(OUT ST)
  · 고속 적산 타이머(OUTH ST)
  · 현재값의 클리어는 접점의 OFF는 [RST ST] 명령으로 실행한다.

3) 저속 타이머

 - 계측 단위가 1 ~ 1000ms인 타이머
 - **계측 단위 설정**
  · PLC 파라미터의 PLC 시스템 설정에서 설정
  · 디폴트 값 : 100ms
  · 1ms 단위로 변경 가능

4) 고속 타이머

 - 계측 단위가 0.01 ~ 100ms인 타이머
 - **계측 단위 설정**
  · 디폴트 값 : 10.0ms
  · 0.01ms 단위로 변경가능

11 카운터(C)

1) 시퀀스 프로그램에서 입력 조건의 상승펄스 횟수를 카운트하는 디바이스이다. 카운트값과 설정값이 동일한 값을 가지게 되면 카운트업하여 접점이 ON된다.

2) 카운터의 종류
- 시퀀스 프로그램에서 입력 조건의 상승펄스 횟수를 카운트하는 카운터
- 인터럽트 요인의 발생 횟수를 카운트하는 인터럽트 카운터

3) 카운터 처리
- **OUT C 명령의 실행 시**
  - 카운터 코일의 ON/OFF, 현재값 경신(카운터 + 1) 및 접점의 ON을 실행
- **현재값 경신(카운터 + 1)**
  - OUT C 명령의 상승펄스 시(OFF → ON)에 실행
  - OUT C 명령의 OFF, ON → ON 및 ON → OFF 시는 현재값을 경신하지 않는다.
- **카운터 리셋**
  - 카운터의 현재값은 OUT C 명령이 OFF되어도 클리어되지 않는다.
  - 카운터의 현재값 클리어(리셋)와 접점의 OFF는 RST C 명령으로 실행
  - RST C 명령을 실행한 시점에서 카운터값은 클리어되고 접점도 OFF 된다.

12 데이터 레지스터(D)

1) 수치 데이터(-32768~32767 또는 0000H~FFFFH)를 저장할 수 있는 메모리이다.

2) 데이터 레지스터의 비트 구성
- **비트 구성과 읽기 및 쓰기 단위**
  - 데이터 레지스터는 1점 16비트로 구성되며 16비트 단위로 읽거나 쓸 수 있다.
- **32비트 명령으로 데이터 레지스터를 사용할 때**
  - 연속된 2점의 데이터 레지스터(Dn과 Dn+1)가 처리 대상이 된다. 시퀀스 프로그램에서 지정하고 있는 데이터 레지스터 번호(Dn)가 하위 16비트가 되고, 시퀀스 프로그램에서 지정하고 있는 데이터 레지스터 번호 + 1의 데이터 레지스터가 상위 16비트가 된다.

3) 입력 데이터 유지

데이터 레지스터에 저장되어 있는 데이터는 다른 데이터를 저장할 때까지 유지된다. 다만 CPU 모듈을 OFF하거나 리셋하면 초기화된다.

13 링크 레지스터(W)

1) MELSECNET/H 네트워크 모듈 등의 인텔리전트 기능 모듈의 링크 레지스터(W)의 데이터를 CPU 모듈에 리프레시하는 경우에 사용하는 CPU 모듈측 메모리이다.

2) 수치 데이터(-32768~32767 또는 0000H~FFFFH)를 저장할 수 있다.

3) 데이터 레지스터의 비트 구성

　- 비트 구성과 읽기 및 쓰기 단위
　　· 데이터 레지스터는 1점 16비트로 구성되며 16비트 단위로 읽거나 쓸 수 있다.

　- 32비트 명령으로 링크 레지스터를 사용할 때
　　· 연속된 2점의 링크 레지스터(Wn과 Wn+1)가 처리 대상이 된다. 시퀀스 프로그램에서 지정하고 있는 링크 레지스터 번호(Wn)가 하위 16비트가 되고, 시퀀스 프로그램에서 지정하고 있는 링크 레지스터 번호 + 1의 데이터 레지스터가 상위 16비트가 된다.

4) 입력 데이터 유지

링크 레지스터에 저장되어 있는 데이터는 다른 데이터를 저장할 때까지 유지된다. 다만 CPU 모듈을 OFF하거나 리셋하면 초기화된다.

5) 네트워크 시스템에서 사용하는 경우

네트워크 파라미터의 설정이 필요하며, 네트워크 파라미터에 설정되어 있지 않은 범위는 데이터 레지스터의 대용으로 사용할 수 있다.

14 링크 특수 레지스터(SW)

1) CC-Link IE 컨트롤러 네트워크 모듈 및 MELSECNET/H 네트워크 모듈 등의 인텔리전트 기능 모듈의 통신상태 및 이상 내용을 저장하는 레지스터이다.

2) 데이터 링크 시의 정보가 수치로 저장되므로, 링크 특수 레지스터를 모니터하여 이상 위치 및 원인을 파악할 수 있다.

3) CPU 모듈의 링크 특수 릴레이 점수는 2048점(SW0 ～ 7FF)이다. 다만 PLC 파라미터의 디바이스 설정에서 변경할 수 있다.

4) CC-Link IE 컨트롤러 네트워크 모듈 및 MELSECNET/H 네트워크 모듈 등 인텔리전트 기능 모듈이 가지고 있는 링크 특수 레지스터는 512점이다.

 1.4.2 내부 시스템 디바이스

1 특수 릴레이(SM)

1) PLC 내부에서 사양이 정해져 있는 내부 릴레이로, CPU 모듈의 상태가 저장된다.

2) 사용가능한 특수 릴레이의 일람표를 [표 1-2]에 나타내었다.

|표1-2| 사용가능한 특수 릴레이 일람

분류	특수 릴레이
진단 정보	SM0 ~ 199
시리얼 커뮤니케이션 기능	SM100 ~ 115(03H에서는 사용불가)
시스템 정보	SM200 ~ 399
시스템 클록/시스템 카운터	SM400 ~ 499
스캔 정보 및 I/O 리프레시	SM500 ~ 599
드라이브 정보	SM600 ~ 699
명령관련	SM700 ~ 799
디버그	SM800 ~ 899
래치 영역	SM900 ~ 999
A → QnA 변환 대응	SM1000 ~ 1299
이중화 전원 모듈 정보	SM1780 ~ 1799

2 특수 레지스터(SD)

1) PLC 내부에서 사양이 정해져 있는 내부 레지스터로, CPU 모듈의 상태(고장 진단이나 시스템 정보 등)가 저장된다.

2) 사용가능한 특수 레지스터의 일람표를 [표 1-3]에 나타내었다.

|표1-3| 사용가능한 특수 레지스터 일람

분류	특수 레지스터
진단 정보	SD0 ~ 199
시리얼 커뮤니케이션 기능	SD100 ~ 115(03H에서는 사용불가)
시스템 정보	SD200 ~ 399
시스템 클록/시스템 카운터	SD400 ~ 499
스캔 정보 및 I/O 리프레시	SD500 ~ 599
드라이브 정보	SD600 ~ 699
명령관련	SD700 ~ 799
디버그	SD800 ~ 899
래치 영역	SD900 ~ 999
A → QnA 변환 대응	SD1000 ~ 1299
이중화 전원 모듈 정보	SD1780 ~ 1799

링크 다이렉트 디바이스(J□W□)

1 CC-Link IE 컨트롤러 네트워크 또는 MELSECNET/H의 네트워크 모듈 내의 링크 디바이스를 직접 액세스하는 디바이스이다.

2 CPU 모듈의 링크 리프레시에 관계없이 시퀀스 프로그램에 의해 CC-Link IE 컨트롤러 네트워크 또는 MELSECNET/H의 네트워크 모듈 내의 링크 디바이스를 직접 읽거나 쓸 수 있다.

3 지정 방법

네트워크 No.와 디바이스 번호를 지정한다.
- J : 네트워크 No.
- W : 디바이스 번호

 모듈 액세스 디바이스(U□WG□)

1 기본 베이스 모듈 및 증설 베이스 모듈에 장착되어 있는 인텔리전트 기능 모듈의 버퍼메모리에 CPU 모듈에서 직접 액세스하는 디바이스이다.

2 지정 방법

인텔리전트 기능 모듈의 입출력 번호와 버퍼메모리 어드레스를 지정한다.
- U : 인텔리전트 기능 모듈의 선두 입출력 번호
- W : 버퍼메모리 어드레스

인덱스 레지스터(Z)와 범용 연산 레지스터(Z)

1 인텍스 제지스터(Z)

1) 시퀀스 프로그램에서 사용하는 디바이스의 간접 설정(인덱스 수식)에 사용하는 디바이스이다.

2) 인덱스 레지스터의 비트 구성

- **비트 구성과 읽기 및 쓰기 단위**
  - 데이터 레지스터는 1점 16비트로 구성되며 16비트 단위로 읽거나 쓸 수 있다.
- **32비트 명령으로 인덱스 레지스터를 사용할 때**
  - 연속된 2점의 데이터 레지스터(Zn과 $Zn+1$)가 처리 대상이 된다. 시퀀스 프로그램에서 지정하고 있는 인덱스 레지스터 번호(Zn)가 하위 16비트가 되고, 시퀀스 프로그램에서 지정하고 있는 인덱스 레지스터 번호 + 1의 인덱스 레지스터가 상위 16비트가 된다.

2 범용 연산 레지스터(Z)

1) 레지스터 연산 간에 인덱스 레지스터를 사용하여 연산을 보다 고속으로 실행할 수 있다. 이때 사용하는 인덱스 레지스터를 범용 연산 레지스터라고 한다.

2) 범용 연산 레지스터는 인덱스 레지스터와 같은 디바이스이므로, 인덱스 수식 시는 범용 연산 레지스터의 디바이스 번호와 겹치지 않게 한다.

1.4.6 네스팅(N)

1 마스트 컨트롤 명령(MC 명령, MCR 명령)을 사용하여 동작 조건을 네스트 구조로 프로그래밍하기 위한 디바이스이다.

2 마스트 컨트롤 명령에서의 지정방법

1) 래더의 공통 모선의 개폐에 의해 회로를 전환하는 명령

2) 네스팅은 네스트 구조의 바깥쪽부터 작은 번호(N0에서 N14의 순서)로 지정

1.4.7 포인터(P)

1 포인터 분기 명령(CJ, SCJ, JMP)이나 서브 루틴 호출 명령(CALL 등)에서 사용하는 디바이스이다.

2 용도

1) 포인터 분기 명령(CJ, SCJ, JMP)의 점프 위치 지정과 라벨(점프 위치의 선두 지정)

2) 서브 루틴 호출 명령(CALL, CALLP)의 호출 위치 지정과 라벨(서브 루틴 프로그램의 선두 지정)

3 종류

1) **로컬 포인터** : 각 프로그램에서 독립하여 사용하는 포인터

2) **공통 포인터** : 실행하고 있는 모든 프로그램이 서브 루틴 호출 명령으로 호출할 수 있는 포인터

4 사용 가능한 포인터의 점수 : 4096점

 인터럽트 포인터(P)

1 인터럽트 프로그램 선두의 라벨로 사용하는 디바이스이다.

2 사용 가능한 인터럽트 포인터의 점수 : 256점

 **상수**

1 10진 상수(K)

1) 시퀀스 프로그램에서 10진수 데이터를 지정하는 디바이스이다. K[..]로 지정한다.

2) CPU 모듈 내부에서는 2진수(BIN)로 저장된다.

3) 지정 범위

- **워드 데이터(16비트) 사용시** : K-32768 ~ 32767
- **2워드 데이터(32비트) 사용시** : K-2147483648 ~ 2147483647

2 16진 상수(H)

1) 시퀀스 프로그램에서 16진수 또는 BCD 데이터를 지정하는 디바이스이다. H[..]로 지정한다.

2) 지정 범위

- **워드 데이터(16비트) 사용시** : H0 ~ FFFF(BCD : H0 ~ 9999)
- **2워드 데이터(32비트) 사용시** : H0 ~ FFFFFFFF(BCD : H0 ~ 99999999)

3 실수(E)

1) 시퀀스 프로그램에서 실수를 지정하는 디바이스이다. E[..]로 지정한다.

2) 지정 범위

- **단정밀도 부동 소수점 데이터의 경우**
  - 2^{128}디바이스$=-2^{-126}$, 0, $2^{-126}=$디바이스2^{128}
- **배정밀도 부동 소수점 데이터의 경우**
  - 2^{1024}디바이스$=-2^{-1022}$, 0, $2^{-1022}=$디바이스2^{1024}

3) 지정 방법

  – 일반적인 방법 : 예) 10.2345 : E10.2345

  – 지수 표현 : 예) 1234 : E1.234 + 3

ㄴ 문자열(" ")

1) 시퀀스 프로그램에서 문자열을 지정하는 디바이스이다. " "에 둘러싸인 반각 문자로 지정한다.

2) 지정 문자수 : 최대 32문자

1.5 　시스템 구성

1.5.1 　기본 시스템

기본 시스템은 [그림 1-4]와 같이 기본 베이스 유닛과 확장 베이스 유닛을 확장 케이블로 연결하여 구성되는 시스템이다.

기본 시스템은 전원부가 가장 좌측에 위치하며, 다음에 CPU부, 이후에 입출력부가 위치하게 된다. 각각의 구성품은 베이스 위에 장착되며 베이스의 슬롯 수는 전원부와 CPU를 제외한 슬롯 수로 표시한다.

입출력 모듈은 슬롯 위치에 관계없이 사용자 설계 사양에 맞추어 장착할 수 있다. 이 때, 각 입출력 모듈은 CPU가 자동으로 인식하게 된다.

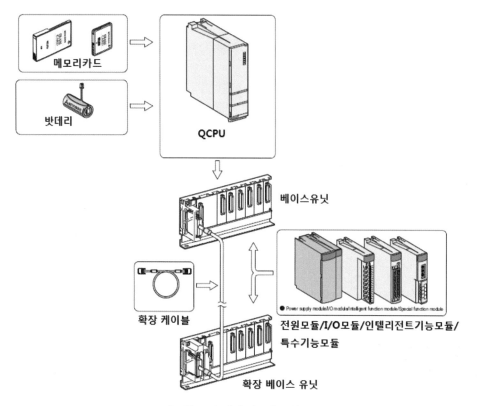

|그림 1-4| 전체 시스템 구성

빈 슬롯의 경우 16점(1워드)로 할당되고 32점, 64점 모듈의 경우 자동으로 할당된다. 특수모듈의 장착위치 및 사용 개수에는 제한이 없다.

Q03UDE의 경우 최대 증설 단수는 7단, 최대 입출력 모듈 장착수는 64모듈, 그리고 최대 확장 케이블의 길이는 13.2m이다.

CPU가 장착된 베이스를 기본 베이스 유닛이라고 하며 전원, CPU, 입출력이 장착되고 확장 케이블 취부용 Connector 1개를 포함하며, 확장 베이스 유닛에는 CPU없이 전원, 입출력으로만 구성되고 증설 케이블 취부용 Connector 2개를 포함한다.

1.6 CPU 모듈의 통신기능

 GX Work2와 직결 접속

이더넷 포트 내장 QCPU와 GX Work2와의 접속 시에는 [그림 1-5]와 같이 이더넷 케이블 1개만 사용하여 QCPU와 GX Work2 사이에 허브 연결없이 간단히 직결 접속할 수 있다. 직결 접속 시에는 IP 어드레스를 설정하지 않고 연결 대상만 지정하면 간단히 통신이 가능하다.

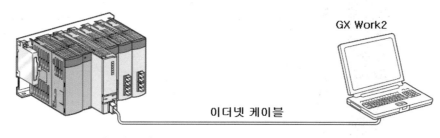

|그림 1-5| Q03UDE CPU와 GX Work2와 직결 접속

1 GX Work2에서 통신 설정

GX Work2에서 왼쪽 네비게이션 하단의 접속대상을 클릭하면 [그림 1-6 (a)]와 같이 접속대상을 선택할 수 있는 창이 나타난다. [그림 1-6 (a)]의 현재 접속 대상 창에서 connection1을 더블 클릭하면 [그림 1-6 (b)]의 접속 대상 설정 창이 나타난다.

통신 설정을 위한 순서는 다음과 같다.

1) [PC측 I/F(인터페이스)]에서 [Ethernet board]를 선택하면 [그림 1-7]과 같이 PC측 IF Ethernet 보드 상세 설정 창이 나타난다. 네트워크 No.와 국번은 할당하지 않고 프로토콜은 UDP방식을 선택한다.

2) [PLC측 I/F(인터페이스)]에서 [PLC module]를 선택하면 [그림 1-8]과 같이 PLC 측 I/F CPU 모듈 상세 설정 화면이 나타난다. [그림 1-8]의 화면에서 직결접속을 선택하고 완료 버튼을 누르면 [그림 1-9]와 같이 IP 어드레스/호스트명에 Ethernet 포트 직결 접속이라고 뜬다.

3) [다른 국 지정]에서는 다른 네트워크 통신을 하지 않으므로 [No Specification]을 선택한다. 버블 클릭하면 [그림 1-10]과 같이 자국 상세 설정 화면이 나타난다. PLC와 PC와의 교신 횟수와 시간을 설정한다.

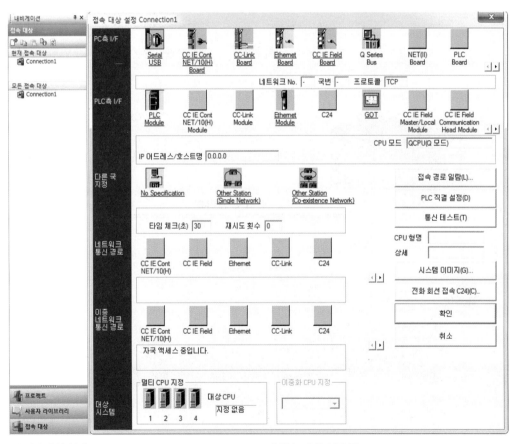

(a) 접속대상 선택   (b) 접속 대상 설정 창

|그림 1-6| 연결대상 지정 화면

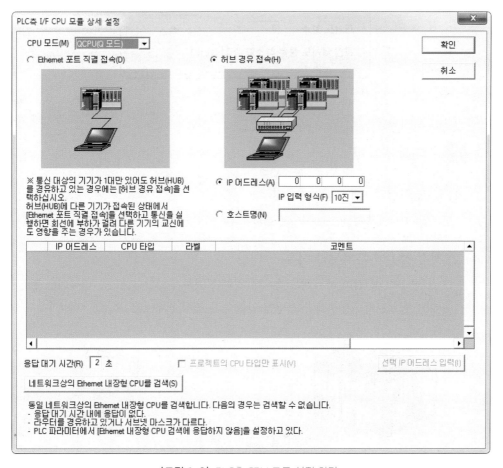

|그림 1-7| PC측 Ethernet 보드 설정 화면

|그림 1-8| PLC측 CPU 모듈 설정 화면

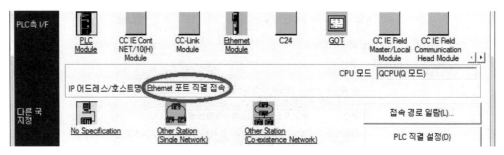

|그림 1-9| PLC측 CPU 모듈 설정 후

|그림 1-10| 자국 상세 설정창

2 주의사항

1) LAN 회선과 접속

LAN 회선에 접속한 직결 접속은 회선에 부하가 걸려 다른 기기의 교신에 영향을 준다.

2) 직결 접속이 불가능한 접속

[그림 1-11]과 같이 허브에 접속하여 직결 접속하지 않는다. PC측 네트워크 접속에서 이더넷 포트가 2개 이상 연결되어 있는 경우 직결 접속으로 교신할 수 없다.

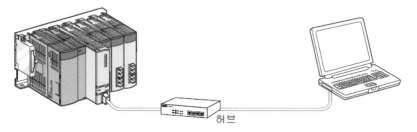

|그림 1-11| 허브를 통한 직결접속

GX Work2와 허브를 통한 접속

CPU 내장 이더넷 포트를 사용하여 [그림 1-12]와 같이 허브를 통하여 GX Work2와 접속하기 위한 방법을 설명한다.

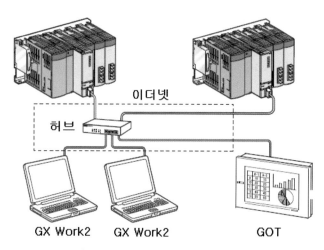

|그림 1-12| 허브를 사용한 접속 예

1 CPU 모듈 측 설정

1) PLC 파라미터 설정

[그림 1-13 (a)]의 네비게이션 창의 하단에서 프로젝트를 클릭하면, 파라미터를 설정할 수 있는 창이 뜬다. [그림 1-13 (a)]에서 [파라미터]를 클릭하면 그림 [1-13 (b)]와 같은 PLC 파라미터 선택화면이 뜨고, [PLC 파라미터]를 클릭하면 [그림 1-14]의 Q 파라미터 설정 창이 나타난다.

[그림 1-14]의 Q 파라미터 설정 창에서 [내장 Ethernet 설정]을 선택하면 [그림 1-15]와 같이 IP 어드레스 설정, 교신 데이터 코드 설정 등을 할 수 있는 창이 뜬다. [그림 1-15]에서 CPU 모듈 측 IP 어드레스를 설정한다.

2) 파라미터의 유효화

파라미터의 설정이 끝난 후, 이더넷 직결 접속 또는 USB 접속을 통하여 메뉴바의 [온라인] → [PLC 쓰기]를 선택하면 [그림 1-16]과 같이 온라인 PLC 쓰기를 할 수 있는 창이 뜬다. [그림 1-16]의 PLC 쓰기 창에서 파라미터를 체크하면 [그림 1-17]과 같이 파라미터-PLC/네트워크/리모트 패스워드/스위치...이 선택된다.

[그림 1-17]에서 [실행] 버튼을 클릭하면 [그림 1-18]의 리모트 STOP 쓰기 선택창이 뜨고, [예]를 클릭하면 [그림 1-19]의 파라미터 덮어쓰기 선택 창이 뜬다.

[예]를 클릭하면 [그림 1-20]의 PLC 리모트 RUN 선택창이 뜨고, [예]를 클릭하면 파라미터 쓰기 완료 창이 뜬다. 마지막으로 [확인] 버튼을 누르면 PLC 파라미터 쓰기가 완료된다.

쓰기를 마친 후 PLC의 전원을 껐다가 다시 켜거나 CPU 모듈의 RUN/STOP/RESET 스위치를 이용하여 PLC를 RESET하면 PLC 파라미터가 유효화된다.

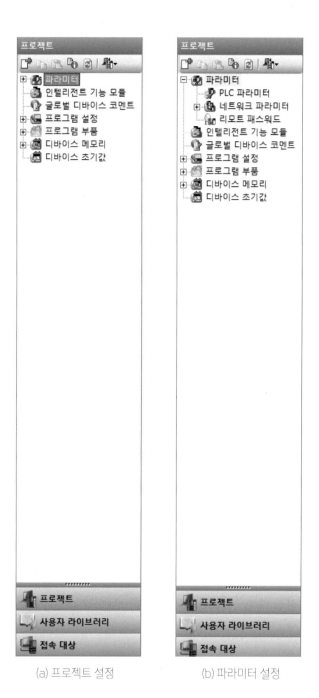

(a) 프로젝트 설정   (b) 파라미터 설정

|그림 1-13| PLC 파라미터 설정 창

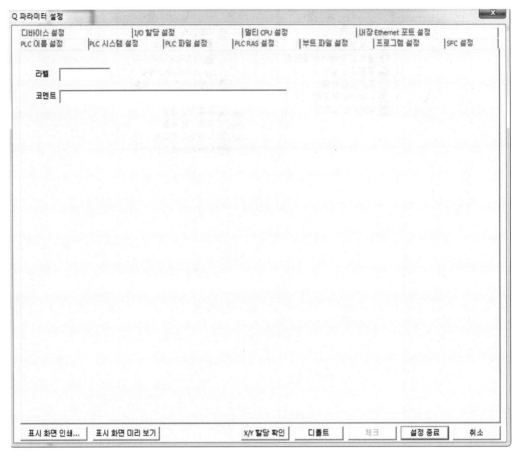

|그림 1-14| Q 파라미터 설정 창

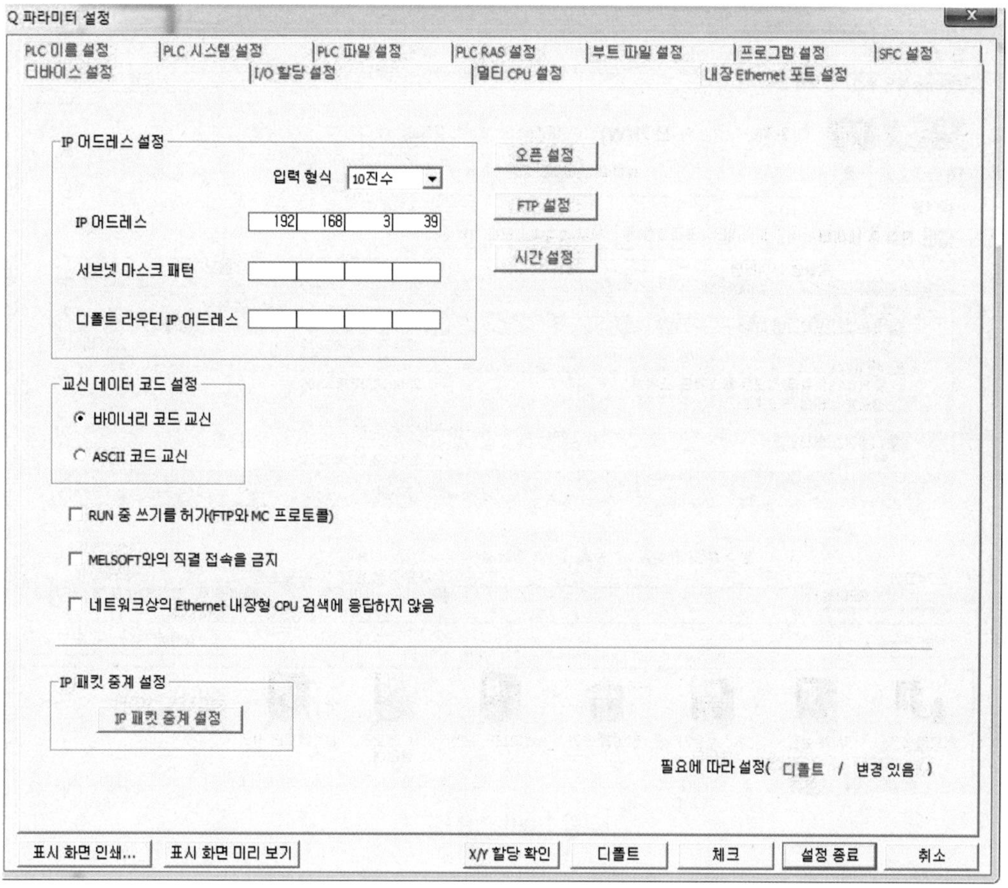

CHAPTER

1

HMI 응용실습

Q 파라미터 설정

| PLC 이름 설정 | PLC 시스템 설정 | PLC 파일 설정 | PLC RAS 설정 | 부트 파일 설정 | 프로그램 설정 | SFC 설정 |
| 디바이스 설정 | | I/O 할당 설정 | | 멀티 CPU 설정 | 내장 Ethernet 포트 설정 | |

┌─ IP 어드레스 설정 ──────────────────────┐

　　　　　　　입력 형식　[10진수　▼]

　IP 어드레스　　　　[192] [168] [3] [39]

　서브넷 마스크 패턴　[　] [　] [　] [　]

　디폴트 라우터 IP 어드레스　[　] [　] [　] [　]

└───────────────────────────┘

[오픈 설정]

[FTP 설정]

[시간 설정]

┌─ 교신 데이터 코드 설정 ─────┐
　⊙ 바이너리 코드 교신
　○ ASCII 코드 교신
└──────────────────┘

□ RUN 중 쓰기를 허가(FTP와 MC 프로토콜)

□ MELSOFT와의 직결 접속을 금지

□ 네트워크상의 Ethernet 내장형 CPU 검색에 응답하지 않음

┌─ IP 패킷 중계 설정 ─────┐
　[IP 패킷 중계 설정]
└──────────────────┘

필요에 따라 설정(디폴트 / 변경 있음)

[표시 화면 인쇄...] [표시 화면 미리 보기]　　　[X/Y 할당 확인] [디폴트] [체크] [설정 종료] [취소]

|그림 1-15| PLC 파라미터의 내장 이더넷 포트 설정 창

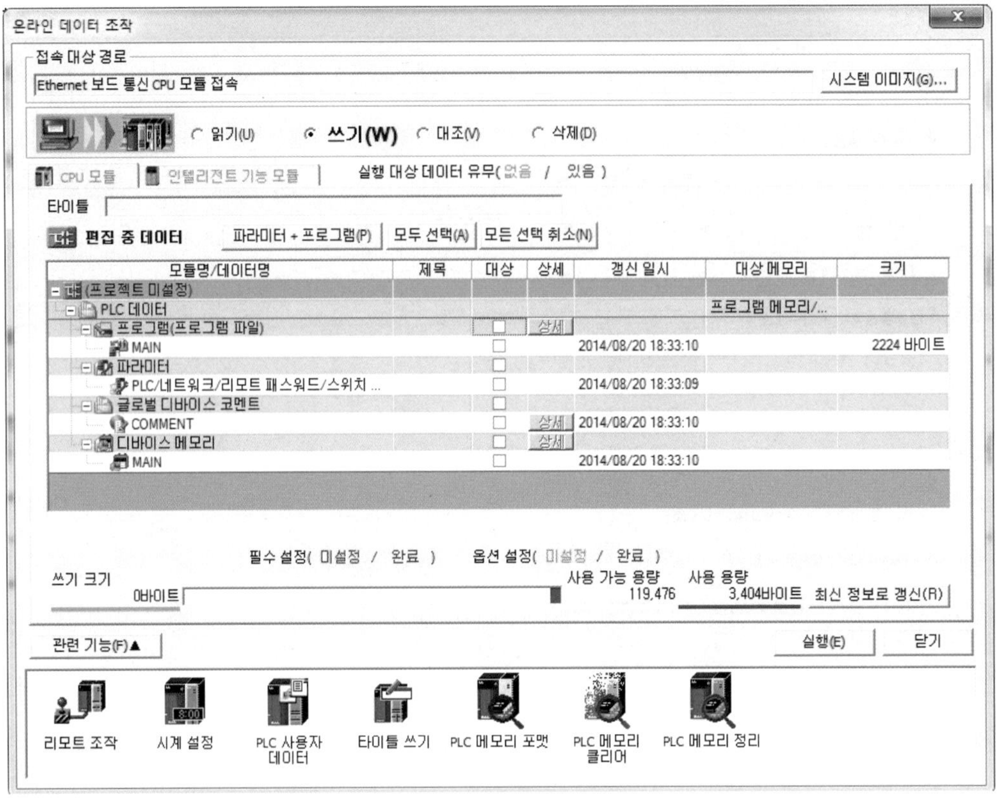

|그림 1-16| PLC 쓰기 창

온라인 데이터 조작

접속 대상 경로
Ethernet 보드 통신 CPU 모듈 접속   시스템 이미지(G)...

○ 읽기(U)   ● 쓰기(W)   ○ 대조(V)   ○ 삭제(D)

CPU 모듈 │ 인텔리전트 기능 모듈 │ 실행 대상 데이터 유무(없음 / 있음)

타이틀 [   ]

편집 중 데이터   파라미터 + 프로그램(P) │ 모두 선택(A) │ 모든 선택 취소(N)

모듈명/데이터명	제목	대상	상세	갱신 일시	대상 메모리	크기
─ (프로젝트 미설정)						
─ PLC 데이터					프로그램 메모리/...	
─ 프로그램(프로그램 파일)		☐	상세			
MAIN		☐		2014/07/17 15:50:25		
─ 파라미터		☑				
PLC/네트워크/리모트 패스워드/스위치 ...		☑		2014/07/17 15:50:25		652 바이트
─ 글로벌 디바이스 코멘트		☐				
COMMENT		☐	상세	2014/07/17 15:50:25		
─ 디바이스 메모리		☐	상세			
MAIN		☐		2014/07/17 15:50:25		

필수 설정(미설정 / 완료)   옵션 설정(미설정 / 완료)

쓰기 크기   사용 가능 용량   사용 용량
        652바이트   120,068   2,812바이트   최신 정보로 갱신(R)

관련 기능(F)▲   실행(E)   닫기

리모트 조작   시계 설정   PLC 사용자   타이틀 쓰기   PLC 메모리 포맷   PLC 메모리   PLC 메모리 정리
                        데이터   클리어

|그림 1-17| PLC 파라미터 선택 창

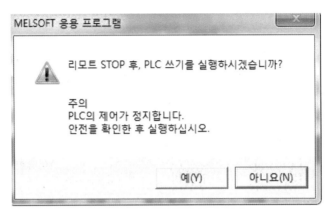

|그림 1-18| 리모트 STOP 쓰기 선택 창

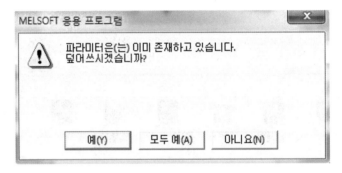

|그림 1-19| 파라미터 덮어쓰기 선택 창

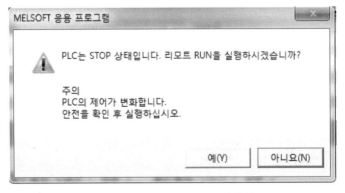

|그림 1-20| PLC 리모트 RUN 선택 창

2 GX Work측 설정

[그림 1-6]의 연결대상 지정 화면 창에서 다음과 같이 설정한다.

① PC측 I/F를 [Ethernet Board]로 설정한다.

- [그림 1-7]과 같이 네트워크 No., 국번은 사용하지 않으므로 그대로 [확인] 버튼을 클릭한다.

② PLC측 I/F를 [PLC module]로 설정한다.

- [그림 1-8]의 PLC측 CPU 모듈 설정 화면에서 [허브 경유 접속]을 선택하고, IP 어드레스를 [그림 1-15]의 PLC 파라미터 내장 이더넷 포트 설정 창의 IP 어드레스와 같은 번호를 [그림 1-21]과 같이 입력한다.

- 만약, IP 어드레스가 생각나지 않으면 [그림 1-22]와 같이 [네트워크상의 Ethernet 내장형의 CPU를 검색(S)]를 클릭한다. 그러면 [그림 1-23]과 같이 현재 허브에 연결된 PLC CPU 모듈의 IP 주소가 나타난다. 리스트에 나타난 IP주소 중에 연결하고자 하는 PLC CPU의 IP주소를 [IP 어드레스(A)] 창에 쓰거나, IP주소를 더블 클릭하고 [확인] 버튼을 클릭한다.

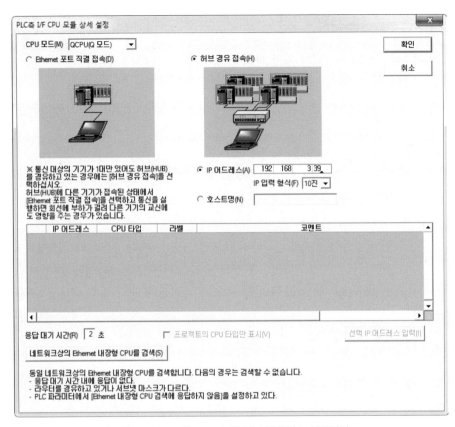

|그림 1-21| PLC측 CPU 모듈 허브 경유접속 설정화면

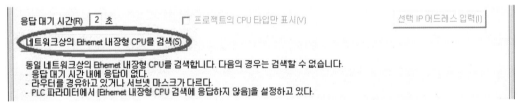

|그림 1-22| 네트워크 상의 Ethernet 내장형 CPU 검색 선택 화면

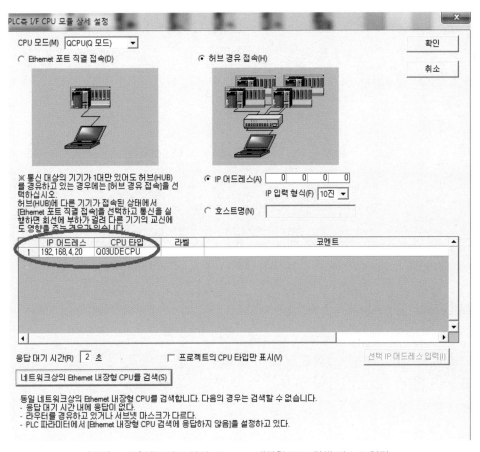

|그림 1-23| 네트워크 상의 Ethernet 내장형 CPU 검색 리스트 화면

③ [Other Station]을 설정한다.

LEARNING
IS FUN!

GOT1000 시리즈와 멜섹 Q PLC를 이용한

HMI 응용실습

CHAPTER

02

··········

PLC 명령어

PLC 명령어

2.1 개 요

 **접점명령**

1 LD(Load)

LD는 한 회로의 a접점 연산시작을 나타내며, 지정 디바이스의 ON/OFF(워드 디바이스의 비트 지정시는 지정 비트의 I/O) 정보를 수신하여 연산결과로 한다.

2 OUT

OUT 명령까지의 연산결과를 지정한 디바이스로 출력한다.

1) 시퀀스 회로(YES 회로)

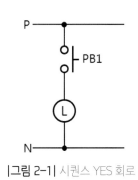

|그림 2-1| 시퀀스 YES 회로

2) 프로그램

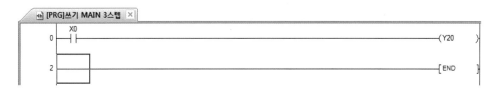

|그림 2-2| YES 회로 프로그램

3 LDI(Load Inverse)

LDI는 b접점 연산시작을 나타내며, 지정 디바이스의 OFF(워드 디바이스의 비트 지정시는 지정 비트의 I/O) 정보를 수신하여 연산결과로 한다.

1) 시퀀스 회로(NOT 회로)

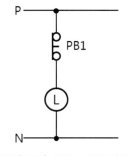

|그림 2-3| 시퀀스 NOT 회로

2) 프로그램

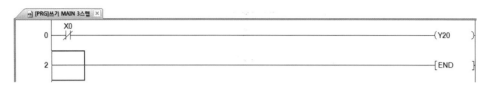

|그림 2-4| NOT회로 프로그램

4 AND, ANI

AND는 a 접점 직렬 접속, ANI는 b 접점 직렬 접속 명령으로, 지정비트디바이스의
ON/OFF 정보를 읽고, 지금까지의 연산결과와 AND 연산 또는 AND NOT 연산을
하여 이 값을 연산결과로 한다. 사용 제한은 없지만, 프로그래밍 툴의 래더
모드에서는 다음과 같이 제한이 있다.

1) 쓰기, 읽기 : AND, ANI가 직렬로 접속되는 경우, 24단까지의 회로를 작성할 수 있다.

2) 24단을 초과하는 경우, 24단까지 표시된다.

3) 시퀀스 회로(AND 회로)

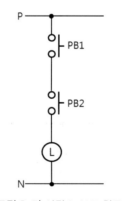

|그림 2-5| 시퀀스 AND 회로

4) 프로그램(AND 회로)

|그림 2-6| AND회로 프로그램

5) 시퀀스 회로(AND NOT 회로)

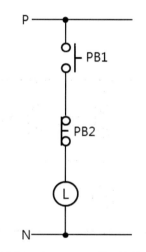

|그림 2-7| AND NOT 회로의 연결

6) 프로그램(AND NOT 회로)

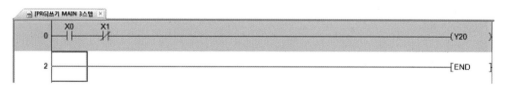

|그림 2-8| AND NOT회로 프로그램

5 OR, ORI

OR는 a 접점 1개의 병렬 접속, ORI는 b 접점 1개의 병렬 접속 명령으로, 지정 비트디바이스의 ON/OFF 정보를 읽고, 지금까지의 연산결과와 OR 연산 또는 OR NOT 연산을 하여 이 값을 연산결과로 한다. 사용 제한은 없지만, 프로그래밍 툴의 래더 모드에서는 다음과 같은 제한이 있다.

1) 쓰기, 읽기 : OR, ORI가 병렬로 접속되는 경우, 23단까지의 회로를 작성할 수 있다.

2) 23단을 초과하는 회로는 표현할 수 없다.

3) 시퀀스회로(OR 회로)

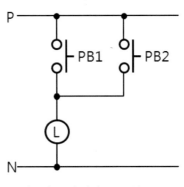

|그림 2-9| 시퀀스 OR 회로

4) 프로그램(OR 회로)

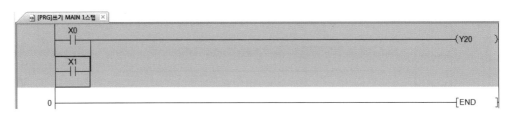

|그림 2-10| OR회로 프로그램

5) 시퀀스회로(OR NOT 회로)

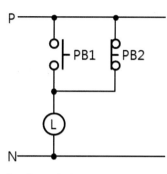

|그림 2-11| 시퀀스 OR NOT 회로

6) 프로그램(OR NOT 회로)

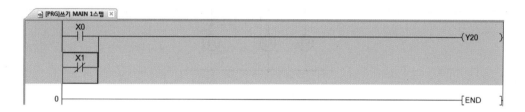

|그림 2-12| OR NOT 회로 프로그램

6 접점 명령 응용회로

1) 일치회로

일치회로는 두 개의 입력 논리가 같을 때 출력이 동작되는 회로이다. [그림 2-13]에서 두 개의 스위치 SW1과 SW2가 모두 ON이거나 모두 OFF일 때 램프 L1이 ON 된다.

① 시퀀스 회로도

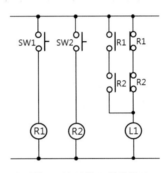

|그림 2-13| 시퀀스 일치회로

② 프로그램

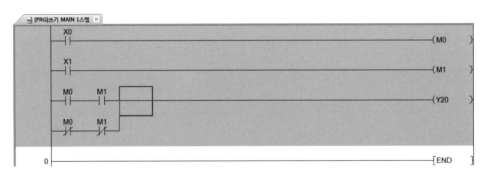

|그림 2-14| 일치회로 프로그램

2) 자기유지회로

① 시퀀스 회로도

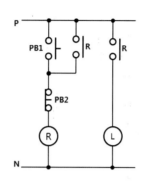

|그림 2-15| 시퀀스 자기유지 회로

② 프로그램

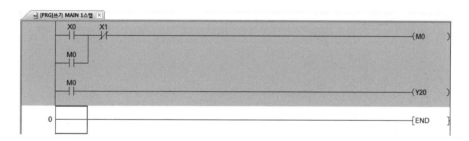

|그림 2-16| 자기유지회로 프로그램

③ 프로그램(릴레이 제거)

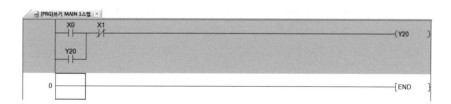

|그림 2-17| 릴레이 없는 자기유지회로 프로그램

3) 인터록회로

① 시퀀스 회로도

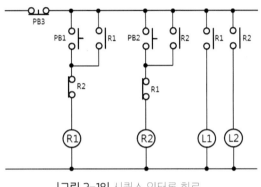

|그림 2-18| 시퀀스 인터록 회로

② 프로그램

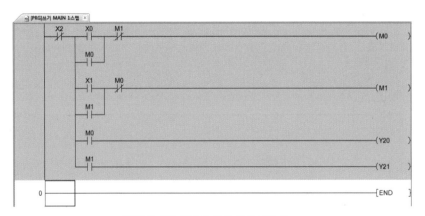

|그림 2-19| 인터록 회로 프로그램 창

③ 실습과제 2-1

[그림 2-20]과 [그림 2-21]의 신입력 우선회로와 동작우선회로의 시퀀스 회로도를 참조하여,
PLC 프로그램 및 시스템을 완성하라.

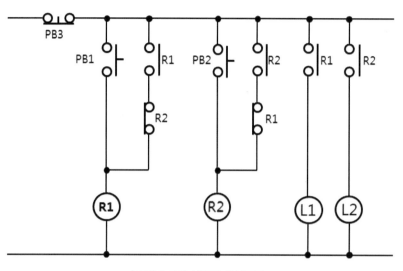

|그림 2-20| 신입력 우선회로

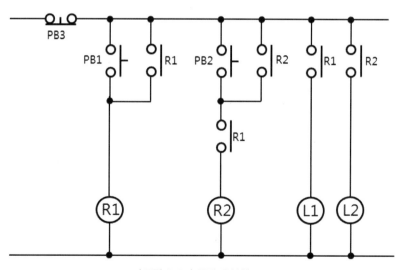

|그림 2-21| 동작 우선회로

결합 명령

1 펄스 연산 시작(LDP, LDF)

1) LDP는 상승펄스연산 시작 명령으로, 지정비트 디바이스의 상승펄스시(OFF → ON)만 ON한다.

2) LDF는 하강펄스연산 시작 명령으로, 지정비트 디바이스의 하강펄스시(ON → OFF)에 ON한다.

① LDP 예제

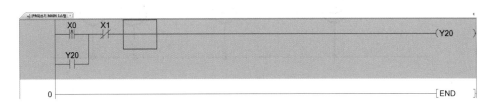

|그림 2-22| 상승펄스 동작 프로그램

② LDF 예제

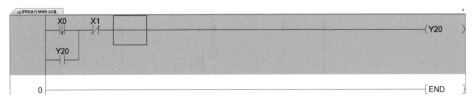

|그림 2-23| 하강펄스 동작 프로그램

2 연산 결과 펄스화(MEP, MEF)

1) MEP는 MEP 연산 이전까지의 연산결과가 상승펄스시(OFF → ON)만 ON한다.

2) MEF는 MEF 연산 이전까지의 연산결과가 하강펄스시(ON → OFF)에 ON한다.

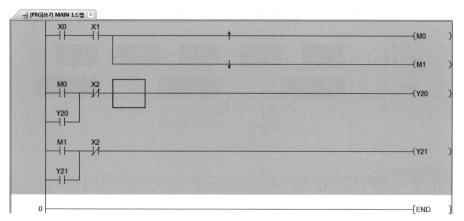

|그림 2-24| 연산결과 펄스 프로그램

3 펄스 출력(PLS, PLF)

1) PLS는 입력 조건이 OFF에서 ON으로 변화할 때 지정 디바이스를 ON한다.

2) PLF는 입력 조건이 ON에서 OFF로 변화할 때 지정 디바이스를 ON한다.

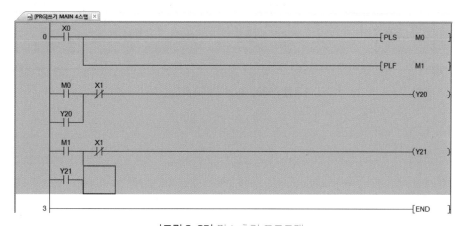

|그림 2-25| 펄스 출력 프로그램

ㄴ 펄스 응용 프로그램

[그림 2-26]과 같이 버튼스위치(PB1)를 누르면 출력이 ON하고 다시 버튼을 누르면 OFF하는, 즉, 버튼을 누를 때 마다 ON/OFF가 반복되는 프로그램을 작성하면 [그림 2-27], [그림 2-28] 및 [그림 2-29]과 같이 각각의 펄스 명령어를 가지고 프로그램을 작성할 수 있다.

|그림 2-26| 펄스 응용 타임차트

|그림 2-27| 펄스 응용 프로그램1

|그림 2-28| 펄스 응용 프로그램2

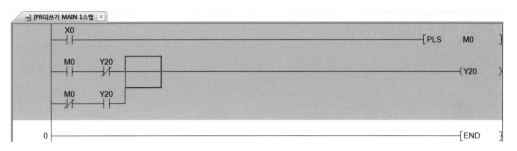

|그림 2-29| 펄스 응용 프로그램3

5 연산 결과 반전(INV)

[그림 2-30]의 타임차트와 같이 INV 명령 직전까지의 연산결과를 반전한다.

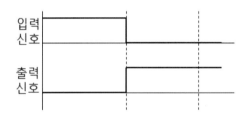

|그림 2-30| INV 명령 타임차트

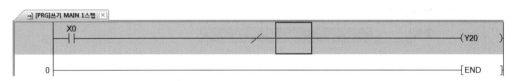

|그림 2-31| INV 예제 프로그램

2.1.3 출력 명령

1 디바이스 세트/리셋(SET/RST)

1) 세트(SET)

① 비트 디바이스의 코일, 접점을 ON하고, 워드 디바이스의 지정 비트를 1로 한다.

② 입력조건이 ON에서 OFF로 바뀌어도 지정 비트 디바이스는 ON상태를 유지한다.

③ SET 명령으로 ON한 디바이스는 RST 명령으로 OFF할 수 있다.

2) 리셋(RST)

① 비트 디바이스 : 코일, 접점을 OFF한다.

② 워드 디바이스의 비트 지정 시 : 지정 비트를 0으로 한다.

③ 타이머, 카운터 : 현재값을 0으로 하여 코일, 접점을 OFF한다.

④ 타이머, 카운터 이외의 워드 디바이스 : 내용을 0으로 한다.

|그림 2-32| 세트/리셋 동작 설명도

|그림 2-33|세트/리셋 및 자기유지회로 비교

2 비트 디바이스 출력 반전(FF)

    ① 비트 디바이스 : OFF → ON, ON → OFF

    ② 워드 디바이스의 비트 지정 시 : 0 → 1, 1 → 0

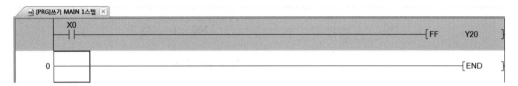

|그림 2-34| FF 명령 예제 프로그램

2.1.4 마스터 컨트롤 명령

1 마스터 컨트롤 세트/리셋(MC/MCR)

1) [그림 2-35]와 같이 MC의 입력 조건(지령)이 ON하면 MC번호(n)와 동일한 번호의 MCR까지의 프로그램을 실행하고, 입력조건이 OFF이면 실행하지 않는다.

2) MC의 입력 조건이 OFF되어 있는 경우, MC 명령과 MCR 명령사이의 연산은 다음과 같이 된다.

    ① 타이머 : 코일이 OFF 되어 현재값 및 접점 모두 OFF된다.

    ② 적산타이머, 카운터 : 코일은 OFF되지만 현재값 및 접점 모두 현재 상태를 유지한다.

    ③ 출력코일 : 모두 OFF한다.

    ④ SET명령, 기본 및 응용명령 중의 디바이스 : 현재값을 유지한다.

3) n(Nesting)은 15개(N0~N14)까지만 가능하다.

4) MC명령에서는 네스팅(N)이 작은 번호부터 사용하고, MCR명령은 큰 번호부터 사용한다.

5) MCR 명령 앞에는 접점 명령을 붙이지 않는다.

6) MCR 명령이 1개 위치에 모여 있는 네스트 구조일 때는 가장 작은 네스팅(N)의 번호 1개로 모든 마스트 컨트롤을 종료시킬 수 있다.

n : 네스팅(N0 ~ N14)
Ⓓ : ON되는 디바이스 번호(비트)

|그림 2-35| MC/MCR 명령 설명도

2 예제 1(MC 명령을 2개를 별도로 사용하는 프로그램)

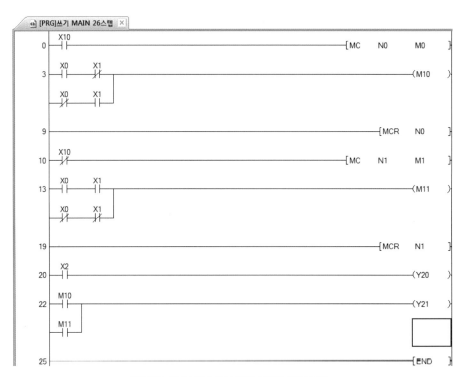

|그림 2-36| MC/MCR 명령 예제1 프로그램

3 예제 2(마스트콘트롤 명령 내부에 마스트콘트롤 명령을 사용한 경우)

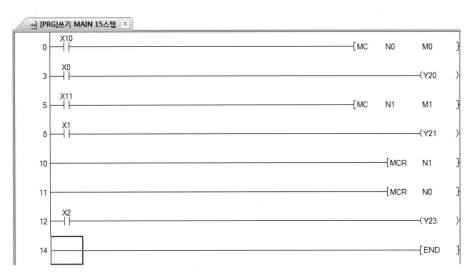

|그림 2-37| MC/MCR 명령 예제2 프로그램

2.1.4 타이머 명령

1 저속타이머/고속타이머(OUT T/OUTH T)

1) 저속 타이머(OUT T)

① (Ⓓ 설정값)

– Ⓓ : 타이머번호

– **설정값** : 타이머의 설정값

→ 10진 상수(K)만 사용가능하다.

→ 16진수(H), 실수는 사용할 수 없다.

→ 음수는 사용할 수 없다.

– **설정시간(t)** = 설정값 ＊ 설정시한

→ 예 : 설정값(100), 설정시한(100ms)

→ 설정시간 : 100 ＊ 100ms = 10,000ms → 10S

② 시한설정 : 1ms ~ 1000ms(디폴트 : 100ms), 설정단위 : 1ms

2) 고속 타이머(OUTH T)

① (H ⒟ 설정값)

‒ H : 고속타이머 지정

‒ ⒟ : 타이머번호

‒ **설정값** : 타이머의 설정값(10진 상수(K)만 사용가능, 16진수(H), 실수는 사용할 수 없다.)

‒ **설정시간(t)** = 설정값 ＊ 설정시한

② 시한설정 : 0.01ms~100.0ms(디폴트 : 10.0ms), 설정단위 : 0.01ms

3) 예제1

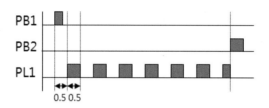

|그림 2-38| 예제1 타임차트

|그림 2-39| 예제1 프로그램

4) 예제2

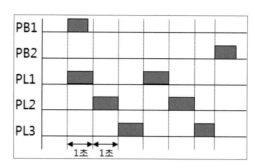

|그림 2-40| 예제2 타임차트

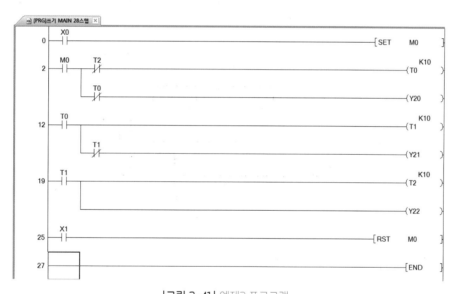

|그림 2-41| 예제2 프로그램

2 저속 적산타이머/고속 적산타이머(OUT ST/OUTH ST)

1) 저속 적산타이머(OUT ST)

① (Ⓓ 설정값)

– Ⓓ : 타이머번호

– **설정값** : 타이머의 설정값

② 시한설정은 저속타이머와 동일하다.

③ [그림 2-40]과 같이 입력조건이 ON되는 순간부터 현재치가 증가하기 시작하여 타이머 설정시간(t)에 도달하면 타이머 접점이 ON된다. 입력조건이 중간에 OFF되면 현재값은 "0"으로 바뀌지 않고 그대로 유지한다. 다시 입력조건이 ON되면 현재값에서 카운터를 시작하여 설정치가 되면 출력접점이 ON한다.

④ 현재값의 리셋은 리셋명령(RST)을 통하여 현재치를 "0"으로 하고 출력접점을 OFF시킨다.

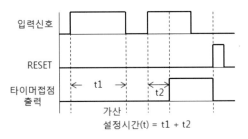

|그림 2-42| 적산 타이머의 동작

2) 고속 적산타이머(OUTH ST)

① (H Ⓓ 설정값)

– H : 고속타이머 지정

– Ⓓ : 타이머번호

– **설정값** : 타이머의 설정값

– **설정시간**(t) = 설정값 * 설정시한

② 시한설정 : 고속타이머와 동일하다.

③ [그림 2-41]과 같이 [파라미터] → [PLC 파라미터] → [디바이스 설정]에서 적산타이머의 디바이스 점수를 확인하고, 설정이 되어 있지 않으면 디바이스를 설정한다.

Q 파라미터 설정

	기호	진	디바이스 점수	래치(1) 선두	래치(1) 최종	래치(2) 선두	래치(2) 최종	로컬 디바이스 선두	로컬 디바이스 최종
입력 릴레이	X	16	8K						
출력 릴레이	Y	16	8K						
내부 릴레이	M	10	8K						
래치 릴레이	L	10	8K						
링크 릴레이	B	16	8K						
어넌시에이터	F	10	2K						
링크 특수	SB	16	2K						
엣지 릴레이	V	10	2K						
스텝 릴레이	S	10	8K						
타이머	T	10	2K						
적산 타이머	ST	10	0K						
카운터	C	10	1K						
데이터 레지스터	D	10	12K						
링크 레지스터	W	16	8K						
링크 특수	SW	16	2K						
인덱스	Z	10	20						

디바이스 합계	28.8	K워드
워드 디바이스	25.0	K워드
비트 디바이스	44.0	K비트

디바이스 점수의 합계는 29K워드까지입니다.
래치(1):래치 클리어에서 클리어가 가능합니다.
래치(2):래치 클리어에서 클리어가 불가능합니다. 리모트 조작, 프로그램에서 클리어를 실행하십시오.
래치 범위 설정만큼(L를 포함) 스캔 타임이 연장됩니다.
래치할 필요가 있는 경우 래치 범위를 필요 최저한으로 설정하십시오.
로컬 디바이스 사용 시는 PLC 파일 설정에서 파일의 설정을 실행하십시오.

파일 레지스터 확장 설정

용량 [ ] K점

	기호	진	디바이스 점수	래치(1) 선두	래치(1) 최종	래치(2) 선두	래치(2) 최종	디바이스 No. 선두	디바이스 No. 최종
파일 레지스터	ZR(R)	10							
확장 데이터 레지스터	D	10							
확장 링크 레지스터	W	16							

PLC 파일 설정의 파일 레지스터 설정에서 [다음 파일을 사용]을 선택한 경우, 다음의 설정이 가능합니다.
- 파일 레지스터의 래치(2)의 변경.
- 파일 레지스터의 일부 영역의 확장 데이터 레지스터/확장 링크 레지스터로의 할당.

ZR 디바이스의 인덱스 수식 설정
32비트 인덱스 수식
⊙ Z를 사용 Z [ ] 이후 (0~18)
○ ZZ를 사용

표시 화면 인쇄...	표시 화면 미리 보기	X/Y 할당 확인	디폴트	체크	설정 종료	취소

|그림 2-43| 적산타이머 디바이스 설정

3) 예제

|그림 2-44| 적산타이머 예제 프로그램

2 타이머 실습과제

1) 실습과제 2-2

과제의 내용은 [그림 2-45]과 같은 남자 화장실 소변기를 타이머를 이용하여 자동 밸브를 제어하는 과제이다.

|그림 2-45| 남자 화장실 소변기

동작은 [그림 2-46]과 같이 사용자가 소변기에 접근하면 1초 뒤 2초간 밸브가 ON되어 물이 나오고, 사용자가 소변기를 벗어나면 즉시 3초간 밸브가 ON되어 물이 나온다. 센서를 대신하여 토글스위치(TG1)를 사용하고, 밸브 대신에 램프(PL1)를 사용하여 프로그램을 작성하고, 시스템을 구성하라.

|그림 2-46| 실습과제 2-2의 동작 타임 차트

2) 실습과제 2-3

[그림 2-47]과 같이 보행자가 많지 않은 한적한 도로의 보행자 신호등 제어이다.

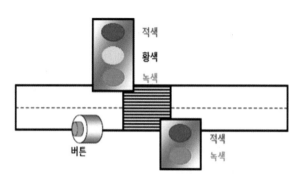

|그림 2-47| 보행자 신호등

동작은 [그림 2-48]과 같이 보행자가 길을 건너기 위해 버튼을 누르면 차선 녹색은 10초 뒤에 OFF되고 차선 황색이 1초간 ON한다. 차선 황색이 OFF되면서 차선 적색이 ON, 횡단보도 적색이 OFF되고 횡단보도 녹색이 10초간 ON된다. 횡단보도가 10초간 ON된 뒤에는 1초 간격으로 ON/OFF를 10초간 반복한 뒤 OFF된다. 횡단보도 녹색이 OFF되면서 차선 청색과 횡단보도 적색이 ON되어 정상적인 흐름이 계속된다.

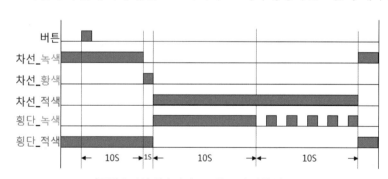

|그림 2-48| 실습과제 2-3의 동작 타임 차트

2.1.6 카운터 명령

1 카운터(OUT C)

1) (D 설정값)

① D : 카운터번호

② 설정값 : 카운터의 설정값

→ 10진 상수(K)만 사용가능하다.

→ 16진수(H), 실수는 사용할 수 없다.

→ 음수는 사용할 수 없다.

③ 카운터의 입력이 OFF에서 ON으로 변경될 때 카운터의 현재값을 +1한다. 카운터의 현재값이 설정값 이상일 때 카운터 접점이 ON된다.

④ 입력이 ON되어 있으면 카운트되지 않는다.(카운터 입력은 펄스화할 필요가 없다.)

⑤ 카운터업 후에는 RST 명령을 실행하기 전까지는 카운터값 및 접점 상태은 변경되지 않는다.

2 예제 프로그램

|그림 2-49| 카운터 예제 프로그램

3 실습과제 2-4

실습과제 2-3의 보행자 신호등 제어에서 [그림 2-50]과 같이 횡단보도 녹색등이 10초간 5회 점멸하는 것을 카운터를 이용하여 프로그램 하시오.

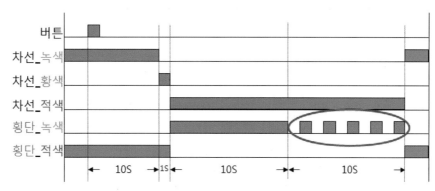

|그림 2-50| 실습과제 2-4의 동작 타임 차트

2.1.7 시프트 명령

1 비트 디바이스 시프트(SFT(P))

1) (SFT(P) Ⓓ)

   ① Ⓓ : 시프트하는 디바이스의 선두 번호

   ② Ⓓ로 지정된 디바이스는 (Ⓓ-1) 디바이스의 ON/OFF 상태를 Ⓓ로 지정된 디바이스에 시프트하고, (Ⓓ-1) 디바이스를 OFF 한다.

   ③ SFTP 명령은 상승입력 펄스 동작을 하여, 입력의 상태가 OFF에서 ON으로 변경될 때 시프트 명령을 실행한다.

   ④ 연속으로 SFT또는 SFTP를 이용하는 경우, 디바이스 번호가 큰 것부터 프로그램한다.

2 예제 프로그램

1) 예제1

[그림 2-51]과 같이 PB1을 누를 때마다 ON되는 램프가 한칸씩 이동하고 PB2를 누르면 램프1이 ON되는 프로그램을 작성하라.

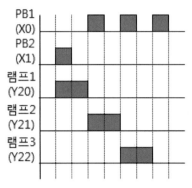

|그림 2-51| 시프트 예제1 타임차트

(a) 펄스입력 사용

(b) SHIP 명령 사용

|그림 2-52| 시프트 예제1 프로그램

2) 예제2

[그림 2-53]과 같이 PB1을 누를 때마다 ON되는 램프가 이동하고 PB2를 누르면
모든 램프가 OFF되는 프로그램을 작성하라.

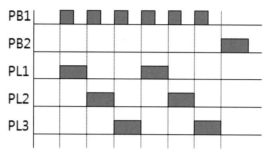

|그림 2-53| 시프트 예제2 타임차트

|그림 2-54| 시프트 예제2 프로그램

2.2 기본 명령

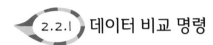 데이터 비교 명령

1 BIN 16비트 데이터 비교(=, ⟨⟩, ⟩, ⟩=, ⟨, ⟨=)

1) [비교명령 S1 S2]

① S1로 지정된 디바이스의 2진수 16비트 데이터와 S2로 지정된 디바이스의 2진수 16비트 데이터를 a접점으로 취급하여 비교 연산을 한다.

② 각 명령의 비교 연산 결과는 [표 2-1]과 같다.

|표2-1| 비교 연산 명령 및 조건

명령기호	조건	비교 연산 결과
=	S1 = S2	
⟨⟩	S1 ≠ S2	
⟩	S1 ⟩ S2	
⟩=	S1 ⟩= S2	ON
⟨	S1 ⟨ S2	
⟨=	S1 ⟨= S2	

③ S1과 S2에 16진수의 상수를 지정하는 경우, 최상위 비트(b15)가 1이 되는 값을 지정하면 2진수 값의 음수로 간주하여 비교연산을 한다.

2) 예제1

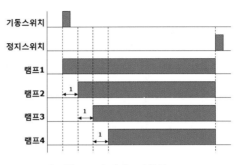

|그림 2-55| 예제1 타임차트

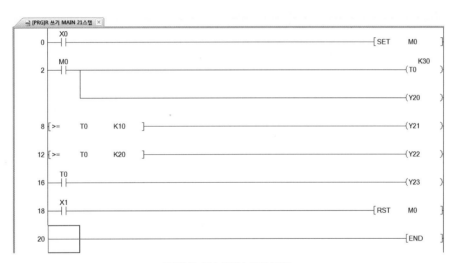

|그림 2-56| 예제1 프로그램

3) 예제2

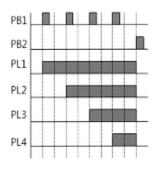

|그림 2-57| 예제2 타임차트

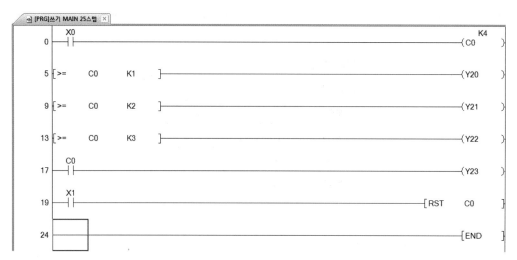

|그림 2-58| 예제2 프로그램

4) 실습과제 2-5

실습과제 2-2의 남자 화장실 소변기의 제어 프로그램을 타이머 2개만을 이용하여 작성하라.

 데이터 전송 명령

1 16비트/32비트 데이터 전송(MOV(P), DMOV(P))

1) (D)MOV(P)

① 16비트[(D)MOV(P) ⑤ ⑩]

- MOV(P) : ⑤로 지정된 디바이스의 16비트 데이터를 ⑩로 지정된 디바이스로 전송한다.

- DMOV(P) : ⑤로 지정된 디바이스의 32비트 데이터를 ⑩로 지정된 디바이스로 전송한다.

2) 예제1

입력접점 X0(PB1)을 ON/OFF할 때마다 카운터1(설정값 : 9)의 값이 증가하고, 입력접점 X1(PB2)을 ON/OFF할 때마다 카운터2(설정값 : 9)의 값이 증가한다. 입력접점 X2(PB3)을 누르면 카운터1과 카운터2가 리셋되며, 카운터1의 값이 Y20~Y23으로 카운터2의 값이 Y24~Y27로 출력되는 프로그램(SM400은 항상 접점이 ON되어 있는 특수 릴레이 디바이스이다.)

|그림 2-59| 전송 예제1 프로그램

3) 예제2

입력접점 X0(PB1)이 ON되었을 때, D0, D1의 데이터를 D100, D101에 저장하는 프로그램

|그림 2-60| 전송 예제2 프로그램

2 블록 16비트 데이터 전송(BMOV(P))

1) BMOV(P)

① [BMOV(P) ⓢ ⓓ n]

- ⓢ : 전송할 데이터가 저장되어 있는 디바이스의 선두 번호(16비트 데이터)
- ⓓ : 전송 상대 디바이스의 선두번호(16비트 데이터)
- n : 전송수

② [그림 2-61]에서와 같이 ⓢ로 저장된 디바이스부터 n점의 16비트 데이터를 ⓓ로 저장된 디바이스부터 n점에 일괄 전송한다.

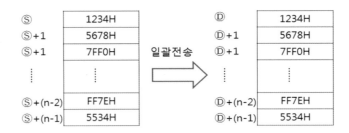

|그림 2-61| 블록 16비트 데이터 전송 설명문

2) 예제3

입력접점 X0(PB1)을 ON/OFF할 때마다 카운터1(설정값 : 9)의 값이 증가하고, 입력접점 X1(PB2)을 ON/OFF할 때마다 카운터2(설정값 : 9)의 값이 증가한다. 입력접점 X2(PB3)을 누르면 카운터1과 카운터2가 리셋되며, 카운터1의 값이 Y20~Y23으로 카운터2의 값이 Y24~Y27로 출력되는 프로그램을 블록 데이터 전송명령을 이용하여 작성

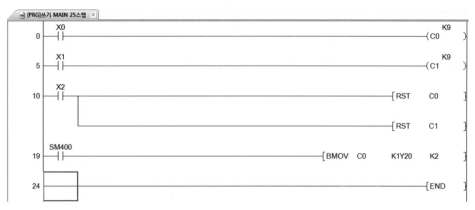

|그림 2-62| 전송 예제3 프로그램

3 동일 16비트 데이터 블록 전송(FMOV(P))

1) FMOV(P)

① [FMOV(P) Ⓢ Ⓓ n]

- Ⓢ : 전송하는 데이터 또는 전송할 데이터가 저장되어 있는 디바이스의 번호(16비트 데이터)
- Ⓓ : 전송 상대 디바이스의 선두번호(16비트 데이터)
- n : 전송수

② [그림 2-63]과 같이 Ⓢ로 저장된 디바이스의 16비트 데이터를 Ⓓ로 저장된 디바이스부터 n점에 일괄 전송한다.

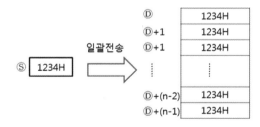

|그림 2-63| 동일 16비트 데이터 블록 전송 설명문

2) 예제4

입력접점 X0(PB1)을 ON/OFF할 때마다 카운터1(설정값 : 9)의 값이 증가하고,
입력접점 X1(PB2)을 ON/OFF할 때마다 카운터2(설정값 : 9)의 값이 증가한다.
입력접점 X2(PB3)을 누르면 카운터1과 카운터2가 리셋되는 프로그램을 동일 데이터
전송명령을 이용하여 작성

|그림 2-64| 전송 예제4 프로그램

4 16비트/32비트 데이터 교신(XCH(P), DXCH(P))

1) XCH(P)

① [XCH(P) S1 S2]

  - S1, S2 : 교환할 데이터가 저장되어 있는 디바이스의 번호(16비트 데이터)

② [그림 2-65]와 같이 S1 디바이스에 저장된 16비트 데이터와 S2 디바이스에 저장된
  16비트 데이터를 교환한다.

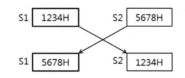

|그림 2-65| 16비트 데이터 교신 설명문

2) DXCH(P)

① [DXCH(P) S1 S2]

– S1, S2 : 교환할 데이터가 저장되어 있는 디바이스의 선두번호(32비트 데이터)

② [그림 2-66]과 같이 S1과 S1+1 디바이스에 저장된 32비트 데이터와 S2와 S2+1 디바이스에 저장된 32비트 데이터를 교환한다.

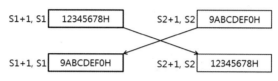

|그림 2-66| 32비트 데이터 교신 설명문

3) 예제5

입력접점 X0(PB1)을 ON/OFF하면 16진수 데이터 1234H가 D0에 저장되고, X10 ~ X1F까지의 데이터가 D1에 저장된다. 입력접점 X1(PB2)을 ON/OFF하면 D0의 16비트 데이터와 D1의 16비트 데이터가 교환된다. D0의 데이터를 Y20 ~ Y2F에 출력되고, D1의 데이터가 Y30 ~ Y3F에 출력된다.

|그림 2-67| 전송 예제5 프로그램

5 상하 바이트 교환(SWAP(P))

1) SWAP(P)

① [SWAP(P) S]

– S : 교환할 데이터가 저장되어 있는 디바이스의 번호(16비트 데이터)

② [그림 2-68]과 같이 S에 저장된 디바이스의 16비트 데이터가 상위 8비트와 하위 8비트가 교환된다.

S [1234H] ⟶ S [3412H]

|그림 2-68| 상하 바이트 교환 설명문

|그림 2-69| 상하 바이트 교환 예제 프로그램

2.2.3 데이터 변환 명령

1 2진(BIN) 데이터 → BCD 데이터 변환(BCD(P))

1) [BCD(P) Ⓢ Ⓓ]

　① Ⓢ : 2진 데이터 또는 2진 데이터가 저장되어 있는 디바이스의 번호(16비트)

　② Ⓓ : BCD 데이터가 저장되는 디바이스의 번호(BCD 4자리)

2) Ⓢ로 지정된 디바이스의 2진 데이터(0 ~ 9999)를 BCD로 변환하여 Ⓓ로
지정된 디바이스에 저장한다.

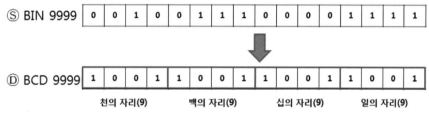

|그림 2-70| 2진 데이터의 BCD 데이터 변환 설명문

3) 예제1

　타이머 T0의 현재값을 Y30 ~ Y3B(3자리)에서 FND 표시기에 출력하는 프로그램을
작성하라.

|그림 2-71| 데이터 변환 예제1 프로그램

2 BCD 데이터 → 2진(BIN) 데이터 변환(BCD(P))

1) [BIN(P) ⑤ ⑩]

    ① ⑤ : BCD 데이터 또는 BCD 데이터가 저장되어 있는 디바이스의 번호(BCD 4자리)

    ② ⑩ : 2진(BIN) 데이터가 저장되는 디바이스의 번호(16비트)

2) ⑤로 지정된 디바이스의 BCD 데이터(0 ~ 9999)를 2진수(BIN)로 변환하여
⑩로 지정된 디바이스에 저장한다.

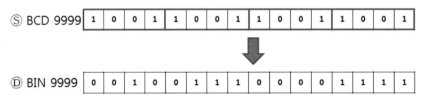

| ⑤ BCD 9999 | 1 | 0 | 0 | 1 | 1 | 0 | 0 | 1 | 1 | 0 | 0 | 1 | 1 | 0 | 0 | 1 |

| ⑩ BIN 9999 | 0 | 0 | 1 | 0 | 0 | 1 | 1 | 1 | 0 | 0 | 0 | 0 | 1 | 1 | 1 | 1 |

|그림 2-72| BCD 데이터의 2진(BIN) 데이터 변환 설명문

3) 예제2

X0이 ON/OFF되었을 때, X10 ~ X1B의 BCD 데이터를 BIN으로 변환하여 D0에
저장하고, D0를 타이머 T0의 설정값으로 한다. X0가 ON/OFF되었을 때 타이머
T0가 작동하여 T0의 현재값을 Y30 ~ Y3B(3자리)에서 FND 표시기에 출력하는
프로그램을 작성하라.

|그림 2-73| 데이터 변환 예제2 프로그램

2.2.4 산술 연산 명령

1 BIN 16비트 덧셈/뺄셈(+(P), -(P))

1) 덧셈[+(P) ⓢ ⓓ]

- ⓢ : 덧셈 데이터 또는 덧셈 데이터가 저장되어 있는 디바이스의 선두 번호
- ⓓ : 덧셈되는 데이터와 덧셈 결과를 저장하는 디바이스의 선두 번호

2) 덧셈[+(P) S1 S2 D]

- S1 : 덧셈되는 데이터 또는 덧셈되는 데이터가 저장되어 있는 디바이스의 선두 번호
- S2 : 덧셈 데이터 또는 덧셈 데이터가 저장되어 있는 디바이스의 선두 번호
- D : 연산 결과를 저장하는 디바이스의 선두번호

3) 예제1

X0가 ON/OFF할 때 카운터 C0가 카운트업하며, X1이 ON/OFF할 때 카운터 C1이 카운터업한다. C0의 현재값을 Y30 ~ Y33에서 FND 표시기로, C1의 현재값을 Y34 ~ Y37에서 FND 표시기로, C0와 C1의 합을 Y38 ~ Y3F에서 FND 표시기로 출력하는 프로그램을 작성하라. (단, C0와 C1의 설정값은 9로 한다.)

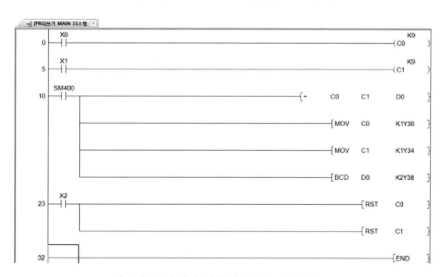

|그림 2-74| 덧셈/뺄셈 명령 예제1 프로그램

4) 뺄셈[-(P) Ⓢ Ⓓ]

- Ⓢ : 뺄셈 데이터 또는 뺄셈 데이터가 저장되어 있는 디바이스의 선두 번호
- Ⓓ : 뺄셈되는 데이터가 저장되어 있고, 뺄셈 결과를 저장하는 디바이스의 선두 번호

5) 뺄셈([-(P) S1 S2 D]

- S1 : 뺄셈되는 데이터 또는 뺄셈되는 데이터가 저장되어 있는 디바이스의 선두 번호
- S2 : 뺄셈 데이터 또는 뺄셈 데이터가 저장되어 있는 디바이스의 선두 번호
- D : 연산 결과를 저장하는 디바이스의 선두번호

6) 예제2

X0가 ON/OFF할 때, X10 ~ X1B의 BCD 데이터를 BIN으로 변환하여 D0에 저장하고, D0를 타이머 T0의 설정값으로 한다. X0를 ON/OFF할 때 타이머 T0가 작동하여 T0의 설정값과 현재값의 차이를 Y30 ~ Y3B(3자리)에서 FND 표시기에 출력하는 프로그램을 작성하라.

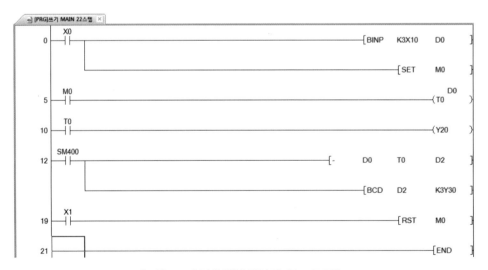

|그림 2-75| 덧셈/뺄셈 명령 예제2 프로그램

2 BIN 16비트 곱셈/나눗셈(*(P), /(P))

1) 곱셈

① [*(P) S1 S2 D]

- S1 : 곱셈되는 데이터 또는 곱셈되는 데이터가 저장되어 있는 디바이스의 선두 번호(2진 16비트)
- S2 : 곱셈 데이터 또는 곱셈 데이터가 저장되어 있는 디바이스의 선두 번호(2진 16비트)
- D : 연산 결과를 저장하는 디바이스의 선두번호(2진 32비트)

② S1의 데이터와 S2의 데이터의 곱셈을 실행하여, 곱셈 결과를 D와 D+1에 저장한다.

2) 예제1

X0를 ON/OFF할 때, 타이머 설정시간(초단위)을 나타내는 X10 ~ X17의 BCD 데이터를 타이머 T0의 설정치로 한 후, 타이머 T0가 작동하여 T0의 현재값을 Y30 ~ Y3B(3자리)에서 FND 표시기에 출력하는 프로그램을 작성하라.

|그림 2-76| 곱셈/나눗셈 명령 예제1 프로그램

3) 나눗셈

① [/(P) S1 S2 D]

- **S1** : 나눗셈되는 데이터 또는 나눗셈되는 데이터가 저장되어 있는 디바이스의 선두 번호(2진 16비트)
- **S2** : 나눗셈 데이터 또는 나눗셈 데이터가 저장되어 있는 디바이스의 선두 번호(2진 16비트)
- **D** : 연산 결과를 저장하는 디바이스의 선두번호(2진 32비트)

② S1의 데이터와 S2의 데이터의 나눗셈을 실행하여, 나눗셈 결과를 D에 몫을 저장하고 D+1에 나머지를 저장한다.

4) 예제2

X0이 ON/OFF되었을 때 X10 ~ X17의 10진 데이터를 1.25로 나누어 Y30 ~ Y3F에서 FND 표시기에 소수점 첫째자리까지 표시하는 프로그램을 작성하라.

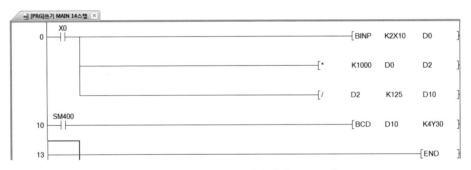

|그림 2-77| 곱셈/나눗셈 명령 예제2 프로그램

3 BCD 4자리 덧셈/뺄셈(B+(P), B-(P))

1) 덧셈([B+(P) Ⓢ Ⓓ]

- Ⓢ : 덧셈 데이터 또는 덧셈 데이터가 저장되어 있는 디바이스의 선두 번호(BCD 4자리)
- Ⓓ : 덧셈되는 데이터가 저장되어 있고, 덧셈결과를 저장하는 디바이스의 선두 번호(BCD 4자리)
- Ⓢ와 Ⓓ에는 0 ~ 9999(BCD 4자리)를 지정할 수 있다.

2) 덧셈[B+(P) S1 S2 D]

- S1 : 덧셈되는 데이터 또는 덧셈되는 데이터가 저장되어 있는 디바이스의 선두 번호(BCD 4자리)
- S2 : 덧셈 데이터 또는 덧셈 데이터가 저장되어 있는 디바이스의 선두 번호(BCD 4자리)
- D : 연산 결과를 저장하는 디바이스의 선두번호(BCD 4자리)

3) 예제1

X0가 ON/OFF되면 X10 ~ X1F의 BCD 데이터를 D0에 저장하고, X1이 ON/OFF되면 X10 ~ X1F의 BCD 데이터를 D1에 저장한다. X2를 ON/OFF하면 D0의 BCD 데이터와 D1의 BCD 데이터의 합을 Y30 ~ Y3B(3자리)에서 FND 표시기에 출력하는 프로그램을 작성하라.

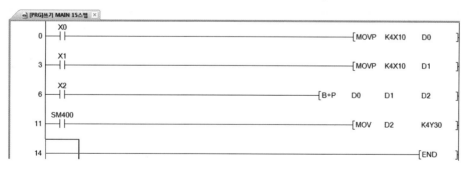

|그림 2-78| BCD 덧셈/뺄셈 예제1 프로그램

4) 뺄셈[B-(P) Ⓢ Ⓓ]

- Ⓢ : 뺄셈 데이터 또는 뺄셈 데이터가 저장되어 있는 디바이스의 선두 번호(BCD 4자리)

- Ⓓ : 뺄셈되는 데이터가 저장되어 있고 뺄셈결과를 저장하는 디바이스의 선두 번호(BCD 4자리)

5) 뺄셈[B-(P) S1 S2 D]

- S1 : 뺄셈되는 데이터 또는 뺄셈되는 데이터가 저장되어 있는 디바이스의 선두 번호(BCD 4자리)

- S2 : 뺄셈 데이터 또는 뺄셈 데이터가 저장되어 있는 디바이스의 선두 번호(BCD 4자리)

- D : 연산 결과를 저장하는 디바이스의 선두번호(BCD 4자리)

6) 예제2

X0이 ON/OFF되면, X10 ~ X1F의 BCD 데이터를 D0에 저장하고, X1이 ON/OFF되면, X10 ~ X1F의 BCD 데이터를 D1에 저장한다. X2를 ON/OFF하면 D1의 BCD 데이터에서 D0의 BCD 데이터의 차를 Y30 ~ Y3B(3자리)에서 FND 표시기에 출력하는 프로그램을 작성하라.

|그림 2-79| BCD 덧셈/뺄셈 예제2 프로그램

4 BCD 4자리 곱셈/나눗셈(B*(P), B/(P))

1) 곱셈[B*(P) S1 S2 D]

- **S1** : 곱셈되는 데이터 또는 곱셈되는 데이터가 저장되어 있는 디바이스의 선두 번호(BCD 4자리)
- **S2** : 곱셈 데이터 또는 곱셈 데이터가 저장되어 있는 디바이스의 선두 번호(BCD 4자리)
- **D** : 연산 결과를 저장하는 디바이스의 선두번호(BCD 8자리)

2) 예제1

X0이 ON/OFF되었을 때, X10 ~ X1F의 BCD 데이터와 D0의 BCD 데이터의 곱을 실행하여 Y30 ~ Y3F에서 FND 표시기에 출력하는 프로그램을 작성하라.

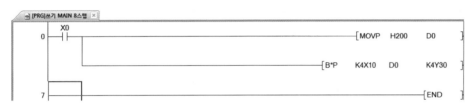

|그림 2-80| BCD 곱셈/나눗셈 예제1 프로그램

3) 나눗셈[B/(P) S1 S2 D]

- **S1** : 나눗셈되는 데이터 또는 나눗셈되는 데이터가 저장되어 있는 디바이스의 선두 번호(BCD 4자리)
- **S2** : 나눗셈 데이터 또는 나눗셈 데이터가 저장되어 있는 디바이스의 선두 번호(BCD 4자리)
- **D** : 연산 결과를 저장하는 디바이스의 선두번호(2진 32비트)

4) 예제2

X0이 ON/OFF되었을 때 BCD 데이터 3000을 BCD 데이터 80으로 나누어 몫을 Y30 ~ Y3F에서 FND 표시기에 표시하는 프로그램을 작성하라.

|그림 2-81| BCD 곱셈/나눗셈 예제2 프로그램

5 2진(BIN) 데이터 인크리먼트, 디크리먼트(INC(P), DEC(P))

1) 인크리먼트[INC(P) D]

- D : +1을 실행하는 디바이스의 선두번호(BIN 16비트)

2) 예제1

X0가 ON/OFF될 때 마다 D0의 값이 0에서 1씩 증가되고 10이 되면 다시 0이 되며 D0의 값을 Y30 ~ Y33에서 FND 표시기에 출력하는 프로그램을 작성하라.

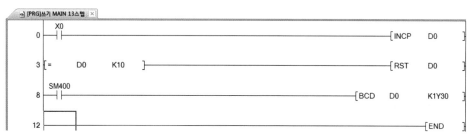

|그림 2-82| 데이터 인크리먼트/디크리먼트 예제1 프로그램

3) 디크리먼트[DEC(P) D]

- D : -1을 실행하는 디바이스의 선두번호(BIN 16비트)

4) 예제2

X0이 ON/OFF될 때 마다 D0의 값이 10에서 1씩 감소되고 0이 되면 다시 10이 되며 D0의 값을 Y30 ~ Y37에서 FND 표시기에 출력하는 프로그램을 작성하라.

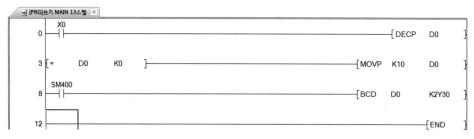

|그림 2-83| 데이터 인크리먼트/디크리먼트 예제2 프로그램

2.2.5 프로그램 분기 변환 명령

1 포인터 분기(CJ, SCJ, JMP)

1) [CJ P**]

　① P** : 점프 위치의 포인터 번호(디바이스명)

　② 실행 지령이 ON되면 프로그램 내의 지정된 포인터 번호의 프로그램을 실행한다.

2) 예제1

　X0이 ON될 때 P1로 점프하는 프로그램

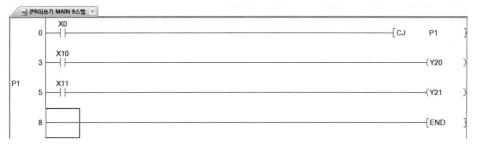

|그림 2-84| 포인터 분기 예제1 프로그램

3) [SCJ P**]

　실행 지령이 ON되면 다음 스캔부터 프로그램 내의 지정된 포인터 번호의 프로그램을 실행한다.

95

4) 예제2

X1이 ON될 때 다음 스캔부터 P2으로 점프하는 프로그램

|그림 2-85| 포인터 분기 예제2 프로그램

5) [JMP P**]

무조건 프로그램 내의 지정된 포인터 번호의 프로그램을 실행한다.

6) 예제3

P2으로 점프하는 프로그램

|그림 2-86| 포인터 분기 예제3 프로그램

7) 예제4

X10이 OFF일 때 일치회로로 동작하고, X10이 ON되면 반일치회로로 동작하는
프로그램

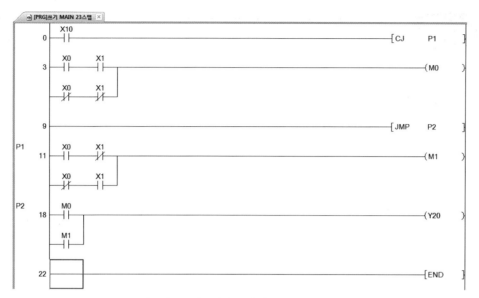

|그림 2-87| 포인터 분기 예제4 프로그램

2 END로 점프(GOEND)

1) [GOEND]

실행 지령이 ON되면 프로그램 내의 FEND 또는 END 명령으로 점프한다.

2) 예제

X1이 ON될 때 END로 점프하는 프로그램

|그림 2-88| END로 점프 예제 프로그램

2.3 응용 명령

2.3.1 논리 연산 명령

1 데이터 논리적(WAND(P), DAND(P))

1) [WAND(P) S D]

- S로 지정된 디바이스의 16비트 데이터와 D로 지정된 16비트 데이터를 비트마다 논리적을 실행하여, 그 결과를 D로 지정된 디바이스에 저장한다.
- 비트 디바이스의 경우 자리 지정에 의한 점수 이후의 비트 디바이스는 0으로 연산한다.

2) [DAND(P) S D]

- D로 지정된 디바이스의 32비트 데이터와 S로 지정된 32비트 데이터를 비트마다 논리적을 실행하여, 그 결과를 D로 지정된 디바이스에 저장한다.

3) 예제1

X1이 ON될 때 D0의 BCD 데이터 4자리 중에서 하위 2번째 자리를 0으로 마스크하는 프로그램

|그림 2-89| 데이터 논리적 예제1 프로그램

4) [WAND(P) S1 S2 D]

- S1로 지정된 디바이스의 16비트 데이터와 S2로 지정된 16비트 데이터를 비트마다 논리적을 실행하여, 그 결과를 D로 지정된 디바이스에 저장한다.

5) [DAND(P) S1 S2 D]

- S1로 지정된 디바이스의 32비트 데이터와 S2로 지정된 32비트 데이터를 비트마다 논리적을 실행하여, 그 결과를 D로 지정된 디바이스에 저장한다.

6) 예제2

X1 ON될 때 D0의 BCD 데이터와 X10 ~ X1B의 데이터의 논리적을 실행하여, 그 결과를 D10에 저장하는 프로그램

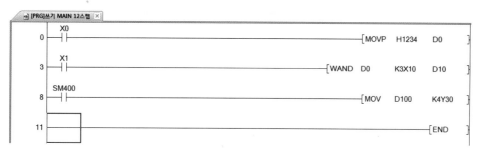

|그림 2-90| 데이터 논리적 예제2 프로그램

2 데이터 논리합(WOR(P), DOR(P))

1) [WOR(P) S D]

- S로 지정된 디바이스의 16비트 데이터와 D로 지정된 16비트 데이터를 비트마다 논리합을 실행하여, 그 결과를 D로 지정된 디바이스에 저장한다.

2) [DOR(P) S D]

- S로 지정된 디바이스의 32비트 데이터와 D로 지정된 32비트 데이터를 비트마다 논리합을 실행하여, 그 결과를 D로 지정된 디바이스에 저장한다.

3) 예제1

X1이 ON될 때 D0와 D10 데이터의 논리합을 실행하여, 그 결과를 D10에 저장하는 프로그램

|그림 2-91| 데이터 논리합 예제1 프로그램

4) [WOR(P) S1 S2 D]

- S1로 지정된 디바이스의 16비트 데이터와 S2로 지정된 16비트 데이터를 비트마다 논리합을 실행하여, 그 결과를 D로 지정된 디바이스에 저장한다.

5) [DOR(P) S1 S2 D]

- S1로 지정된 디바이스의 32비트 데이터와 S2로 지정된 32비트 데이터를 비트마다 논리합을 실행하여, 그 결과를 D로 지정된 디바이스에 저장한다.

6) 예제2

X1 ON될 때 D0의 BCD 데이터와 X14 ~ X1F의 데이터의 논리합을 실행하여, 그 결과를 D10에 저장하는 프로그램

|그림 2-92| 데이터 논리합 예제2 프로그램

3 데이터 배타적 논리합(WXOR(P), DXOR(P))

1) [WXOR(P) S D]

- S로 지정된 디바이스의 16비트 데이터와 D로 지정된 16비트 데이터를 비트마다 배타적 논리합을 실행하여, 그 결과를 D로 지정된 디바이스에 저장한다.

2) [DXOR(P) S D]

- S로 지정된 디바이스의 32비트 데이터와 D로 지정된 32비트 데이터를 비트마다 배타적 논리합을 실행하여, 그 결과를 D로 지정된 디바이스에 저장한다.

3) 예제1

X1이 ON될 때 D0와 D10 데이터의 배타적 논리합을 실행하여, 그 결과를 D10에 저장하는 프로그램

|그림 2-93| 데이터 배타적 논리합 예제1 프로그램

4) [WXOR(P) S1 S2 D]

- S1로 지정된 디바이스의 16비트 데이터와 S2로 지정된 16비트 데이터를 비트마다 배타적 논리합을 실행하여, 그 결과를 D로 지정된 디바이스에 저장한다.

5) [DXOR(P) S1 S2 D]

- S1로 지정된 디바이스의 32비트 데이터와 S2로 지정된 32비트 데이터를 비트마다 배타적 논리합을 실행하여, 그 결과를 D로 지정된 디바이스에 저장한다.

6) 예제2

X1 ON될 때 D0의 BCD 데이터와 X10 ~ X1B의 데이터의 배타적 논리합을 실행하여, 그 결과를 D10에 저장하는 프로그램

|그림 2-94| 데이터 배타적 논리합 예제2 프로그램

４ 데이터 부정 배타적 논리합(WXNR(P), DXNR(P))

1) [WXNR(P) S D]

- S로 지정된 디바이스의 16비트 데이터와 D로 지정된 16비트 데이터를 비트마다 부정 배타적 논리합을 실행하여, 그 결과를 D로 지정된 디바이스에 저장한다.

2) [DXNR(P) S D]

- S로 지정된 디바이스의 32비트 데이터와 D로 지정된 32비트 데이터를 비트마다 부정 배타적 논리합을 실행하여, 그 결과를 D로 지정된 디바이스에 저장한다.

3) 예제1

X1이 ON될 때 D0와 D10 데이터의 부정 배타적 논리합을 실행하여, 그 결과를 D10에 저장하는 프로그램

|그림 2-95| 데이터 부정 배타적 논리합 예제1 프로그램

4) [WXNR(P) S1 S2 D]

- S1로 지정된 디바이스의 16비트 데이터와 S2로 지정된 16비트 데이터를 비트마다 부정 배타적 논리합을 실행하여, 그 결과를 D로 지정된 디바이스에 저장한다.

5) [DXNR(P) S1 S2 D]

- S1로 지정된 디바이스의 32비트 데이터와 S2로 지정된 32비트 데이터를 비트마다 부정 배타적 논리합을 실행하여, 그 결과를 D로 지정된 디바이스에 저장한다.

6) 예제2

X1 ON될 때 D0의 BCD 데이터와 X10 ~ X1B의 데이터의 부정 배타적 논리합을 실행하여, 그 결과를 D10에 저장하는 프로그램

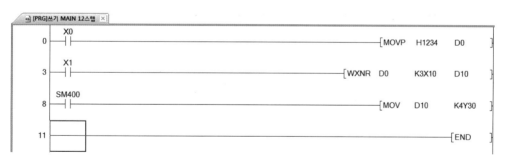

|그림 2-96| 데이터 부정 배타적 논리합 예제2 프로그램

2.3.2 로테이션 명령

1 데이터 오른쪽 로테이션((D)ROR(P), (D)RCR(P))

1) [(D)ROR(P) D n]

– D로 지정된 디바이스의 16(32)비트 데이터를 캐리 플래그를 포함하지 않고 n비트 오른쪽으로 회전한다. 캐리 플래그는 ROR 실행 전 상태에 따라 ON/OFF된다.

– n은 0 ～ 15(31)를 지정한다. 16(32)이상의 값을 지정한 경우, n/16(32)의 나머지값으로 회전한다.

– D에 비트 디바이스가 지정되었을 때, 자리 지정에서 지정한 디바이스 범위 내에서 회전한다.

2) [(D)RCR(P) D n]

– D로 지정된 디바이스의 16(32)비트 데이터를 캐리 플래그를 포함하여 n비트 오른쪽으로 회전한다.

3) 예제1

X1이 ON될 때 D0의 내용을 캐리 플래그를 포함하지 않고 오른쪽으로 7비트 회전시키는 프로그램

|그림 2-97| 데이터 오른쪽 로테이션 예제1 프로그램

4) 예제2

X1이 ON될 때 D0의 내용을 캐리 플래그를 포함하여 오른쪽으로 7비트 회전시키는 프로그램

|그림 2-98| 데이터 오른쪽 로테이션 예제2프로그램

2 데이터 왼쪽 로테이션((D)ROL(P), (D)RCL(P))

1) [(D)ROL(P) D n]

- D로 지정된 디바이스의 16(32)비트 데이터를 캐리 플래그를 포함하지 않고 n비트 왼쪽으로 회전한다. 캐리 플래그는 ROR 실행 전 상태에 따라 ON/OFF된다.

2) [(D)RCL(P) D n]

- D로 지정된 디바이스의 16(32)비트 데이터를 캐리 플래그를 포함하여 n비트 왼쪽으로 회전한다.

3) 예제1

X1이 ON될 때 D0의 내용을 캐리 플래그를 포함하지 않고 왼쪽으로 7비트 회전시키는 프로그램

|그림 2-99| 데이터 왼쪽 로테이션 예제1 프로그램

4) 예제2

X1이 ON될 때 D0의 내용을 캐리 플래그를 포함하여 왼쪽으로 7비트 회전시키는 프로그램

|그림 2-100| 데이터 왼쪽 로테이션 예제2 프로그램

 시프트 명령

1 데이터 n비트 시프트(SFR(P), SFL(P))

1) [SFR(P) D n]

　　- D로 지정된 디바이스의 16비트 데이터를 n비트 오른쪽으로 시프트한다.

　　- 최상위부터 n비트는 0이 된다.

　　- n은 0 ～ 15를 지정한다. 16이상의 값을 지정한 경우, n/16의 나머지값으로 시프트한다.

　　- D에 비트 디바이스가 지정되었을 때, 자리 지정에서 지정한 디바이스 범위 내에서 시프트한다.

2) [SFL(P) D n]

　　- D로 지정된 디바이스의 16비트 데이터를 n비트 왼쪽으로 시프트한다.

3) 예제1

　　X1이 ON될 때 D0의 내용을 D10에 저장된 비트만큼 오른쪽으로 시프트 시키는 프로그램

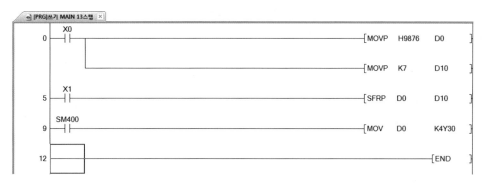

|그림 2-101| 데이터 오른쪽 시프트 예제 프로그램

4) 예제2

X1이 ON될 때 X10 ~ X17의 내용을 왼쪽으로 3비트 시프트시키는 프로그램

|그림 2-102| 데이터 왼쪽 시프트 예제 프로그램

2 n비트 데이터의 1비트 시프트(BSFR(P), BSFL(P))

1) [BSFR(P) D n]

– D로 지정된 디바이스로부터 n점을 오른쪽으로 1비트 시프트한다.
– D + (n-1)로 지정된 디바이스는 0이 된다.

2) [BSFL(P) D n]

– D로 지정된 디바이스로부터 n점을 왼쪽으로 1비트 시프트한다.

3) 예제

X1이 ON될 때 Y20 ~ Y25의 데이터를 오른쪽으로 시프트 시키는 프로그램

|그림 2-103| n 비트 데이터 시프트 예제 프로그램

2.3.4 비트 처리 명령

1 워드 디바이스의 비트 세트/리셋(BSET(P), BRST(P))

1) [BSET(P) D n]

- D로 지정된 워드 디바이스의 n번째 비트를 세트(1) 한다.
- n이 15를 초과하였을 때는 하위 4비트의 데이터로 실행한다.

2) [BRST(P) D n]

- D로 지정된 워드 디바이스의 n번째 비트를 리셋(0) 한다.

3) 예제

X0이 ON될 때 D0의 8번째 비트(b7)를 리셋하고, x1이 ON될 때 D0의 세 번째 비트(b2)를 세트(1)하는 프로그램

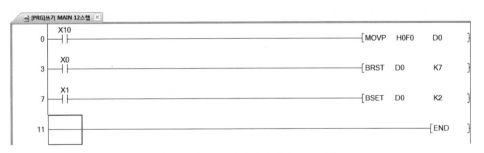

|그림 2-104| 비트 처리 명령 예제 프로그램

2 비트 테스트((D)TEST(P))

1) [(D)TEST(P) S1 S2 D]

- S1로 지정된 워드 디바이스내의 S2로 지정된 위치의 비트 데이터를 추출하여, D로 지정된 비트 디바이스에 쓴다.
- D로 지정된 비트 디바이스는 해당 비트가 0일 때 OFF하고, 1일 때 ON한다.

2) 예제

X0이 ON될 때 D0의 8번째 비트(b7)의 상태에 따라 Y20이 ON/OFF되고, X1이 ON될
때 D0의 세 번째 비트(b2)의 상태에 따라 Y20이 ON/OFF되는 프로그램

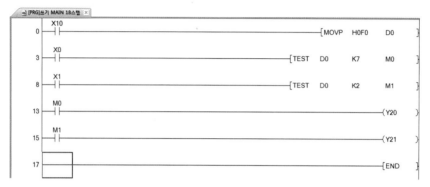

|그림 2-105| 비트 테스트 명령 예제 프로그램

3 비트 디바이스 일괄 리셋(BKRST(P))

1) [BKRST(P) D n]

– D로 지정된 비트 디바이스로부터 n점의 비트 디바이스를 리셋한다.

2) 예제

X0이 ON될 때 M0 ~ M5를 OFF하는 프로그램

|그림 2-106| 비트 디바이스 일괄 리셋 명령 예제 프로그램

 데이터 처리 명령

1 16비트/32비트 데이터 검색((D)SER(P))

1) [SER(P) S1 S2 D n]

- S1로 지정된 디바이스의 16비트 데이터를 키워드로 S2로 지정된 디바이스의 16비트 데이터부터 n점을 검색한다.
- 키워드와 일치한 개수를 D + 1로 지정된 디바이스에 저장하고, 최초로 일치한 디바이스번호를 S2부터 몇 번째 값인지를 D로 지정된 디바이스에 저장한다.

2) [DSER(P) S1 S2 D n]

- S1 + 1, S1로 지정된 디바이스의 32비트 데이터를 키워드로 S2로 지정된 디바이스의 32비트 데이터부터 n점(16비트 단위로 2 × n점)을 검색한다.

3) 예제

X1이 ON될 때 D0 ~ D6의 16비트 데이터를 D10의 16비트 데이터와 비교하여 검색결과를 W0, W1에 저장하는 프로그램

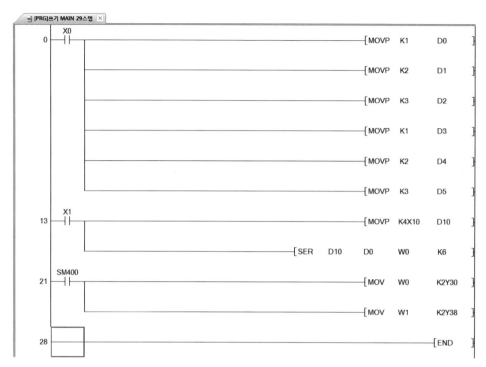

|그림 2-107| 데이터 검색 명령 예제 프로그램

2 16비트 데이터 4비트 분리(DIS(P))

1) [DIS(P) S D n]

– S로 지정된 디바이스의 16비트 데이터 하위 n자리(1자리 4비트)의 데이터를 D로 지정된 디바이스부터 n점의 하위 4비트에 저장한다.

2) 예제

X1이 ON될 때 D0의 12비트 데이터를 4비트씩 분리하여 D10~D12에 저장하는 프로그램

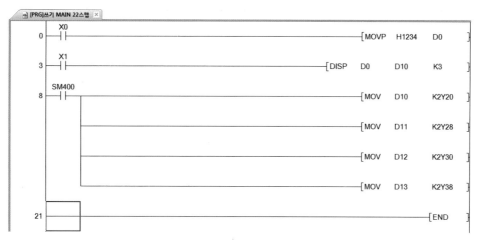

|그림 2-108| 데이터 4비트 분리 명령 예제 프로그램

3 16비트 데이터 4비트 결합(UNI(P))

1) [UNI(P) S D n]

    – S로 지정된 디바이스부터 n점의 16비트 데이터 하위 4비트를 D로 지정된
디바이스에 결합한다.

2) 예제

    X1이 ON될 때 D0 ~ D2의 하위 4비트를 결합하여 D10에 저장하는 프로그램

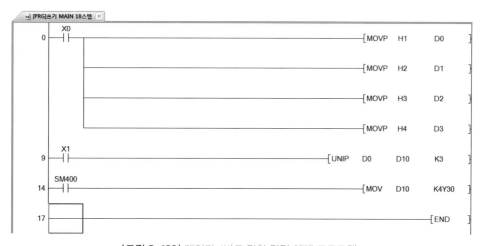

|그림 2-109| 데이터 4비트 결합 명령 예제 프로그램

4 16/32비트 데이터 최대값 검색((D)MAX(P))

1) [(D)MAX(P) S D n]

- S로 지정된 디바이스부터 n점의 16/32비트 데이터에서 최대값을 검색하여, D로 지정된 디바이스에 저장한다.
- S로 지정된 디바이스부터 검색하여 최초로 검출된 최대값이 저장되어 있는 번호가 S에서 몇 번째 점인지를 D+1에 저장하고, 최대값의 개수를 D+2에 저장한다.

2) 예제

X1이 ON될 때 D0 ~ D7의 16비트 데이터에서 최대값을 검색하여 D10에 저장하는 프로그램

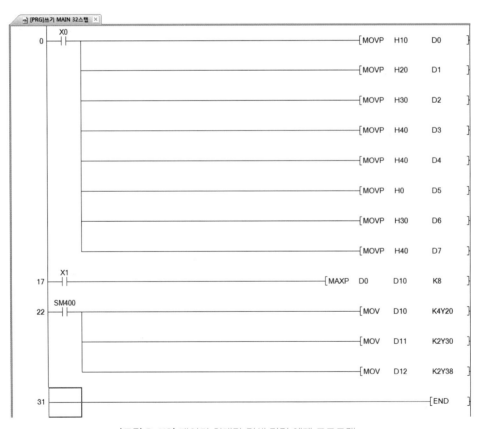

|그림 2-110| 데이터 최대값 검색 명령 예제 프로그램

5 16/32비트 데이터 최소값 검색((D)MIN(P))

1) [(D)MIN(P) S D n]

- S로 지정된 디바이스부터 n점의 16/32비트 데이터에서 최소값을 검색하여, D로 지정된 디바이스에 저장한다.
- S로 지정된 디바이스부터 검색하여 최초로 검출된 최소값이 저장되어 있는 번호가 S에서 몇 번째 점인지를 D+1에 저장하고, 최소값의 개수를 D+2에 저장한다.

2) 예제

X1이 ON될 때 D0 ~ D7의 16비트 데이터에서 최소값을 검색하여 D10에 저장하는 프로그램

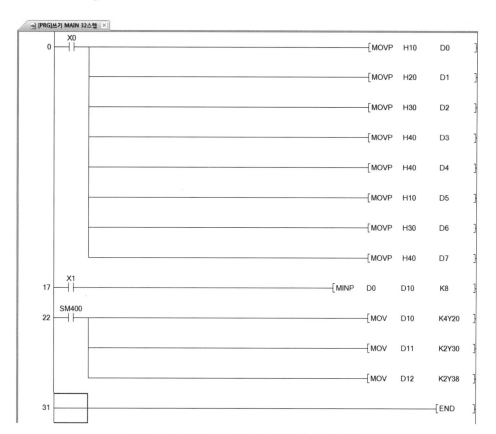

|그림 2-111| 데이터 최소값 검색 명령 예제 프로그램

6 16/32비트 데이터 정렬((D)SORT)

1) [(D)SORT S1 n S2 D1 D2]

- S1부터 n점의 16비트 데이터를 오름차순/내림차순으로 정렬한다.
- **SM703이 OFF** : 오름차순, SM703이 ON : 내림차순
- **S2** : 한번의 실행으로 비교하는 데이터수
- **D1** : 정렬 완료시 ON되는 비트 디바이스 번호
- **D2** : 시스템 사용 디바이스(지정된 디바이스부터 2점은 SORT 명령 실행 시 시스템이 사용한다. 사용자가 변경하지 않도록 한다. 만약 변경하면, 에러코드가 표시되는 경우가 있다.(에러코드 : 4100)

2) 예제

X1이 ON될 때 D0 ~ D3의 16비트 데이터를 오름차순/내림차순으로 정렬하는 프로그램

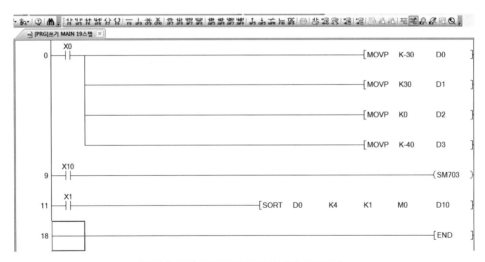

|그림 2-112| 데이터 정렬 명령 예제 프로그램

ㄱ 16비트 데이터 합계 계산(WSUM(P))

1) [WSUM(P) S D n]

   – S로 지정된 디바이스부터 n점의 16비트 데이터를 모두 더하여, D로 지정된 32비트 디바이스에 저장한다.

2) 예제

   X1이 ON될 때 D0 ~ D3의 16비트 데이터를 모두 더하는 프로그램

|그림 2-113| 데이터 합계 계산 예제 프로그램

117

2.3.6 구조화 명령

1 FOR ~ NEXT(FOR, NEXT)

1) [FOR n] ~ [NEXT]

- FOR ~ NEXT 명령간의 처리를 무조건 n회 실행하고, NEXT 명령 다음 스텝을 처리한다.
- n : 1 ~ 32767
- FOR ~ NEXT 명령 간의 중간에 처리를 하지 않고 나올 때는 CJ, SCJ 명령으로 점프한다.
- FOR의 네스팅은 16중까지 가능하다.
- 다음과 같은 경우에는 연산에러가 되어, 에러플래그(SM0)가 ON 하고 에러 코드가 SD0에 저장된다.
  · FOR 명령 실행 후 NEXT 명령을 실행하기 전에 END, FEND, GOEND 명령을 실행하였을 때
  · FOR 명령을 실행하기 전에 NEXT 명령을 실행하였을 때
  · FOR ~ NEXT 사이에 STOP 명령이 있을 때
  · FOR 명령의 네스팅을 실행하고 있는 경우, 17중 째를 실행하였을 때

2) 예제1

X1이 ON될 때 1,000까지 증가하고 나오는 프로그램

|그림 2-114| FOR~NEXT 명령 예제1 프로그램

3) 예제2

X1이 ON될 때 500까지 증가하고 점프하는 프로그램(에러 발생)

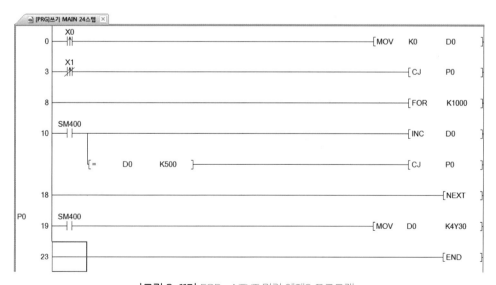

|그림 2-115| FOR ~ NEXT 명령 예제2 프로그램

2 FOR ~ NEXT 강제종료(BREAK(P))

1) [BREAK(P) D Pn]

- FOR ~ NEXT 명령에 의한 반복 처리를 강제로 종료하고, Pn으로 지정된 포인터로 이동한다.
- Pn에는 동일 프로그램파일 내의 포인터만 지정할 수 있다. Pn에 다른 프로그램 파일 내의 포인터가 지정되었을 때는 연산 에러가 된다.
- D에는 강제 종료한 시점의 FOR ~ NEXT 명령에서의 반복 처리실행 횟수의 잔수를 저장한다. 다만 반복 처리의 잔수에는 BREAK 명령 실행 시의 횟수도 포함되어 있다.
- BREAK 명령은 FOR ~ NEXT 명령 간에서만 사용할 수 있다.
- BREAK 명령은 1개의 네스팅에 대해서만 사용할 수 있다. 다중 네스팅을 강제 종료시키는 경우, 네스팅 만큼의 BREAK 명령을 실행시킨다.

2) 예제

X1이 ON될 때 500까지 증가하고 강제 종료하는 프로그램

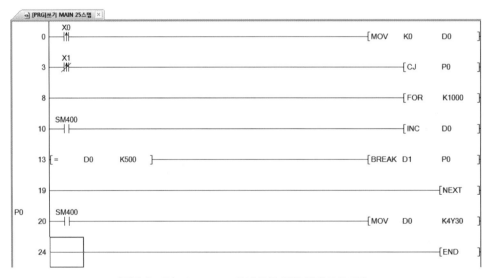

|그림 2-116| FOR~NEXT 강제 종료 명령 예제 프로그램

3 서브 루틴 프로그램 콜(CALL(P)), 리턴(RET)

1) [CALL(P) Pn]

- CALL(P) 명령을 실행하면, Pn으로 지정된 포인터의 서브루틴 프로그램을 실행한다.
- CALL(P) 명령은 동일프로그램 파일 내의 포인터로 지정된 서브 루틴 프로그램과 공통 포인터로 지정된 서브 루틴 프로그램을 실행할 수 있다.

2) [CALL(P) Pn S1 ~ S5]

- **S1 ~ S5** : 서브 루틴 프로그램에 인수로 건네주는 디바이스 번호(비트, 16/32 비트)

3) [RET]

- 서브루틴 프로그램의 종료를 나타낸다.
- RET 명령을 실행하면, 서브 루틴 프로그램을 호출한 다음 스텝으로 돌아간다.

4) 예제

X1이 ON될 때 덧셈 명령을 수행하는 서브 루틴 프로그램

|그림 2-117| 서브 루틴 프로그램 콜 예제 프로그램

LEARNING
IS FUN!

GOT1000 시리즈와 멜섹 Q PLC를 이용한

HMI 응용실습

CHAPTER

03

· · · · · · · · · · ·

아날로그 모듈

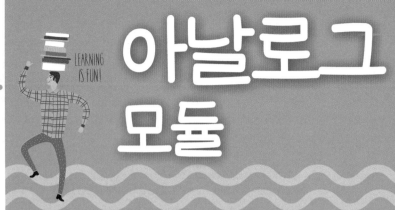

CHAPTER 03 아날로그 모듈

3.1 A/D 변환

MELSEC-Q 시리즈의 CPU 모듈과 조합하여 사용하는 Q64AD형 아날로그-디지털 변환 모듈의 사양, 취급 및 프로그래밍 방법 등에 대해 설명한다.

3.1.1 사양

1 사양 리스트

1) 아날로그 입력 점수 : 4점(4채널)

2) 아날로그 입력
  · 전압 : DC −10~10V(입력 저항값 1MΩ)
  · 전류 : DC 0~20mA(입력 저항값 250Ω)

3) 디지털 출력 : 16비트 부호 부착 바이너리(일반 분해능 모드:−4,096~4,095, 고분해능 모드:−12,288~12,287, −16,384~16,383)

4) 입출력 특성, 최대 분해능

|표3-1| 입출력 특성 및 최대 분해능

아날로그 입력범위		일반분해능 모드		고분해능 모드	
		디지털 출력값	최대 분해능	디지털 출력값	최대 분해능
전압	0~10V	0~4,000	2.5mV	0~16,000	0.625mV
	0~5V		1.25mV	0~12,000	0.416mV
	1~5V		1.0mV		0.333mV
	−10~10V	−4,000~4,000	2.5mV	−16,000~16,000	0.625mV
	사용자 영역 설정		0.375mV	−12,000~12,000	0.333mV
전류	0~20mA	0~4,000	5μA	0~12,000	1.66μA
	4~20mA		4μA		1.33μA
	사용자 영역 설정	−4,000~4,000	1.37μA	−12,000~12,000	1.33μA

5) 정밀도 (디지털 출력값의 최대값에 대한 정밀도)

① 주위 온도(0~55℃)− 온도 드리프트 보정 있음 : ± 0.3%, 온도 드리프트 보정 없음 : ± 0.4%

② 주위 온도(25±5℃) : ± 0.1%

6) 변환 속도 : 80us/채널('온도 드리프트 보정 있음' 으로 설정하면 사용 채널수에 관계없이 160us를 더한 시간)

7) 절대 최대 입력

전압 : ±15V, 전류 : ±30mA

2 입출력 변환 특성

1) PLC 외부로부터의 아날로그 신호(전압 또는 전류 입력)를 디지털 값으로 변환할 때 오프셋값과 게인값을 직선으로 묶은 기울기를 말한다.

　① 오프셋값 : 디지털 출력값이 0이 되는 아날로그 입력값(전압 또는 전류)

　② 게인값 : 디지털 출력값이 4,000(일반 분해능 모드 시), 12,000(고분해능 모드로 0~5V, 1~5V, 4~20mA, 0~20mA, 사용자 영역 설정 선택 시), 16,000(고분해능 모드로 −10~10V, 0~10V선택 시)이 되는 아날로그 입력값(전압 또는 전류)

2) 전압 입력 특성

　　– 일반 분해능 모드의 전압 입력 특성

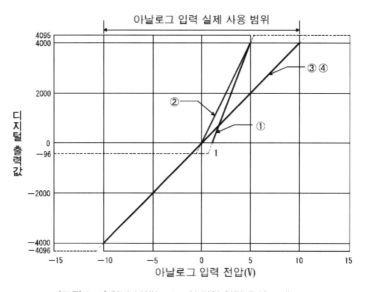

|그림 3-1| 일반 분해능 모드의 전압 입력 특성 그래프

- 고분해능 모드의 전압 입력 특성

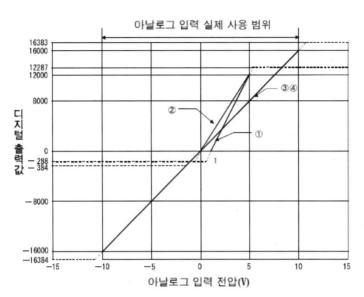

|그림 3-2| 고분해능 모드의 전압 입력 특성 그래프

- ① : 1 ~ 5V, ② : 0 ~ 5V, ③ : −10 ~ 10V, ④ : 0 ~ 10V

3) 전류 입력 특성

- 일반 분해능 모드의 전류 입력 특성

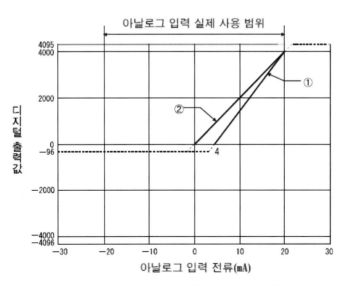

|그림 3-3| 일반 분해능 모드의 전류 입력 특성 그래프

127

- 고분해능 모드의 전류 입력 특성

아날로그 입력 실제 사용 범위

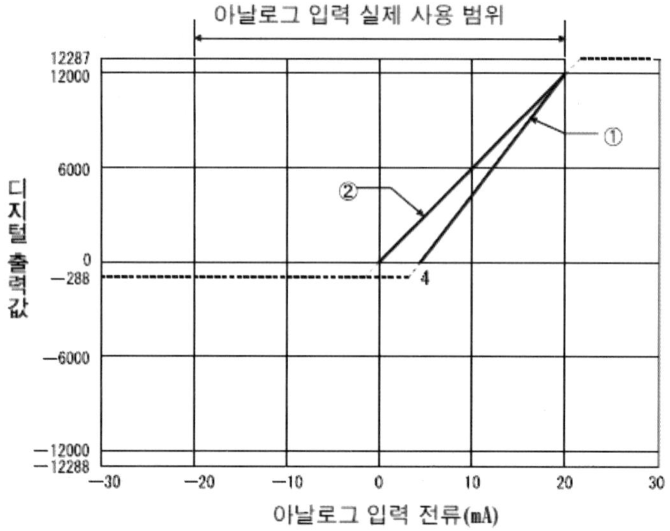

|그림 3-4| 고분해능 모드의 전류 입력 특성 그래프

- ① : 4 ~ 20mA, ② : 0 ~ 20mA

3 기능 리스트

1) A/D 변환 허가/금지 설정

① 채널 마다 A/D 변환의 '허가/금지'를 지정할 수 있다.

② 변환 시간은 80us/채널이며, 사용하지 않는 채널을 '변환금지'로 설정하여 샘플링 시간을 짧게 할 수 있다.

2) A/D 변환방식

① 샘플링처리

- 아날로그 입력값을 순서대로 A/D 변환하여 디지털 출력값을 버퍼메모리에 저장한다.

② 평균 처리

- 평균 처리로 지정된 채널의 A/D 변환을 '설정 횟수' 노는 '설정 시간'으로 실행하여 그 최대값과 최소값을 제외한 합을 평균하여 버퍼메모리에 저장한다.

3) 최대값·최소값 유지기능

① 채널마다 디지털 출력값의 최소값과 최대값이 버퍼메모리 어드레스 30~45 (Un\G30~Un\G45)에 유지된다.

② 동작 조건 설정 완료 플래그(X09)가 OFF되면 0 클리어되고, 변환이 시작되면 새로운 최대값, 최소값이 저장된다.

③ 최대값, 최소값의 저장 영역은 시퀀스 프로그램으로 변경할 수 있으므로 일정한 시간 내의 최대값, 최소값을 확인할 수도 있다.

4) 온도 드리프트 보정 기능

① 모듈의 주위 온도 변화에 따른 오차를 자동으로 보정하여 변환 정밀도를 향상시킬 수 있다.

② 온도 드리프트 보정 기능은 (모든 채널 A/D 변환 시간)+160us로 실행된다.

5) 분해능 모드

① 용도에 따라 분해능 모드를 전환하여 디지털값의 분해능을 1/4000, 1/12000, 1/16000 등으로 할 수 있다.

② 분해능 모드는 모든 채널을 일괄적으로 설정한다.

6) 온라인 모듈 교환 : 시스템을 정지하지 않고 모듈을 교환하는 기능이다.

4 PLC CPU에 대한 입출력 신호

1) 입력 신호(변환 모듈의 선두 입출력 번호를 0으로 설정한 경우)

  ① X0(모듈 READY)

   – PLC CPU의 전원 투입 시 또는 리셋 시 A/D 변환 준비가 완료된 시점에서 ON하고 A/D 변환을 처리한다.

   – 모듈 READY가 OFF되어 있을 때는 A/D 변환을 처리하지 않는다.

   – 다음과 같은 경우, 모듈 READY(X0)가 OFF된다.

    · 오프셋 · 게인 설정 모드 상태일 때

    · A/D 변환 모듈이 WDT 에러 상태일 때

  ② X1(온도 드리프트 보정 상태 플래그)

   – 온도 드리프트 보정 기능을 '있음'으로 설정한 상태에서 A/D 변환을 처리하는 경우에 온도 드리프트 보정 상태 플래그(X1)가 ON된다.

  ③ X8(고분해능 모드 상태 플래그)

   – 고분해능 모드로 설정되어 있을 때 ON한다.

  ④ X9(동작 조건 설정 완료 플래그)

   – A/D 변환 허가/금지(버퍼메모리 어드레스 0:Un₩G0)를 변경하였을 때, 동작 조건 설정 요구(Y9)를 ON/OFF하는 인터록 조건으로 사용한다.

   – 동작 조건 설정 완료 플래그(X9)가 OFF되어 있을 때는 A/D 변환을 처리하지 않는다.

   – 다음과 같은 경우, 동작 조건 설정 완료 플래그(X9)가 OFF된다.

    · 모듈 READY가(X0)가 OFF되어 있을 때

    · 동작 조건 설정 요구(Y9)가 ON되어 있을 때

  ⑤ XA(오프셋/게인 설정 모드 상태 플래그)

   – 오프셋/게인 설정 모드 시

    · 오프셋/게인 설정에서 조정이 끝난 값을 등록할 때, 오프셋/게인 요구(YA)를 ON/OFF하는 인터록 조건으로 사용한다.

   – 일반 모드 시

    · 사용자 영역 복원 시 사용자 영역 쓰기 요구(YA)를 ON/OFF하는 인터록 조건으로 사용한나.

⑥ XB(채널 변경 완료 플래그)

  – 오프셋/게인을 설정하는 채널을 변경할 때, 채널 변경 요구(YB)를 ON/OFF하는 인터록 조건으로 사용한다.

⑦ XD(최대값 · 최소값 리셋 완료 플래그)

  – 최대값 · 최소값 리셋 요구(YD) ON 시, 최대값 · 최소값 저장 영역(버퍼메모리 어드레스 30~45:Un₩G30~Un₩G45)에 저장된 최대값 · 최소값이 리셋되면 ON한다.

⑧ XE(A/D 변환 완료 플래그)

  – 변환 허가 채널의 모든 채널이 변환 완료된 시점에서 ON한다.

⑨ XF(에러 발생 플래그)

  – 쓰기 에러가 발생하였을 때, 에러 발생 플래그가 ON된다.

  – 에러 코드는 에러 클리어 요구(YF)를 ON하여 클리어한다.

⑩ X2~X7, X9 : 사용 금지(시스템에서 사용)

2) 출력 신호(변환 모듈의 선두 입출력 번호를 0으로 설정한 경우)

① Y9(동작 조건 설정 요구)

  – A/D 변환 허가/금지, 평균 처리 지정, '평균 처리'가 지정된 경우의 평균 시간, 횟수 등의 설정 내용을 유효하게 하는 경우에 ON한다.

② YA(사용자 영역 쓰기 요구)

  – 오프셋/게인 설정 모드 시

   · 오프셋/게인 설정을 조정한 값을 A/D 변환 모듈에 등록하는 경우에 ON한다.

  – 일반 모드 시

   · 사용자 영역 복원 시 ON한다.

③ YB(채널 변경 요구)

  – 오프셋 · 게인을 설정할 채널을 변경하는 경우에 ON한다.

④ YD(최대값 · 최소값 리셋 요구)

  – 최대값 · 최소값 리셋 요구(YD)를 ON하면, 최대값 · 최소값 저장 영역(버퍼메모리 어드레스 30~45:Un₩G30~Un₩G45)에 저장된 최대값 · 최소값이 클리어된다.

⑤ YF(에러 클리어 요구)

  – 쓰기 에러를 클리어하는 경우에 ON한다.

5 버퍼메모리

1) 버퍼메모리 할당

|표3-2| 버퍼메모리 할당

어드레스	내용	R/W	어드레스	내용	R/W
0	A/D 변환 허가/금지 설정	R/W	35	CH_1 최소값	R/W
1	CH_1 평균 시간/평균 횟수 설정	R/W	36	CH_1 최대값	R/W
2	CH_2 평균 시간/평균 횟수 설정	R/W	37	CH_1 최소값	R/W
3	CH_3 평균 시간/평균 횟수 설정	R/W	38	시스템 영역	–
4	CH_4 평균 시간/평균 횟수 설정	R/W	≀		
5	시스템 영역	–	157		
≀			158	모드 이행 설정	R/W
8			159		
9	평균 처리 지정	R/W	160	시스템 영역	–
10	A/D 변환 완료 플래그	R	≀		
11	CH_1 디지털 출력값	R	199		
12	CH_2 디지털 출력값	R	200	임시 기억 데이터 종류 설정	R/W
13	CH_3 디지털 출력값	R	201	시스템 영역	–
14	CH_4 디지털 출력값	R	202	CH_1 공장 출하 설정 오프셋값	R/W
15	시스템	–	203	CH_1 공장 출하 설정 게인값	R/W
≀			204	CH_2 공장 출하 설정 오프셋값	R/W
18			205	CH_2 공장 출하 설정 게인값	R/W
19	에러 코드	R	206	CH_3 공장 출하 설정 오프셋값	R/W
20	설정 범위(CH1~CH4)	R	207	CH_3 공장 출하 설정 게인값	R/W
21	시스템 영역	–	208	CH_4 공장 출하 설정 오프셋값	R/W
22	오프셋·게인 설정 모드 오프셋 지정	R/W	209	CH_4 공장 출하 설정 게인값	R/W
23	오프셋·게인 설정 모드 게인 지정	R/W	210	CH_1 사용자 영역 설정 오프셋값	R/W
24	시스템 영역	–	211	CH_1 사용자 영역 설정 게인값	R/W
≀			212	CH_2 사용자 영역 설정 오프셋값	R/W
29			213	CH_2 사용자 영역 설정 게인값	R/W
30	CH_1 최대값	R/W	214	CH_3 사용자 영역 설정 오프셋값	R/W
31	CH_1 최소값	R/W	215	CH_3 사용자 영역 설정 게인값	R/W
32	CH_1 최대값	R/W	216	CH_4 사용자 영역 설정 오프셋값	R/W
33	CH_1 최소값	R/W	217	CH_4 사용자 영역 설정 게인값	R/W
34	CH_1 최대값	R/W			

2) A/D 변환 허가/금지 설정(버퍼메모리 어드레스 0 : Un\G0)

① 채널 마다 A/D 변환값 출력의 허가/금지 여부를 설정한다.

② A/D 변환 허가/금지 설정을 유효하게 하려면, 동작 조건 설정 요구(Y9)를 ON/OFF 할 필요가 있다.

③ 디폴트는 모든 채널에 대해 A/D 변환 허가로 지정되어 있다.

④ 0 : A/D 변환 허가, 1 : A/D 변환 금지

b15	b14	b13	b12	b11	b10	b9	b8	b7	b6	b5	b4	b3	b2	b1	b0
0	0	0	0	0	0	0	0	0	0	0	0	CH. 4	CH. 3	CH. 2	CH. 1

|그림 3-5| 버퍼 메모리 어드레스 0 설정

3) CH 평균시간/평균횟수 설정(버퍼메모리 어드레스 1~4 : Un\G1~Un\G4)

① 평균 처리로 지정된 채널의 평균 시간, 평균 횟수를 설정한다.

② 설정 가능 범위는 다음과 같다.

　– 횟수에 의한 평균 처리의 경우, 4 ~ 62,500회이다.

　– 시간에 의한 평균 처리의 경우, 2 ~ 5,000ms이다.

③ 디폴트는 0으로 설정되어 있다.

4) 평균 처리 지정(버퍼메모리 어드레스 9 : Un\G9)

① 샘플링 처리 또는 평균 처리를 선택하는 경우의 설정 내용을 버퍼메모리 어드레스 9(Un\G9)에 쓴다.

② 평균 처리를 선택한 경우, 시간 평균 또는 횟수 평균을 선택한다.

③ 디폴트는 모든 채널 샘플링 처리로 설정되어 있다.

④ 시간/횟수 지정(b0 ~ b3)

　– 0 : 횟수 평균, 1 : 시간 평균

⑤ 평균 처리 채널 지정(b8 ~ b11)

　– 0 : 샘플링 처리, 1 : 평균처리

b15	b14	b13	b12	b11	b10	b9	b8	b7	b6	b5	b4	b3	b2	b1	b0
0	0	0	0	CH. 4	CH. 3	CH. 2	CH. 1	0	0	0	0	CH. 4	CH. 3	CH. 2	CH. 1

|그림 3-6| 버퍼 메모리 어드레스 9 설정

5) A/D 변환 완료 플래그(버퍼메모리 어드레스 10 : Un\G10)

① A/D 변환 완료 플래그는 A/D 변환 허가로 설정되어 있는 채널의 A/D 변환이 완료되면 1이
된다. A/D 변환 완료 플래그(XE)는 A/D 변환 허가로 설정되어 있는 모든 채널의 변환이 완료된
시점에서 ON한다.

② 동작 조건 설정 요구(Y9)를 ON하면 0(디폴트)이 되고 A/D 변환이 완료되면 1이 된다.

③ 0 : A/D 변환 중 또는 사용하지 않음, 1 : A/D 변환 완료

b15	b14	b13	b12	b11	b10	b9	b8	b7	b6	b5	b4	b3	b2	b1	b0
0	0	0	0	0	0	0	0	0	0	0	0	CH. 4	CH. 3	CH. 2	CH. 1

|그림 3-7| 버퍼 메모리 어드레스 10 설정

6) 디지털 출력값(버퍼메모리 어드레스 11~14 : Un\G11~Un\G14)

① A/D 변환된 디지털 출력값은 버퍼메모리 어드레스 11~14(Un\G11~Un\G14)에 채널 마다
저장된다.

② 디지털값은 16비트 부호 부착 바이너리 형식으로 저장된다.

7) 쓰기 데이터 에러 코드(버퍼메모리 어드레스 19 : Un\G19)

A/D 변환 모듈에서 검출한 에러 코드를 저장한다.

8) 설정 범위(버퍼메모리 어드레스 20 : Un\G20)

① A/D 변환 모듈의 설정 범위를 확인하기 위한 영역이다.

② 설정값은 아래와 같다.

③ 디폴트는 0이다.

|표3-3| 입력범위 및 설정값

입력범위	설정값
4~20mA	0_H
0~20mA	1_H
1~5V	2_H
0~5V	3_H
−10~10V	4_H
0~10V	5_H
사용자 영역 설정	F_H

9) 오프셋/게인 설정모드(버퍼메모리 어드레스 22, 23 : Un\G22, Un\G23)

① 오프셋/게인 설정을 조정할 채널을 지정한다.

② 버퍼메모리 어드레스 22(Un\G22)에는 오프셋을 조정할 채널, 버퍼메모리 어드레스 23(Un\G23)에는 게인을 조정할 채널을 지정한다.

③ 복수의 채널에 동시에 설정하는 것이 가능하지만 오프셋과 게인은 각각(버퍼메모리 어드레스 22, 23:Un\G22, 23 중 하나를 0으로 설정) 설정한다. 양쪽 모두 동시에 세트 되면 오프셋/게인 설정 모드 에러(에러 코드 500)가 된다.

	b15	b14	b13	b12	b11	b10	b9	b8	b7	b6	b5	b4	b3	b2	b1	b0
UnWG22	0	0	0	0	0	0	0	0	0	0	0	0	CH. 4	CH. 3	CH. 2	CH. 1
UnWG23	0	0	0	0	0	0	0	0	0	0	0	0	CH. 4	CH. 3	CH. 2	CH. 1

|그림 3-8| 버퍼메모리 어드레스 22, 23 설정

10) 최대값 · 최소값 저장 영역(버퍼메모리 어드레스 30~37 : Un\G30~Un\G37)

① 채널 마다 변환된 디지털값의 최대값과 최소값을 저장한다.

② 동작 조건 설정 요구(Y9)가 ON되어 설정이 변경되거나 최대값 · 최소값 리셋요구(YD)가 ON되면, 모든 채널의 저장값은 0으로 클리어된다.

③ 평균 처리 지정되어 있는 채널도 샘플링 처리 시간(측정) 마다 최대값 · 최소값이 저장된다.

11) 모드 이행 설정(버퍼메모리 어드레스 158, 159 : Un₩G158, Un₩G159)

① 이행 하고자 하는 모드의 설정값을 설정한다.

② 설정값을 설정한 다음 동작 조건 설정 요구(Y9)를 OFF→ON하면 모드가 이행된다.

③ 모드가 이행되면 본 영역은 0으로 클리어되고 동작 조건 설정 완료 플래그(X9)가 OFF된다. 동작 조건 설정 완료 플래그(X9)의 OFF 확인 후 동작 조건 설정 요구(Y9)를 OFF한다.

|표3-4| 이행모드 및 설정값

이행모드	설정값	
	버퍼메모리어드레스 158	버퍼메모리어드레스 159
일반모드	0964H	4144H
오프셋 게인 설정 모드	4144H	0964H

12) 임시 기억 데이터 종류 설정(버퍼메모리어드레스 200 : Un₩G200)

① 온라인 모듈 교환 시 사용자 영역의 오프셋 · 게인 설정값을 복원하기 위해 사용하는 영역이다.

② 사용자 영역의 오프셋 · 게인 설정값을 임시 기억/복원하는 경우, 임시 기억/복원하는 오프셋 · 게인 설정값을 전압 또는 전류로 지정한다.

③ 0 : 전압 지정, 1 : 전류 지정

b15	b14	b13	b12	b11	b10	b9	b8	b7	b6	b5	b4	b3	b2	b1	b0
0	0	0	0	0	0	0	0	0	0	0	0	CH. 4	CH. 3	CH. 2	CH. 1

|그림 3-9| 버퍼 메모리 어드레스 10 설정

13) 공장 출하 설정 및 사용자 영역 설정 오프셋/게인값(버퍼메모리어드레스 202~217 : Un₩G202~Un₩G217)

① 온라인 모듈 교환 시 사용자 영역의 오프셋/게인 설정값을 복원하기 위해 사용하는 영역이다.

② 사용자 영역의 오프셋/게인 설정값 복원 시 사용하는 데이터가 저장된다.

③ 아래와 같은 경우 저장(임시 기억)된다.

- 유틸리티에 의한 초기 설정 쓰기 시

- 동작 조건 설정 시(Y9 OFF→ON 시)

- 오프셋·게인 설정 모드 중에 오프셋/게인값 쓰기 시(YA OFF→ON 시)

④ 사용자 영역의 오프셋/게인 설정값을 복원하는 경우, 본 영역에 임시 기억한 데이터를 복원하는 모듈의 본 영역에 동일하게 설정한다.

⑤ 온라인 모듈 교환 시 버퍼메모리 임시 기억 내용 기록 순서

- 임시 기억 데이터 종류 설정(버퍼메모리 어드레스 200:Un₩G200)을 설정한다.

- 동작 조건 설정 요구(Y9)를 OFF→ON한다.

- 공장 출하 설정 및 사용자 영역 설정 오프셋/게인값(버퍼메모리 어드레스 202~217:Un₩G202~217)을 범위 기준값과 비교한다.

- 값이 적당하면 임시 기억 데이터 종류 설정, 공장 출하 설정 및 사용자 영역 설정 오프셋/게인값의 내용을 기록한다.

3.1.2 구조 및 연결

1 구조

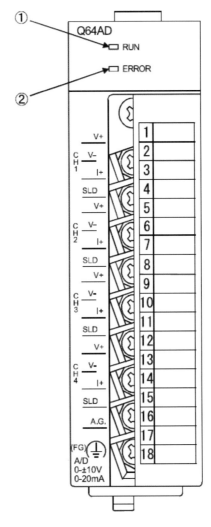

|그림 3-10| Q64AD A/D 변환 모듈의 외관

1) RUN LED : A/D 변환 모듈의 운전 상태가 표시된다.

　– 점등 : 정상 동작 중

　– 점멸 : 오프셋/게인 설정 모드 중

　– 소등 : 5V 전원 차단 시, WDT 에러 발생 시, 온라인 모듈 교환 가능 시

2) ERROR LED : A/D 변환 모듈의 에러 및 상태가 표시된다.

　– 점등 : 에러 발생 중

　– 소등 : 정상 동작 중

　– 점멸 : 스위치 설정 에러 시, 인텔리전트 기능 모듈 스위치의 스위치 5에 0 이외를
　　설정한 경우

2 배선

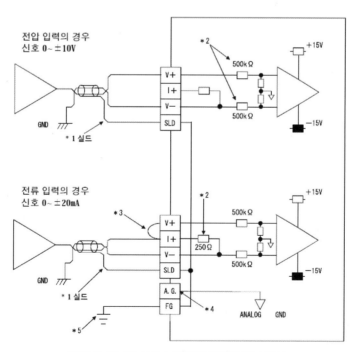

|그림 3-11| Q64AD A/D 변환 모듈의 외부 배선

1) 설명

　①1 : 전선에는 2심 트위스트 실드선을 사용한다.

　②2 : Q64AD의 입력 저항을 나타낸다.

　③3 : 전류 입력일 때는 반드시 (V+)와 (I+) 단자를 접속한다.

　④4 : 「A. G.」 단자는 일반적으로 배선할 필요가 없다. 다만, 다음과 같은 경우에는 상대 기기의
　　　GND와 접속한다.

　　- 「A. G.」 와 「상대 기기의 GND」 사이에 전위차가 있을 때

　　- 0V 입력 대신에 +배선의 +측만 OPEN으로 할 때

　⑤5 : 반드시 접지하고, 전원 모듈의 FG도 접지한다.

3.1.3 GX Work2에서 설정

1 설정

1) A/D 변환 모듈 등록

　① [Navigation창] → [프로젝트 탭] → [인텔리전트 기능 모듈] 선택

　② 오른쪽 마우스 클릭하면 [그림 3-12]와 같이 A/D 변환 모듈을 추가할 수 있는 [새 모듈 추가] 창이
　　나타난다.

|그림 3-12| A/D 변환 모듈 추가 창

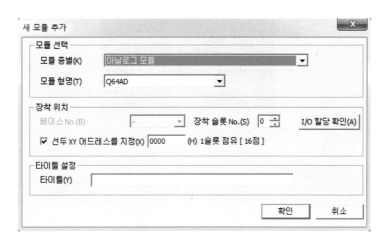

|그림 3-13| 새 모듈 추가 창

③ [새 모듈 추가(M)...]를 클릭하면 [그림 3-13]과 같은 [새 모듈 추가] 창이 나타난다.

④ [새 모듈 추가]창에서 모듈을 선택하고, 장착위치와 선두 XY 어드레스를 지정하고 확인 버튼을
   클릭하면 [그림 3-14]와 같이 내비게이션 창의 인텔리전트 기능 모듈에 A/D 변환 모듈인
   Q64AD모듈이 추가되어 있는 것을 확인할 수 있다.

|그림 3-14| A/D변환모듈(Q64AD) 추가 확인 창

2) A/D 변환 모듈 설정

① [그림 3-14]에서 [스위치 설정], [파라미터], [자동_리프레시]를 설정한다.

② 스위치 설정

- [그림 3-14]에서 스위치 설정을 더블 클릭하면 [그림 3-15]와 같이 [스위치 설정]창이 나타난다.

- 입력범위 설정(I)는 [그림 3-16]과 같이 각 채널의 아날로그 입력범위를 선택하는 창이다.

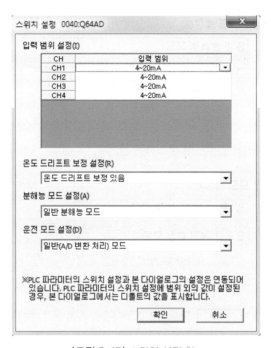

|그림 3-15| 스위치 설정 창

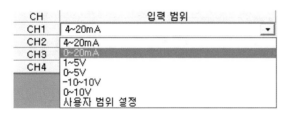

|그림 3-16| 입력 범위 설정 창

- 온도 드리프트 보정 설정(R)은 [그림 3-17]과 같이 온도 드리프트 보정을 할 것인지를 결정하는 창이다.

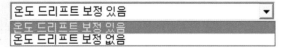

|그림 3-17| 온도 드리프트 보정 설정 창

- 분해능 모드 설정(A)는 [그림 3-18]과 같이 일반 분해능을 할 것인지 고분해능을 할 것인지를 결정하는 창이다.

분해능 모드 설정(A)

|그림 3-18| 분해능 모드 설정 창

- 운전 모드 설정(D)는 [그림 3-19]와 같이 A/D 변환 모드를 할 것인지 오프셋/게인 설정 모드를 할 것인지 결정하는 창이다.

운전 모드 설정(D)

|그림 3-19| 운전 모드 설정 창

③ 파라미터

- [그림 3-14]에서 파라미터를 더블 클릭하면 [그림 3-20]과 같이 [파라미터 설정]창이 나타난다.

항목	CH1	CH2	CH3	CH4
기본 설정	A/D 변환 제어 방식을 설정합니다.			
A/D 변환 허가/금지 설정	0:허가	0:허가	0:허가	0:허가
샘플링/평균 처리 지정	0:샘플링 처리	0:샘플링 처리	0:샘플링 처리	0:샘플링 처리
시간 평균/횟수 평균 지정	0:횟수 평균	0:횟수 평균	0:횟수 평균	0:횟수 평균
평균 시간/평균 횟수	0 회	0 회	0 회	0 회

|그림 3-20| 파라미터 설정 창

- A/D 변환 허가/금지 설정창은 [그림 3-21]과 같이 각 채널의 A/D 변환 허가를 결정하는 창이다.

|그림 3-21| A/D 변환 허가/금지 설정 창

- 샘플링/평균 처리 지정 창은 [그림 3-22]와 같이 각 채널의 A/D 변환을 샘플링 처리를 할 것인가 평균처리를 할 것인가를 결정하는 창이다.

|그림 3-22| 샘플링/평균 처리 지정 창

– 샘플링 처리 지정시에는 [그림 3-20]과 같이 시간평균/횟수평균 지정 및 평균시간/
평균횟수 지정을 하지 않는다.

– 평균 처리 지정시에는 [그림 3-23]과 같이 횟수 평균(a)을 지정할 것인지 시간
평균(b)을 지정할 것인지를 선택한다. 시간 평균 지정시에는 평균 시간을
지정하고, 횟수 평균 지정시에는 평균횟수 지정을 한다.

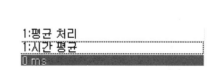

(a) 횟수 평균 지정   (b) 시간 평균 지정

|그림 3-23| 평균 처리 지정 창

④ 자동_리프래시

– [그림 3-14]에서 자동_리프래시를 더블 클릭하면 [그림 3-24]와 같이
[자동_리프래시 설정]창이 나타난다.

– 디지털 출력값 : A/D 변환된 디지털 데이터가 자동으로 지정된 PLC CPU 메모리에
저장된다.

– 최대값 : A/D 변환된 디지털 데이터의 최대값이 자동으로 지정된 PLC CPU
메모리에 저장된다.

– 최소값 : A/D 변환된 디지털 데이터의 최소값이 자동으로 지정된 PLC CPU
메모리에 저장된다.

– 에러 코드 : A/D 변환 모듈의 에러 코드가 자동으로 지정된 PLC CPU 메모리에
저장된다.

항목	CH1	CH2	CH3	CH4
CPU에 전송	버퍼 메모리 데이터를 지정한 디바이스에 전송합니다.			
디지털 출력값				
최대값				
최소값				
에러 코드				

|그림 3-24| 자동_리프래시 지정 창

2 프로그래밍

1) A/D 변환 모듈 등록

① [내비게이션 창] → [프로젝트 탭] → [인텔리전트 기능 모듈] 선택해서 A/D 변환 모듈을 등록하고, [그림 3-25]와 같이 A/D 변환 모듈의 슬롯 및 선두 어드레스를 지정한다.

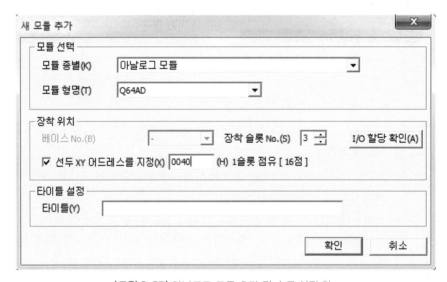

|그림 3-25| 아날로그 모듈 추가 및 슬롯 설정 창

② 실습 장치의 PLC 시스템 구성은 [그림 3-26]과 같이 [전원] – [CPU] – [입력 32점] – [출력 16점] – [출력 16점] – [A/D 16점]으로 구성되어 있다.

③ 그러므로 장착 스롯 번호는 3번이 되고, 선두 XY 어드레스는 0040이 된다.

전원	CPU	입력 (QX41) 32점 X0~XF X10~X1F	출력 (QY10) 16점 Y20~Y2F	출력 (QY10) 16점 Y30~Y3F	A/D (Q64AD) 16점 X/Y40~ X/Y4F
		SLOT 0	SLOT 1	SLOT 2	SLOT 3

|그림 3-26| 실습장치의 PLC 시스템 구성

2) A/D 변환 모듈 설정

① [그림 3-15]의 스위치 설정창

[입력 범위 설정]의 CH1을 [0~10V]로 설정[온도 드리프트 보정 설정]은 [온도 드리프트 보정 없음]으로 설정[분해능 모드 설정]은 [일반 분해능 모드]로 설정[운전 모드 설정]은 [일반(A/D 변환 처리) 모드]로 설정한다.

② [그림 3-20] 파라미터 설정 창 [A/D 변환 허가/금지 설정]의 CH1만 허가로 하고 CH2 ~ CH4는 금지로 설정[샘플링/평균 처리 지정]은 [평균 처리]으로 설정[시간 평균/횟수 평균 지정]은 [횟수 평균]으로 설정[평균 시간/평균 횟수]는 [200회]로 설정한다.

③ [그림 3-24] 자동_리프레시 설정 창 CH1의 [디지털 출력값]의 [D11]로 설정CH1의 [최대값]은 [D12]로 설정CH1의 [최소값]은 [D13]으로 설정CH1의 [에러 코드]는 [D14]로 설정한다.

3) A/D 변환 모듈 파라미터 PLC 쓰기

① 모듈 설정이 완료되면 [메뉴바]-[온라인]-[PLC 쓰기]에서 [파라미터]만 체크하고 PLC 쓰기를 한다.

② PLC의 전원을 [OFF] → [ON]

4) PLC 프로그래밍

① 0 ~ 10V의 아날로그 전압을 0 ~ 4,000의 디지털값으로 변환하고, 그 값을 0 ~ 5V의 실수값으로 변환하여 저장하는 프로그램을 [그림 3-27]과 같이 작성한다.

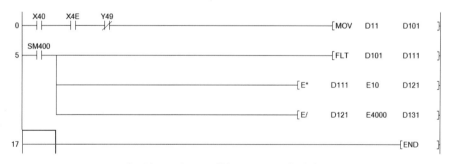

|그림 3-27| A/D 변환 PLC 프로그램 예제

② [D11] : CH1의 아날로그 입력값을 디지털값으로 변환한 값이 자동으로 저장되는 CPU의 메모리 영역.

③ [FLT] : 정수형 데이터를 실수형 데이터로 변환

④ [E] : 실수형 데이터

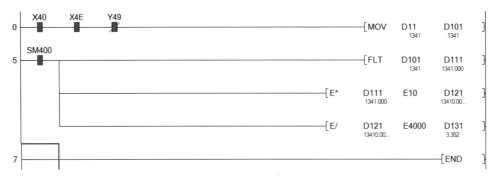

|그림 3-28| A/D 변환 PLC 프로그램 예제

⑤ [모니터링]으로 데이터를 살펴보면 [그림 3-28]과 같이 아날로그 입력값이 디지털값으로 변경되고, 다시 0~10의 실수값으로 환산되어 저장되어 있는 것을 확인할 수 있다.

3.2 D/A 변환

MELSEC-Q 시리즈의 CPU 모듈과 조합하여 사용하는 Q62DA형 디지털-아날로그 변환 모듈의 사양, 취급 및 프로그래밍 방법 등에 대해 설명한다.

 3.2.1 사양

1 사양 리스트

1) 아날로그 출력 점수 : 2점(2채널)

2) 디지털 입력 : 16비트 부호 부착 바이너리(일반 분해능 모드:-4096~4095, 고분해능 모드:-12288~12287, -16384~16383)

3) 아날로그 출력

① 전압 : DC −10~10V(외부 부하 저항값 1k~1MΩ)

② 전류 : DC 0~20mA(외부 부하 저항값 0~600Ω)

4) 입출력 특성, 최대 분해능

|표3-5| 입출력 특성 및 최대 분해능

아날로그 출력범위		일반분해능 모드		고분해능 모드	
		디지털 출력값	최대 분해능	디지털 출력값	최대 분해능
전압	0~5V	0~4,000	1.25mV	0~12,000	0.416mV
	1~5V		1.0mV		0.333mV
	−10~10V	−4,000~4,000	2.5mV	−16,000~16,000	0.625mV
	사용자 영역 설정		0.75mV	−12,000~12,000	0.333mV
전류	0~20mA	0~4,000	5μA	0~12,000	1.66μA
	4~20mA		4μA		1.33μA
	사용자 영역 설정	−4,000~4,000	1.5μA	−12,000~12,000	0.83μA

5) 정밀도(아날로그 출력값의 최대값에 대한 정밀도)

① 주위 온도(0~55℃) : ± 0.3%

② 주위 온도(25±5℃) : ± 0.1%

6) 변환 속도 : 80us/채널

7) 절대 최대 출력 : 전압:±12V, 전류:±21mA

2 입출력 변환 특성

1) PLC 외부로 디지털 값을 아날로그 신호(전압 또는 전류 입력)로 변환할 때 오프셋값과 게인값을 직선으로 묶은 기울기를 말한다.

① 오프셋값 : 디지털 입력값이 0이 되는 아날로그 출력값(전압 또는 전류)

② 게인값 : 디지털 입력값이 4,000(일반 분해능 모드 시), 12,000(고분해능 모드로 0~5V, 1~5V, 4~20mA, 0~20mA, 사용자 영역 설정 선택 시), 16,000(고분해능 모드로 −10~10V, 0~10V 선택 시)이 되는 아날로그 출력값(전압 또는 전류)

2) 전압 출력 특성

-일반 분해능 모드의 전압 출력 특성

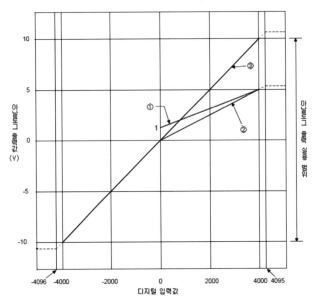

|그림 3-29| 일반 분해능 모드의 전압 출력 특성 그래프

-고분해능 모드의 전압 출력 특성

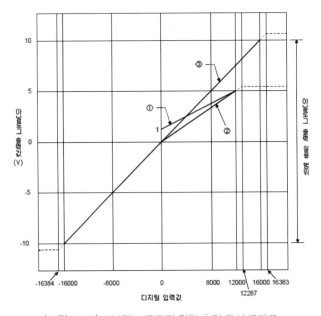

|그림 3-30| 고분해능 모드의 전압 출력 특성 그래프

- ① : 1 ~ 5V, ② : 0 ~ 5V, ③ : -10 ~ 10V

3) 전류 출력 특성

－일반 분해능 모드의 전류 출력 특성

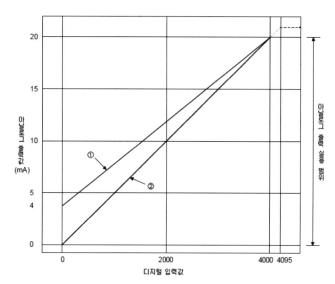

|그림 3-31| 일반 분해능 모드의 전류 출력 특성 그래프

－고분해능 모드의 전류 출력 특성

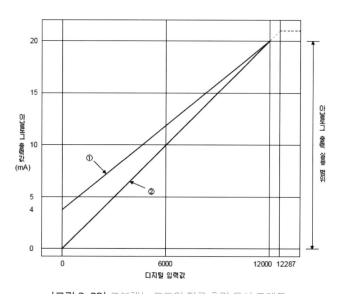

|그림 3-32| 고분해능 모드의 전류 출력 특성 그래프

- ① : 4 ~ 20mA, ② : 0 ~ 20mA

151

3 기능 리스트

1) D/A 변환 허가/금지 설정

① 채널마다 D/A 변환의 '허가/금지'를 지정할 수 있다.

② 사용하지 않는 채널을 '변환금지'로 설정하여 샘플링 시간을 짧게 할 수 있다.

2) D/A 출력 허가/금지 설정

① 채널마다 D/A 변환값이나 오프셋값의 출력을 '허가/금지'를 지정할 수 있다.

② 변환 속도는 D/A 출력 허가/금지에 관계없이 일정하게 유지된다.

3) 동기 출력 기능

PLC CPU와 동기화된 아날로그 출력을 얻을 수 있다.

4) 아날로그 출력 유지/리셋 기능

PLC CPU모듈이 STOP 상태이거나 에러가 발생하면 아날로그 출력값을 유지할 수 있다.

5) PLC CPU가 STOP 모드일 동안 아날로그 출력 테스트 기능

PLC CPU가 STOP 모드일 동안 출력 허가/금지 플래그가 강제로 ON될 때, D/A 변환된 아날로그 값이 출력된다.

6) 분해능 모드

① 분해능 모드는 적용되는 분야에 따라 변화하고, 1/4000, 1/12000 또는 1/16000에서 선택한다.

② 모든 채널에서 분해능 모드를 선택하여야 한다.

7) 온라인 모듈 교환 : 시스템을 정지하지 않고 모듈을 교환하는 기능이다.

4 PLC CPU에 대한 입출력 신호

1) 입력 신호(변환 모듈의 선두 입출력 번호를 0으로 설정한 경우)

① X0(모듈 READY)

- PLC CPU의 전원 투입 시 또는 리셋 시 D/A 변환 준비가 완료된 시점에서 ON하고 D/A 변환을 한다.
- 모듈 READY가 OFF되어 있을 때는 D/A 변환을 하지 않는다.
- 다음과 같은 경우, 모듈 READY(X0)가 OFF된다.
  · 오프셋/게인 설정 모드 상태일 때
  · D/A 변환 모듈이 WDT 에러 상태일 때

② X8(고해상도 모드 상태 플래그)

- 고해상도 모드 상태에 있을 때 ON된다.

③ X9(동작 조건 설정 완료 플래그)

- D/A 변환 허가/금지(버퍼메모리 어드레스 0:UnₓG0)를 변경하였을 때, 동작 조건 설정 요구(Y9)를 ON/OFF하는 인터록 조건으로 사용한다.
- 다음과 같은 경우, 동작 조건 설정 완료 플래그(X9)가 OFF된다.
  · 모듈 READY가(X0)가 OFF되어 있을 때
  · 동작 조건 설정 요구(Y9)가 ON되어 있을 때

④ XA(오프셋/게인 설정 모드 상태 플래그)

- 오프셋/게인 설정 모드 시
  · 오프셋·게인 설정에서 조정이 끝난 값을 등록할 때, 사용자 영역 쓰기 요구(YA)를 ON/OFF하는 인터록 조건으로 사용한다.
- 일반 모드 시
  · 사용자 영역 복원 시 사용자 영역 쓰기 요구(YA)를 ON/OFF하는 인터록 조건으로 사용한다.

⑤ XB(채널 변경 완료 플래그)

- 오프셋/게인을 설정하는 채널을 변경할 때, 채널 변경 요구(YB)를 ON/OFF하는 인터록 조건으로 사용한다.

⑥ XC(Set값 변환 완료 플래그)

- 오프셋/게인 설정을 조정할 때, Set 값 변경 요구(YB)를 ON/OFF하는 인터록 조건으로 사용한다.

⑦ XD(동기 출력 모드 플래그)

  – 시스템이 동기 출력 모드일 때 ON된다.

⑧ XF(에러 발생 플래그)

  – 쓰기 에러가 발생하였을 때, 에러 발생 플래그가 ON된다.

  – 에러 코드는 에러의 원인이 제거되거나 에러 클리어 요구(YF)를 ON하여 클리어한다.

⑨ X1~X7, XE : 사용 금지(시스템에서 사용)

2) 출력 신호(변환 모듈의 선두 입출력 번호를 0으로 설정한 경우)

① Y1~Y8(채널(1~8) 출력 허가/금지 플래그)

  – 각 채널의 D/A 변환된 값이나 오프셋값을 출력할 것인지를 지정한다.

② Y9(동작 조건 설정 요구)

  – D/A 변환 허가/금지 설정의 내용이 인증되었을 때 ON된다.

③ YA(사용자 영역 쓰기 요구)

  – 오프셋 · 게인 설정 모드 시

    · 오프셋/게인 설정을 조정한 값을 D/A 변환 모듈에 등록하는 경우에 ON한다.

  – 일반 모드 시

    · 사용자 영역 복원 시 ON한다.

④ YB(채널 변경 요구)

  – 오프셋/게인을 설정할 채널을 변경하는 경우에 ON한다.

⑤ YC(Set 값 변경 요구)

  – 오프셋/게인 설정을 조정하는 동안 아날로그 출력값이 증가하거나 감소하면 ON/ OFF한다.

⑥ YD(동기 출력 요구)

  – 동기 출력 모드일 때, 동기 출력 요구(YD)가 ON되는 동시에 D/A 변환이 되고 아날로그 값이 출력된다.

⑦ YF(에러 클리어 요구)

  – 쓰기 에러를 클리어하는 경우에 ON한다.

5 버퍼메모리

1) 버퍼메모리 할당

|표3-6| 버퍼메모리 할당

어드레스	내 용	R/W	어드레스	내 용	R/W
0	D/A 변환 허가/금지	R/W	25	시스템 영역	₹
1	CH$_1$ 디지털값	R/W			
2	CH$_2$ 디지털값	R/W	157		
3	시스템 영역	₹	158	모드 변환 설정	R/W
₹			159		R/W
10			160	시스템 영역	₹
11	CH$_1$ Set값 체크 코드	R			
12	CH$_2$ Set값 체크 코드	R	199		
13	시스템 영역	₹	200	임시 기억 데이터 종류 설정	R/W
₹			201	시스템 영역	₹
18			202	CH$_1$ 공장 출하 설정 오프셋 값	R/W
19	에러 코드	R/W	203	CH$_1$ 공장 출하 설정 게인 값	R/W
20	설정 범위(CH$_1$~CH$_4$)	R	204	CH$_2$ 공장 출하 설정 오프셋 값	R/W
21	시스템 영역		205	CH$_2$ 공장 출하 설정 게인 값	R/W
22	오프셋/게인 설정 모드 오프셋 지정	R/W	206	CH$_1$ 사용자 영역 설정 오프셋 값	R/W
23	오프셋 · 게인 설정 모드 게인 지정	R/W	207	CH$_1$ 사용자 영역 설정 게인 값	R/W
24	오프셋 · 게인 설정 조정값 지정	R/W	208	CH$_2$ 사용자 영역 설정 오프셋 값	R/W
			209	CH$_2$ 사용자 영역 설정 게인 값	R/W

2) D/A 변환 허가/금지 설정(버퍼메모리 어드레스 0 : Un₩G0)

① 채널 마다 D/A 변환 허가/금지 여부를 설정한다.

② D/A 변환 허가/금지 설정을 유효하게 하려면, 동작 조건 설정 요구(Y9)를 ON/OFF 할 필요가 있다.

③ 디폴트는 모든 채널에 대해 D/A 변환 허가로 지정되어 있다.

④ 0 : D/A 변환 허가, 1 : D/A 변환 금지

b15	b14	b13	b12	b11	b10	b9	b8	b7	b6	b5	b4	b3	b2	b1	b0
0	0	0	0	0	0	0	0	0	0	0	0	0	0	CH 2	CH 1

|그림 3-33| 버퍼 메모리 어드레스 0 설정

3) CH 디지털 값(버퍼메모리 어드레스 1, 2 : Un₩G1, Un₩G2)

① D/A 변환을 수행할 디지털 값을 PLC CPU(16비트 부호있는 2진수)로부터 쓴다.

② 설정 가능 범위는 다음과 같다.

　- 가능 범위 : 0 ~ 4096

　- 사용 범위 : 0 ~ 4000

4) CH Set 값 체크 코드(버퍼메모리 어드레스 11, 12 : Un₩G11, Un₩G12)

① Set 된 디지털 값이 설정 가능 범위 내에 있는지를 체크한 결과를 저장한다.

② 체크 코드 리스트

|표3-7| 체크 코드 리스트

체크 코드	내용
000FH	디지털 값이 가능 범위를 넘었을 때
00F0H	디지털 값이 가능 범위에 미치지 못할 때
00FFH	디지털 값이 가능 범위에 미치지 못하거나 넘었을 때

③ 체크 코드가 한번 저장되면, 디지털 값이 가능 범위 내에 있더라도 리셋되지 않는다.

④ 체크 코드를 리셋 시키려면, 디지털 값을 가능 범위 내로 다시 쓰고 에러 클리어 요구(YF)를 ON시킨다.

5) 에러 코드(버퍼메모리어드레스 19 : Un₩G19)D/A 변환 모듈에 의해서 검출된 에러 코드가 저장된다.

6) 설정 범위(버퍼메모리어드레스 20 : Un₩G20)D/A 변환 모듈이 설정 범위를 결정할 때 사용된다.

b15	to	b12	b11	to	b8	b7	to	b4	b3	to	b0
	0H			0H			CH2			CH1	

|그림 3-34| 버퍼 메모리 어드레스 0 설정

|표3-8| 출력범위 및 설정값

출력 범위	설정값
4~20mA	0H
0~20mA	1H
1~5V	2H
0~5V	3H
-10~10V	4H
사용자 영역 설정	FH

7) 오프셋/게인 설정모드와 지정(버퍼메모리 어드레스 22, 23 : Un\G22, Un\G23)

① 오프셋/게인 설정을 조정할 채널을 지정한다.

② 1 채널에 대해서만 지정할 수 있다. 동시에 1개 이상의 채널을 지정하면 에러(에러코드 500)이 발생한다.

③ 버퍼메모리 어드레스 22(Un\G22)에는 오프셋을 조정할 채널, 버퍼메모리 어드레스 23(Un\G23)에는 게인을 조정할 채널을 지정한다.

	b15	b14	b13	b12	b11	b10	b9	b8	b7	b6	b5	b4	b3	b2	b1	b0
Un\G22	0	0	0	0	0	0	0	0	0	0	0	0	0	0	CH2	CH1
Un\G23	0	0	0	0	0	0	0	0	0	0	0	0	0	0	CH2	CH1

|그림 3-35| 버퍼 메모리 어드레스 22, 23 설정

8) 조정값 지정(버퍼메모리 어드레스 24 : Un\G24)오프셋/게인 설정 모드에서 아날로그 출력값에 대한 조정값을 정한다.

9) 모드 이행 설정(버퍼메모리어드레스 158, 159 : Un\G158, Un\G159)

① 이행하고자 하는 모드의 값을 설정한다.

② 설정값을 설정한 다음 동작 조건 설정 요구(Y9)를 OFF→ON하면 모드가 이행된다.

③ 모드가 이행되면 본 영역은 0으로 클리어되고 동작 조건 설정 완료 플래그(X9)가 OFF된다. 동작 조건 설정 완료 플래그(X9)의 OFF 확인 후 동작 조건 설정 요구(Y9)를 OFF한다.

|표3-9| 이행모드 및 설정값

이행모드	설정값	
	버퍼메모리어드레스 158	버퍼메모리어드레스 159
일반모드	0964H	4144H
오프셋 게인 설정 모드	4144H	0964H

10) 임시 기억 데이터 종류설정(버퍼메모리어드레스 200 : Un₩G200)

① 온라인 모듈 교환 시 사용자 영역의 오프셋/게인 설정값을 복원하기 위해 사용하는 영역이다.

② 사용자 영역의 오프셋/게인 설정값을 임시 기억/복원하는 경우, 임시 기억/복원하는 오프셋/게인 설정값을 전압 또는 전류로 지정한다.

③ 0 : 전압 지정, 1 : 전류 지정

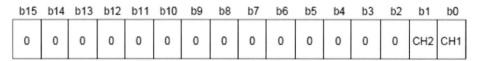

b15	b14	b13	b12	b11	b10	b9	b8	b7	b6	b5	b4	b3	b2	b1	b0
0	0	0	0	0	0	0	0	0	0	0	0	0	0	CH2	CH1

|그림 3-36| 버퍼 메모리 어드레스 10 설정

11) 공장 출하 설정 및 사용자 영역 설정 오프셋/게인값(버퍼메모리어드레스 202~233 : Un₩G202~Un₩G233)

① 온라인 모듈 교환 시 사용자 영역 오프셋/게인 설정값을 복원하기 위해 사용하는 영역이다.

② 사용자 영역의 오프셋/게인 설정값 복원 시 사용하는 데이터가 저장된다.

③ 아래와 같은 경우 저장(임시 기억)된다.

– 유틸리티에 의한 초기 설정 쓰기 시

– 동작 조건 설정 시(Y9 OFF→ON 시)

– 오프셋 · 게인 설정 모드 중에 오프셋/게인값 쓰기 시(YA OFF→ON 시)

④ 사용자 영역의 오프셋 · 게인 설정값을 복원하는 경우, 본 영역에 임시 기억한 데이터를 복원하는 모듈의 본 영역에 동일하게 설정한다.

⑤ 온라인 모듈 교환 시 버퍼메모리 임시 기억 내용 기록 순서

– 임시 기억 데이터 종류 설정(버퍼메모리 어드레스 200:Un₩G200)을 설정한다.

– 동작 조건 설정 요구(Y9)를 OFF→ON한다.

– 공장 출하 설정 및 사용자 영역 설정 오프셋 · 게인값(버퍼메모리 어드레스

202~233:Un₩G202~233)을 범위 기준값과 비교한다.

– 값이 적당하면 임시 기억 데이터 종류 설정, 공장 출하 설정 및 사용자 영역 설정 오프셋·게인값의 내용을 기록한다.

3.2.2 구조 및 연결

1 구조

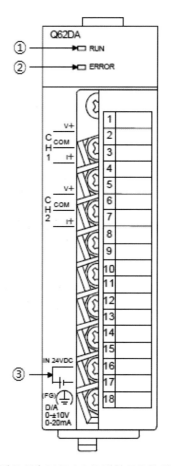

|그림 3-37| Q62DA D/A 변환 모듈의 외관

1) RUN LEDD/A 변환 모듈의 운전 상태가 표시된다.

　－**점등** : 정상 동작 중
　－**점멸** : 오프셋/게인 설정 모드 중
　－**소등** : 5V 전원 차단 시, WDT 에러 발생 시, 온라인 모듈 교환 가능 시

2) ERROR LED

　A/D 변환 모듈의 에러 및 상태가 표시된다.
　－**점등** : 에러 발생 중
　－**소등** : 정상 동작 중
　－**점멸** : 스위치 설정 에러 시, 인텔리전트 기능 모듈 스위치의 스위치 5에 0 이외를
　설정한 경우

3) 외부 전원 공급 단자외부 전원 공급기로부터 전압 24V(DC)를 연결하기
위한 단자

2 배선

1) 전압 출력의 경우

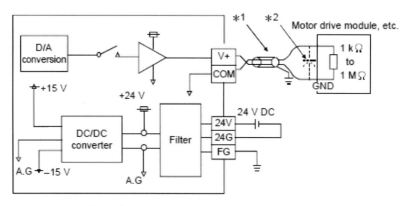

|그림 3-38| Q62DA D/A 변환 모듈의 외부 배선(전압 출력)

2) 전류 출력의 경우

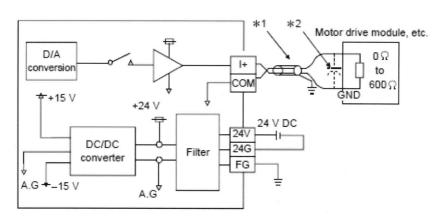

|그림 3-39| Q62DA D/A 변환 모듈의 외부 배선(전류 출력)

3) 설명

① 1 : 전선에는 2심 트위스트 실드선을 사용한다.

② 2 : 외부 전선에 노이즈나 리플이 있는 경우에는, V+/I+와 COM사이에 0.1~ 0.47mF(25V)의
콘덴서를 연결한다.

3.2.3 GX Work2에서 설정

1 설정

1) D/A 변환 모듈 등록

① [Navigation창] → [프로젝트 탭] → [인텔리전트 기능 모듈] 선택

② 오른쪽 마우스 클릭하면 [그림 3-40]과 같이 D/A 변환 모듈을 추가할 수 있는 [새 모듈 추가]창이
나타난다.

|그림 3-40| D/A 변환 모듈 추가 창

|그림 3-41| 새 모듈 추가 창

③ [그림 3-40]에서 [새 모듈 추가(M)…]를 클릭하면 [그림 3-41]과 같은 [새 모듈 추가] 창이 나타난다.

④ [새 모듈 추가]창에서 DA모듈과 장착위치와 선두 XY 어드레스를 지정하고 확인 버튼을 클릭하면 [그림 3-42]와 같이 내비게이션 창의 인텔리전트 기능 모듈에 D/A 변환 모듈인 Q62DAN 모듈이 추가되어 있는 것을 확인할 수 있다.

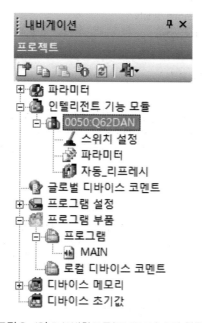

|그림 3-42| D/A변환모듈(Q62DAN) 추가 확인

2) D/A 변환 모듈 설정

① [그림 3-42]에서 [스위치 설정], [파라미터], [자동_리프레시]를 설정한다.

② 스위치 설정

 - [그림 3-42]에서 [스위치 설정]을 더블 클릭하면 [그림 3-43]과 같이 [스위치 설정]창이 나타난다.
 - 출력범위 설정(O)는 [그림 3-44]와 같이 각 채널의 아날로그 출력범위를 선택하는 창이다.

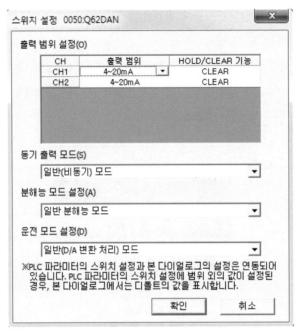

|그림 3-43| 스위치 설정 창

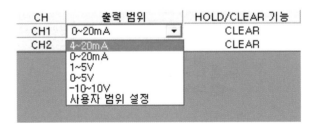

|그림 3-44| 출력 범위 설정 창

- 동기 출력 모드(S)는 [그림 3-45]와 같이 동기 모드 출력을 할 것인지를 결정하는
  창이다.

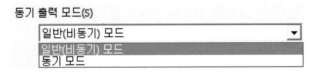

|그림 3-45| 동기 출력 모드 설정 창

- 분해능 모드 설정(A)은 A/D변환 모듈과 같이 일반 분해능을 할 것인지 고분해능을 할 것인지를 결정하는 창이다.
- 운전 모드 설정(D)은 A/D변환 모듈과 같이 일반(D/A 변환 처리) 모드를 할 것인지 오프셋/게인 설정 모드를 할 것인지 결정하는 창이다.

③ 파라미터

- [그림 3-42]에서 파라미터를 더블 클릭하면 [그림 3-46]과 같이 [파라미터 설정]창이 나타난다.

항목	CH1	CH2
□ *기본 설정*	D/A 변환 제어 방식을 설정합니다.	
D/A 변환 허가/금지 설정	1:금지	1:금지

|그림 3-46| 파라미터 설정 창

- D/A 변환 허가/금지 설정창은 각 채널의 D/A 변환 허가를 결정하는 창이다.

④ 자동_리프래시

- [그림 3-42]에서 자동_리프래시를 더블 클릭하면 [그림 3-47]과 같이 [자동_리프래시 설정]창이 나타난다.
- **디지털값** : 자동으로 지정된 PLC CPU 메모리의 디지털 데이터(D/A 변환될)가 인텔리전트 기능 모듈의 버퍼 메모리에 전송된다.
- **설정값 체크 코드** : D/A 변환 모듈의 설정값 체크 코드가 자동으로 지정된 PLC CPU 메모리에 저장된다.
- **에러 코드** : D/A 변환 모듈의 에러 코드가 자동으로 지정된 PLC CPU 메모리에 저장된다.

항목	CH1	CH2
□ *인텔리전트 기능 모듈에 전송*	지정한 디바이스의 데이터를 버퍼 메모리에 전송합니다.	
디지털값		
□ **CPU에 전송**	버퍼 메모리 데이터를 지정한 디바이스에 전송합니다.	
설정값 체크 코드		
에러 코드		

|그림 3-47| 자동_리프래시 지정 창

2 프로그래밍

1) D/A 변환 모듈 등록

① [내비게이션 창] → [프로젝트 탭] → [인텔리전트 기능 모듈] 선택해서 D/A 변환 모듈을 등록하고, [그림 3-48]과 같이 D/A 변환 모듈의 슬롯 및 선두 어드레스를 지정한다.

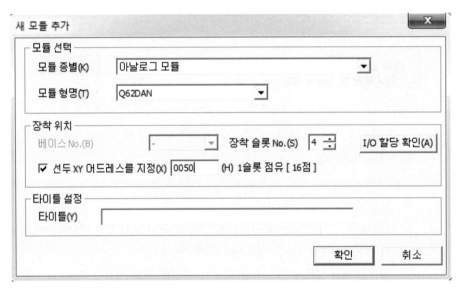

|그림 3-48| 아날로그 모듈 추가 및 슬롯 설정 창

② 실습 장치의 PLC 시스템 구성은 [그림 3-49]와 같이 [전원] – [CPU] – [입력 32점] – [출력 16점] – [출력 16점] – [A/D 16점] – [D/A 16점]으로 구성되어 있다.

③ 그러므로 장착 스롯 번호는 4번이 되고, 선두 XY 어드레스는 0050이 된다.

전원	CPU	입력 (QX41) 32점 X0~XF X10~X1F	출력 (QY10) 16점 Y20~Y2F	출력 (QY10) 16점 Y30~Y3F	A/D (Q64AD) 16점 X/Y40~ X/Y4F	D/A (Q62DAN) 16점 X/Y50~ X/Y5F
		SLOT 0	SLOT 1	SLOT 2	SLOT 3	SLOT 4

|그림 3-49| 실습장치의 PLC 시스템 구성

2) D/A 변환 모듈 설정

① [그림 3-43]의 스위치 설정창[출력 범위 설정]의 CH1을 [-10~10V]로 설정[동기 출력 모드 설정]은 [일반(비동기) 모드]로 설정[분해능 모드 설정]은 [일반 분해능 모드]로 설정[운전 모드 설정]은 [일반(D/A 변환 처리) 모드]로 설정한다.

② [그림 3-46] 파라미터 설정 창 [D/A 변환 허가/금지 설정]의 CH1만 허가로 하고 CH2는 금지로 설정

③ [그림 3-47] 자동_리프레시 설정 창 CH1의 [디지털 출력값]의 [D21]로 설정

3) D/A 변환 모듈 파라미터 PLC 쓰기

① 모듈 설정이 완료되면 [메뉴바]–[온라인]–[PLC 쓰기]에서 [파라미터]만 체크하고 PLC 쓰기를 한다.

② PLC의 전원을 [OFF] → [ON]

4) PLC 프로그래밍

① -2.5V의 전압을 디지털값으로 변환하여 D21에 저장하고, DA변환모듈을 통하여 -2.5V의 전압이 출력되는 프로그램을 [그림 3-50]과 같이 작성한다.

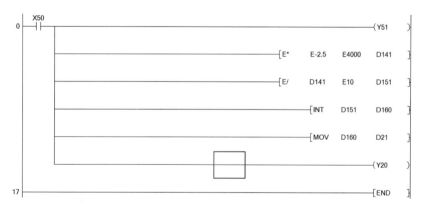

|그림 3-50| D/A 변환 PLC 프로그램 예제

② [D21] : CH1의 아날로그 출력값으로 변환될 디지털값이 자동으로 저장되는 CPU의 메모리 영역

LEARNING
IS FUN!

GOT1000 시리즈와 멜섹 Q PLC를 이용한

HMI 응용실습

CHAPTER

04

GOT 디자인

CHAPTER 04

GOT 디자인

GT Designer3은 GOT(Graphic Operation Terminal module)1000 시리즈용 프로젝트를 작성하기 위한 소프트웨어이다. GOT는 종래의 조작반에서 작업하던 스위치 조작, 램프 표시, 메시지 표시 등을 모니터 화면상에서 전자 조작반으로 사용할 수 있다.

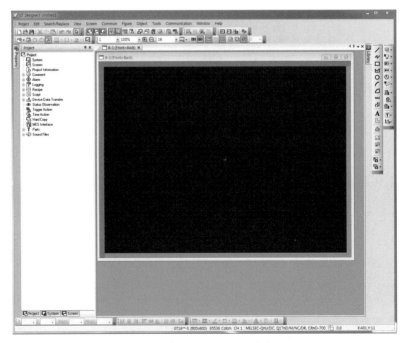

|그림 4-1| GT Designer3 화면

4.2 시작하기

 **시작**

1 **시작**

1) [그림 4-2 (a)]에서와 같이 [시작] → [모든 프로그램] → [MELSOFT Application] →
   [GT Work3] → [GT Designer3]를 선택한다.

2) [그림 4-2 (b)]에서와 같이 바탕화면에서 [GT Designer3] 아이콘을 찾아 클릭한다.

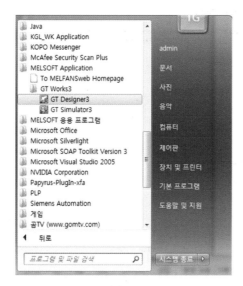

(a)

(b)

|그림 4-2| GT Designer3 시작

3) [그림 4-3]과 같이 Select Project 대화상자가 나타난다.

|그림 4-3| Select Project 대화상자

4) Select Project 대화상자에서 기존의 프로젝트를 Open할 경우에는 [Open]을
선택하고, 새로운 프로젝트를 시작할 경우에는 [New]를 선택한다.

5) 새로운 프로젝트를 시작하므로 [New]를 선택하면 [그림 4-4]와 같은 [New Project
Wizard]가 나타난다.

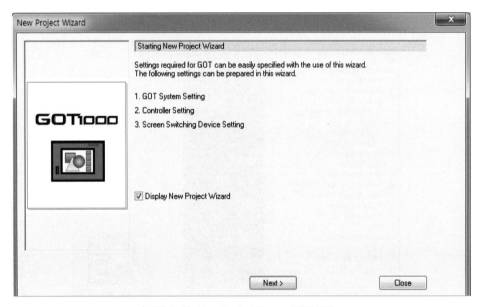

|그림 4-4| New Project Wizard 대화상자

6) [New Project Wizard]에서는 다음 3가지를 설정한다.

    – GOT 시스템 설정
    – PLC 설정
    – 스크린 디바이스 설정

7) [Next]를 선택하면 [그림 4-5]와 같이 GOT 시스템 설정창이 나타난다.

2 GOT 시스템 설정

1) GOT 시스템 설정창에서는 [GOT 타입]과 [GOT 컬러]를 설정한다.

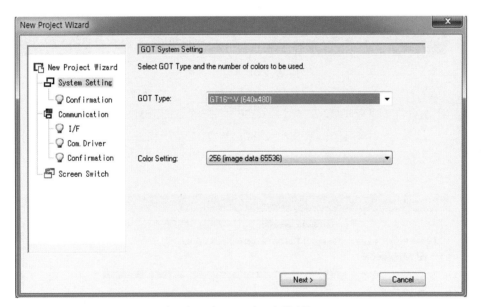

|그림 4-5| GOT 시스템 설정창

2) [GOT type]에서 ▼을 클릭하면 [그림 4-6]과 같이 GT designer3에서 지원 가능한 여러 종류의 GOT Type들이 나타난다.

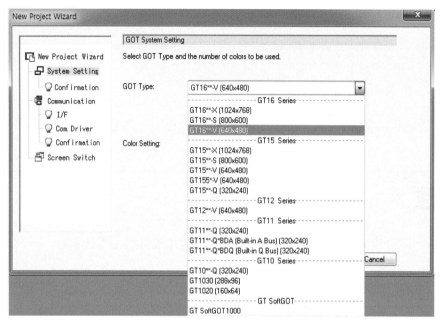

|그림 4-6| GOT 타입 목록

3) 실습에 사용할 GOT 모델명이 GT16시리즈의 GT1675M.STBA이므로 [GOT Type]을 [그림 4-7]과 같이 GT16**.S(800x600)으로 선택하고, [Color Setting]에서는 256(65536)을 선택하고 [Next]를 클릭한다.

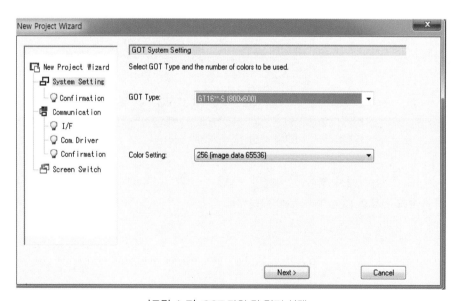

|그림 4-7| GOT 타입 및 컬러 선택

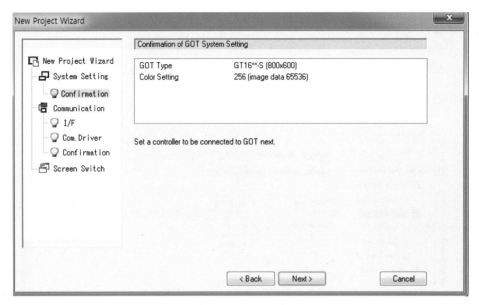

|그림 4-8| GOT 타입 및 컬러 선택 확인

4) [그림 4-8]과 같이 GOT 시스템 설정 확인창에서는 [GOT Type]과 [Color Setting]을
확인한다. 이상이 있는 경우에는 [Back]을 클릭하여 [GOT Type]과 [Color Setting]을
다시 설정하고, 이상이 없는 경우에 [Next]를 클릭한다.

3 제어기 설정

1) [그림 4-9]와 같이 [Setting of Controller]는 GOT에 연결할 Controller 즉, PLC를 선택하는 창이다.

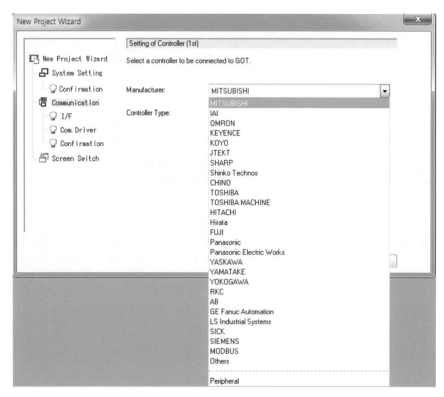

|그림 4-9| Controller(제조사) 설정창

2) [Manufacturer]는 PLC 제조회사를 선택한다. ▼을 클릭하면 GT Designer3에서 지원 가능한 PLC 제조회사들이 나열되어 있고, [그림 4-9]와 같이 [MITSUBISHI]사를 선택한다.

3) [Controller Type]에서는 PLC CPU의 Type을 선택한다. ▼을 클릭하면 [그림 4-10]과 같이 MISTUBISHI사에서 지원되는 PLC CPU Type들이 나열되어 있다. 여기에서 [그림 4-11]과 같이 실습에 사용할 [MELSEC-QnU/DC]를 선택하고, [Next]를 클릭한다.

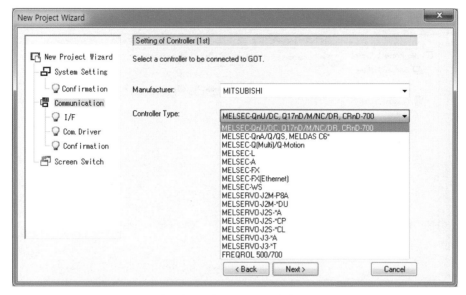

|그림 4-10| Controller 선택창

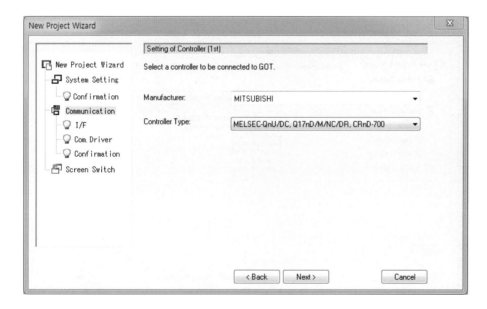

|그림 4-11| Controller 설정 완료

4) [그림 4-12]에서는 PLC CPU(MELSEC-QnU)의 인터페이스 접속방법을 선택한다.
▼을 클릭하면 [그림 4-13]과 같이 PLC CPU의 인터페이스 접속방법들이 나열되어
있다. 여기에서 [Standard I/F[Standard Ethernet]]을 선택하고 [Next]를 클릭한다.

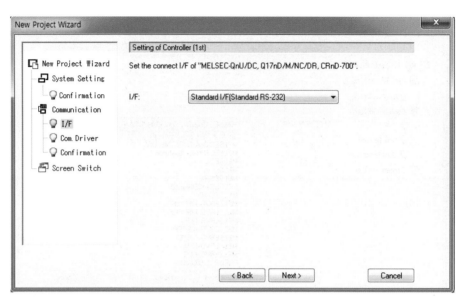

|그림 4-12| Controller 인터페이스 설정창

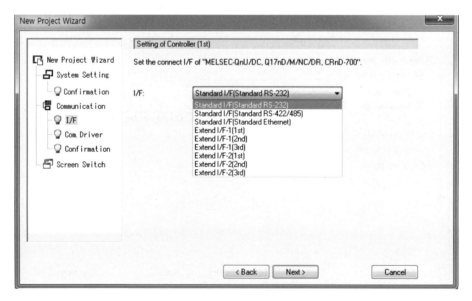

|그림 4-13| Controller 인터페이스 방법 리스트

5) [그림 4-14]에서 ▼을 클릭하면 PLC CPU의 통신 드라이버들이 나열되어 있다.
Ethernet 방식으로 통신하므로 [Ethernet(MELSEC)]을 신택하고 [Next]를 클릭한다.

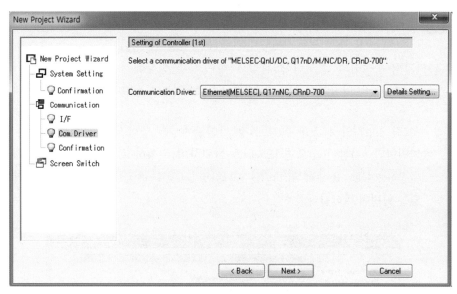

|그림 4-14| Controller 통신 드라이버 설정창

6) [그림 4-15]의 통신 설정 확인창에서는 [Channel], [I/F], [Controller], [Driver]를
   확인한다. 이상이 있으면 [Back]을 클릭하여 통신설정을 수정하고, 추가할 PLC가
   있으면 [Add]를 클릭하여 PLC를 추가한다. 만약 추가할 PLC가 없고, 이상이 없으면
   [Next]를 클릭한다.

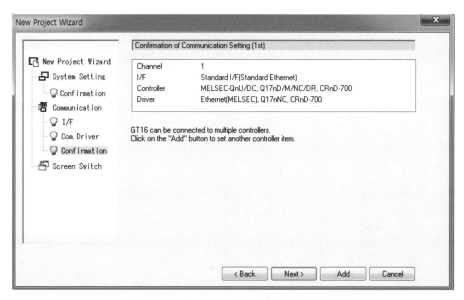

|그림 4-15| 콘트롤러의 통신 설정 확인창

ㄴ 스크린 스위칭 디바이스 설정

1) [그림 4-16]의 스크린 스위칭 디바이스 설정창에서는 [Base Screen]과 각종 Window들의 디바이스들을 설정한다. 이 창에서는 수정없이 [Next]를 클릭한다.

2) [그림 4-17]의 시스템 환경 설정 확인창에서는 앞에서 설정한 모든 아이템들을 확인한다. 이상이 있으면 [Back]을 클릭하여 수정하고, 이상이 없으면 [Finish]를 클릭하여 [New Project Wizard]를 종료하면 [그림 4-18]과 같이 GOT 화면을 작화할 수 있는 화면이 나타난다.

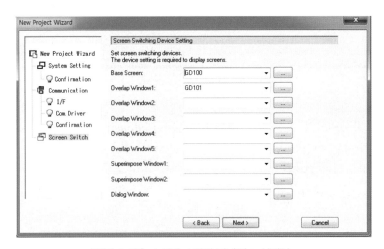

|그림 4-16| 스크린 스위칭 디바이스 설정창

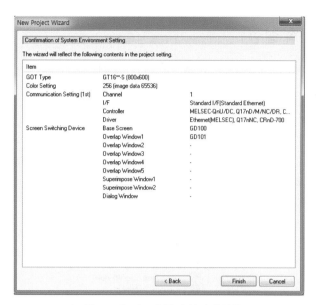

|그림 4-17| 시스템 환경 설정 확인창

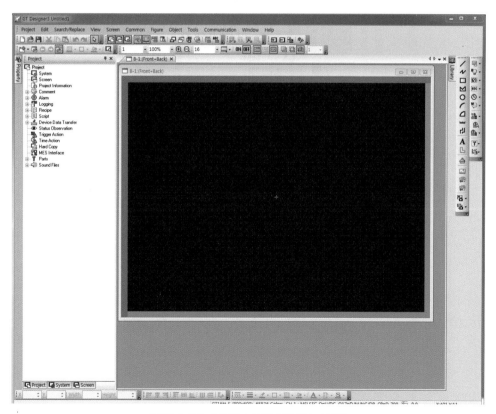

|그림 4-18| 스크린 스위칭 디바이스 설정창

 접속 설정

1 GOT IP 설정

1) [그림 4-18]에서 [Project] → [System]을 클릭하면 [그림 4-19]와 같은 GOT 시스템을 설정하는 창이 나타난다.

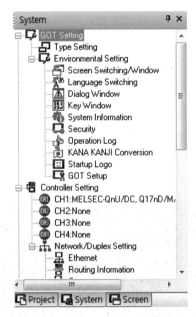

|그림 4-19| GOT 시스템 설정창

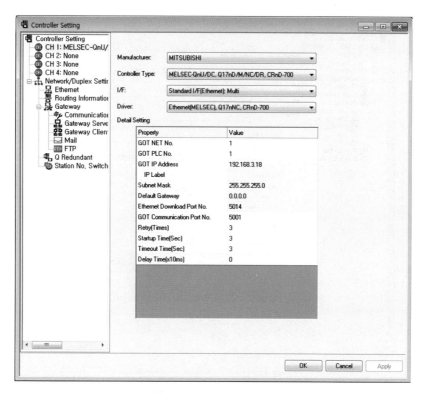

|그림 4-20| GOT 통신 설정창

2) [Controller Setting] → [CH1:MELSEC-QnU/DC]를 더블클릭하면 [그림 4-20]과 같이
PLC의 [Ethernet] 드라이버와 접속할 GOT의 통신설정창이 나타난다.

3) GOT IP Address의 주소를 클릭하면 [그림 4-21]과 같이 GOT IP Address를 설정하는
[Setting]이 활성화 된다. [Setting]을 클릭하면 [그림 4-22]와 같이 GOT IP Address를
수정하는 창이 나타난다.

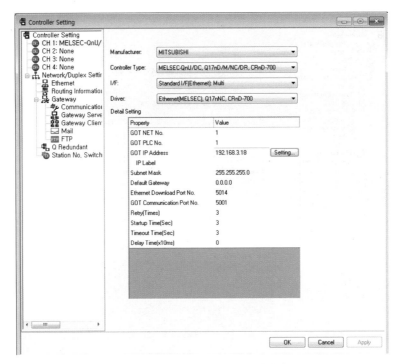

|그림 4-21| GOT IP 주소 수정 설정창

|그림 4-22| GOT IP 주소 설정창

4) GOT IP Address를 시스템 환경에 맞게 수정하고, [OK]버튼을 클릭하면 [그림
4-23]과 같이 GOT IP Address가 변경되어진 화면이 나타난다. [Apply]버튼을
클릭하여 GOT IP Address 설정을 완료한다.

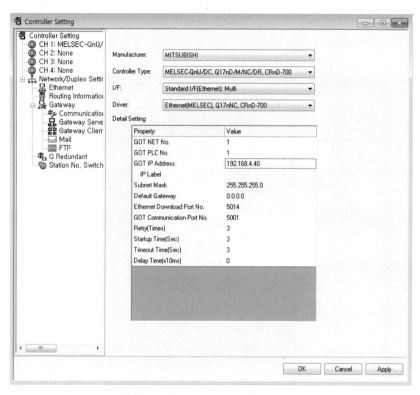

|그림 4-23| GOT IP 주소 설정 완료창

2 PLC IP 설정

1) [Controller Setting] → [Network/Duplex Setting] → [Ethernet]을 클릭하면, [그림
4-24]와 같이 GOT에 연결할 PLC CPU의 IP Address를 설정하는 창이 나타난다.

2) [New]를 클릭하면 [그림 4-25]와 같이 CPU Type을 선택하는 창이 나타난다. Type의
번호를 클릭하여 CPU Type을 선택하면 [그림 4-26]과 같이 IP Address를 설정하는

창이 나타난다. [그림 4-27]과 같이 IP Address를 쓰고, [Host] 아래 빈칸에 마우스로 클릭하면 *표시가 생기면서 [Apply]가 활성화된다. [Apply]를 클릭하면, GOT와 연결할 PLC의 IP 설정이 끝난다.

3) GOT IP Address와 GOT에 연결할 PLC의 IP Address의 설정을 모두 마쳤으므로 [OK]를 클릭한다.

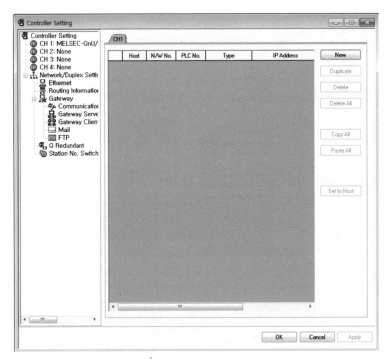

|그림 4-24| PLC CPU IP Address 설정 창

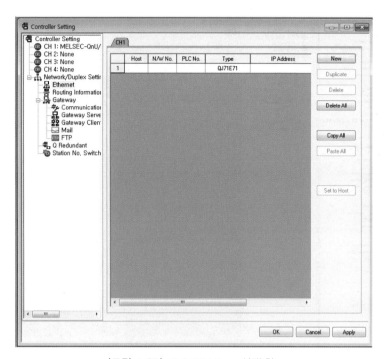

|그림 4-25| PLC CPU Type 선택 창

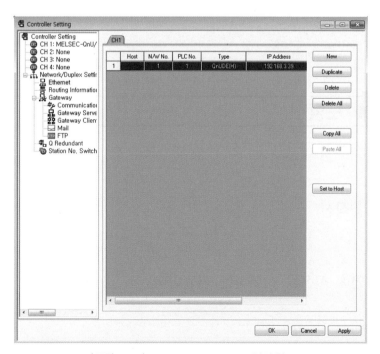

|그림 4-26| PLC CPU IP Address 입력 창

187

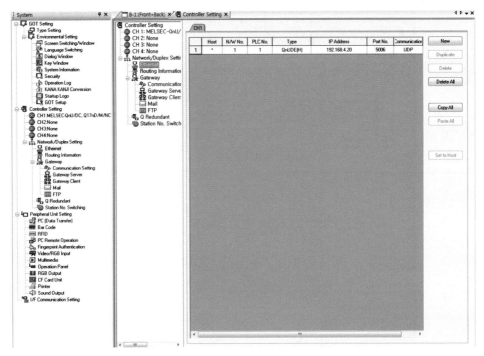

|그림 4-27| PLC CPU IP Address 입력 완료창

4.3   도형

 직선

1 화면에 직선을 작화하는 기능이다.

1) [Figure] → [Line]을 선택한다.

2 기능

1) 시작점에서 마우스를 클릭하여 라인의 끝점까지 드래그한다.

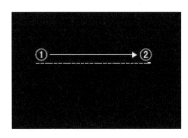

|그림 4-28| 한 방향으로 직선그리기

2) 마우스를 클릭하고 [Shift]를 누른 상태에서 옮기면 45° 간격으로 각도를 작화할 수 있다.

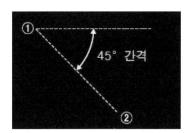

|그림 4-29| 45°방향으로 직선그리기

3) 마우스를 클릭하고 [Ctrl]키를 누른 상태에서 옮기면 시점을 중심으로 직선을 그릴 수 있다.

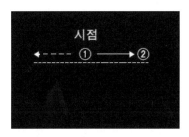

|그림 4-30| 양 방향으로 직선그리기

189

3 설정

1) 선 위에 마우스를 더블클릭하면, [그림 4-31]과 같이 선의 속성을 설정하는 창이 나타난다.

2) Line Style : 직선의 선 종류를 선택한다.

3) Line Width : 직선의 선 폭을 선택한다.

4) Line Color : 직선의 선 색을 선택한다.

5) Category : 직선에 카테고리를 할당하는 경우에 선택한다.

6) [Set as Default] : 현재의 속성 설정을 사용자의 새 디폴트값으로 설정하는 경우에 클릭한다.

|그림 4-31| 직선 그리기 설정창

7) [Clear Default] : 새 디폴트값으로 설정된 속성 설정을 되돌리는 경우에 클릭한다.

8) Use Lamp Attribute : 램프의 속성을 설정하는 경우에 체크한다. 램프의 속성을 설정하면 램프처럼 비트 디바이스의 ON시 도형의 색을 변경할 수 있다. 램프의 속성을 설정하면 오브젝트로 취급된다.

9) Device : 디바이스를 지정한다.(비트지정)

10) ON Settings → Line Color : ON되었을 때 선의 색을 선택한다.

11) ON Settings → Blink : ON되었을 때 점멸 속도를 선택한다.

12) Object Name : 30문자까지 입력할 수 있다.

4 예제 4-1

1) [Figure] → [Line]을 선택하고, 마우스를 클릭하고 [Shift]를 누른 상태에서 마우스를 옮기면서 [그림 4-32]와 같이 45° 간격으로 적당한 크기의 직선을 작화한다.

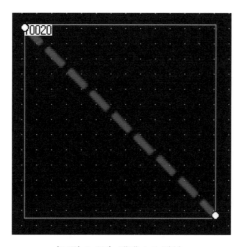

|그림 4-32| 예제 4-1 직선

2) [그림 4–33]과 같이 라인 설정창을 설정한다.

3) 직선 그리기가 완료되면 GOT 쓰기를 하고, PLC에서 자기유지회로 프로그램(입력 : X0, X1, 출력 : Y20)을 실행하여 PLC와의 연동 작동여부를 확인한다.

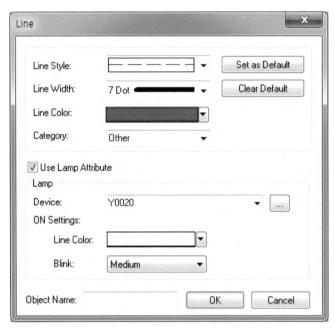

|그림 4–33| 예제 4–1 직선 그리기 설정창

4.3.2 연속 직선

1 화면에 연속 직선을 작화하는 기능이다.

1) [Figure] → [Line Freeform]을 선택한다.

2 기능([그림 4-34])

1) 그리는 직선의 시점(①)에서 끝점(②)까지 드래그한다.

2) 다음에 그리는 직선의 끝점(③)에서 클릭한다.

3) 계속하여 클릭하며 도형을 그리다가 더블 클릭(④)하면 작화가 종료된다.

 → 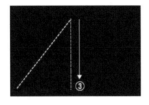 →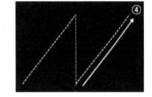

|그림 4-34| 연속 직선 그리기

3 설정

1) 직선의 설정과 동일하다.

4 예제 4-2

1) [Figure] → [Line Freeform]을 선택하고, [그림 4-35]와 같은 다각형을 그린다.

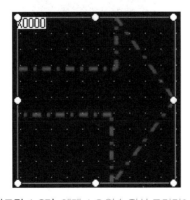

|그림 4-35| 예제 4-2 연속 직선 그리기1

2) [그림 4-36]와 같이 설정창을 설정하여 첫 번째 연속 직선 그리기를 완료한다.

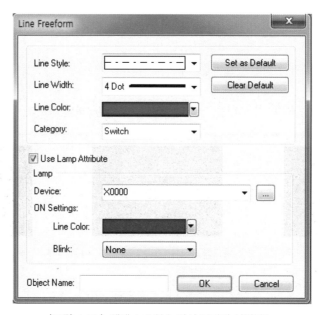

|그림 4-36| 예제 4-2 연속 직선 그리기 설정창1

3) [Figure] → [Line Freeform]을 선택하고, [그림 4-37]과 같은 다각형을 그린다.

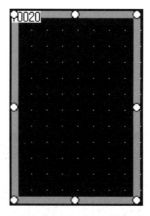

|그림 4-37| 예제 4-2 연속 직선 그리기2

4) [그림 4-38]과 같이 설정창을 설정하여 두 번째 연속 직선 그리기를 완료한다.

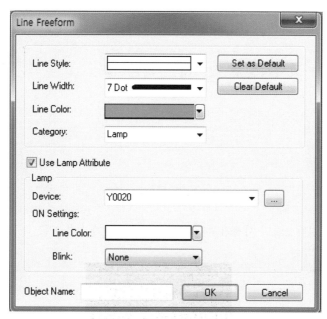

|그림 4-38| 예제 4-2 연속 직선 그리기 설정창2

5) [그림 4-39]와 같이 두 개의 연속 직선을 적당히 배치하여 GOT 쓰기를 하고, PLC에서 자기유지회로 프로그램(입력 : X0, X1, 출력 : Y20)을 실행하여 PLC와의 연동 작동여부를 확인한다.

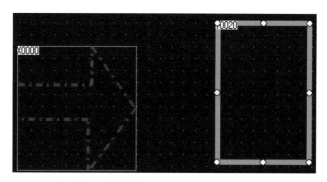

|그림 4-39| 예제 4-2 연속 직선 그리기 완성

4.3.3 직사각형

1 화면에 직사각형을 작화하는 기능이다.

[Figure] → [Rectangle]을 선택한다.

2 기능

1) 그리는 직사각형의 시점(①)에서 끝점(②)까지 드래그한다.

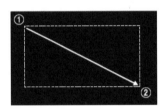

|그림 4-40| 직사각형 그리기

2) [Shift]를 누른 상태에서 마우스를 옮겨 정사각형을 작화한다.

|그림 4-41| 정사각형 그리기

3) [Ctrl]키를 누른 상태에서 마우스를 옮겨 시점을 중심으로 직사각형을 그린다.

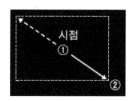

|그림 4-42| 시점 중심 대칭 직사각형 그리기

3 설정

1) 직사각형 위에 마우스를 더블클릭하면, [그림 4-43]과 같이 직사각형의 속성을 설정하는 창이 나타난다.

2) Line Style : 직사각형의 선 종류를 선택한다.

3) Line Width : 직사각형의 선 폭을 선택한다.

4) Line Color : 직사각형의 선 색을 선택한다.

5) Pattern : 채우기 패턴을 선택한다.

6) Pattern Color : 채우기 패턴의 표시색을 선택한다.

7) Background Color : 채우기 패턴의 배경색을 선택한다.

8) Type : 직사각형의 종류를 선택한다.(일반/각 환/모따기)

9) [Set as Default] : 현재의 속성 설정을 사용자의 새 디폴트값으로 설정하는
경우에 클릭한다.

|그림 4-43| 직사각형 설정창

10) [Clear Default] : 새 디폴트값으로 설정된 속성 설정을 되돌리는 경우에
클릭한다.

11) Use Lamp Attribute : 램프의 속성을 설정하는 경우에 체크한다. 램프의 속성을
설정하면 램프처럼 비트 디바이스의 ON시 도형의 색을 변경할 수 있다. 램프의
속성을 설정하면 오브젝트로 취급된다.

12) Device : 디바이스를 지정한다.(비트지정)

13) ON Settings → Line Color : ON되었을 때 선의 색을 선택한다.

14) ON Settings → Pattern : ON되었을 때 채우기 패턴을 선택한다.

15) ON Scttings → Pattcrn Color : ON되었을 때 채우기 패턴의 색을 선택한다.

16) ON Settings → Background Color : ON되었을 때 채우기 패턴의 배경 색을 선택한다.

17) ON Settings → Blink : ON되었을 때 점멸 속도를 선택한다.

18) Object Name : 30문자까지 입력할 수 있다.

4 예제 4-3

1) [Figure] → [Rectangle]을 선택하고, [그림 4-44]와 같이 적당한 크기의 직사각형을 그린다.

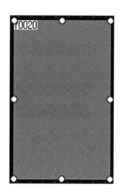

|그림 4-44| 예제 4-3 직사각형 그리기

2) [그림 4-45]와 같이 설정창을 세팅한다.

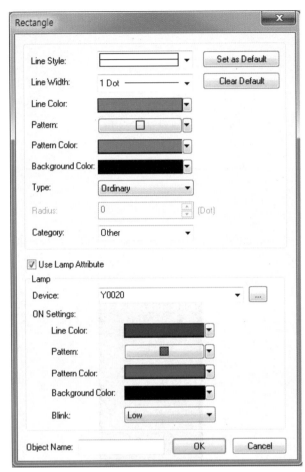

|그림 4-45| 예제 4-3 직사각형 그리기 설정창

3) 직사각형 그리기를 완료되면 GOT 쓰기를 하고, PLC에서 자기유지회로
   프로그램(입력 : X0, X1, 출력 : Y20)을 실행하여 PLC와의 연동 작동여부를
   확인한다.

4.3.4 다각형

1 화면에 다각형을 작화하는 기능이다.

1) [Figure] → [Polygon]을 선택한다.

2 기능([그림 4-46])

1) 그리는 직선의 시점(①)에서 끝점(②)까지 드래그한다.

2) 다음에 그리는 변의 끝점(③)에서 클릭한다.

3) 계속하여 클릭(④)하며 도형을 그리다가 더블 클릭(⑤)하면 작화가 종료된다.

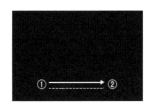 → 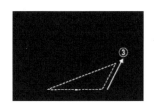 →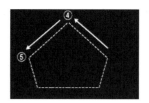

|그림 4-46| 다각형 그리기

3 설정

1) 직사각형의 설정과 동일하다.

ㄴ 예제 4-4

1) [Figure] → [Polygon]을 선택하고, [그림 4-47]과 같은 별모양 다각형을 그린다.

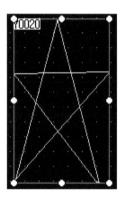

|그림 4-47| 예제 4-4 다각형 그리기

2) [그림 4-48]과 같이 설정창을 설정한다.

Polygon

Line Style:		Set as Default
Line Width:	1 Dot	Clear Default
Line Color:		
Pattern:	NONE	
Pattern Color:		
Background Color:		
Category:	Other	

☑ Use Lamp Attribute

Lamp

Device: Y0020

ON Settings:

Line Color:	
Pattern:	
Pattern Color:	
Background Color:	
Blink:	Medium

Object Name: | OK | Cancel

|그림 4-48| 예제 4-4 다각형 그리기 설정창

3) 다각형 그리기를 완료되면 GOT 쓰기를 하고, PLC에서 자기유지회로 프로그램(입력
: X0, X1, 출력 : Y20)을 실행하여 PLC와의 연동 작동여부를 확인한다.

4.3.5 원

1 화면에 원을 작화하는 기능이다.

1) [Figure] → [Circle]을 선택한다.

2 기능

1) 그리는 원의 시점(①)에서 끝점(②)까지 드래그한다.

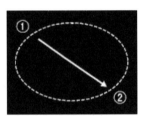

|그림 4-49| 원 그리기

2) [Shift]를 누른 상태에서 마우스를 옮겨 정원을 작화한다.

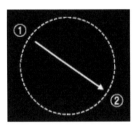

|그림 4-50| 정원 그리기

3) [Ctrl]키를 누른 상태에서 마우스를 옮겨 시점을 중심으로 원을 그린다.

|그림 4-51| 시점 중심 원 그리기

3 설정 : 직사각형의 설정과 동일하다.

4 예제 4-5

1) [Figure] → [Circle]을 선택하고, [그림 4-52]와 같은 원을 그린다.

|그림 4-52| 예제 4-5 원 그리기1

2) [그림 4-53]과 같이 설정창을 설정한다.

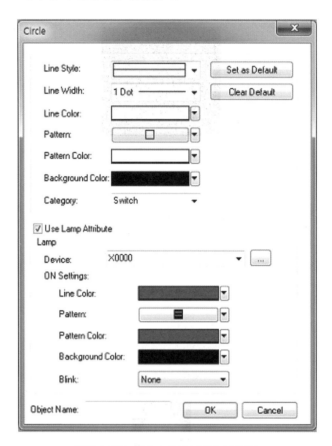

|그림 4-53| 예제 4-5 원 그리기 설정창1

3) [Figure] → [Circle]을 선택하고, [그림 4-54]와 같은 원을 그린다.

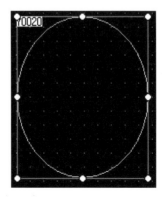

|그림 4-54| 예제 4-5 원 그리기2

4) [그림 4-55]와 같이 설정창을 설정한다.

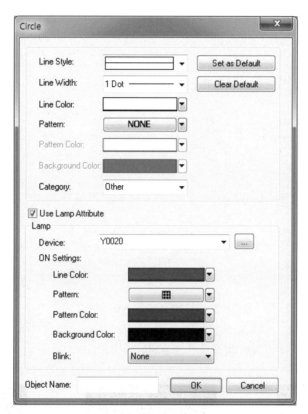

|그림 4-55| 예제 4-5 원 그리기 설정창2

5) [그림 4-56]과 같이 두 개의 원을 적당히 배치하여 GOT 쓰기를 하고, PLC에서
자기유지회로 프로그램(입력 : X0, X1, 출력 : Y20)을 실행하여 PLC와의 연동
작동여부를 확인한다.

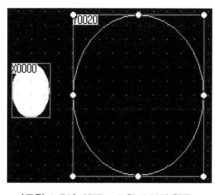

|그림 4-56| 예제 4-5 원 그리기 완료

4.3.6 원호

1 화면에 원호를 작화하는 기능이다.

1) [Figure] → [Arc]를 선택한다.

2 기능([그림 4-57])

1) 그리는 원호의 시점(①)에서 끝점(②)까지 드래그하여 반지름을 결정한다. 원 내부는
파선으로 표시된다.

2) 그리는 원호의 시점(③)을 클릭하고 끝점을(④)까지 마우스를 이동한다.

3) 끝점(⑤)에서 클릭하면 작화가 종료된다.

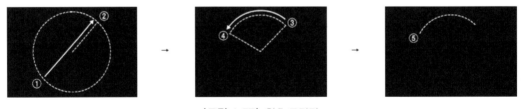

|그림 4-57| 원호 그리기

3 설정

1) 원호 위에 마우스를 더블클릭하면, [그림 4-58]과 같이 원호의 속성을 설정하는 창이
나타난다.

2) Sector : 부채꼴을 설정하는 경우에 체크한다.

3) Line Style : 원호/부채꼴의 선 종류를 선택한다.

4) Line Width : 원호/부채꼴의 선 폭을 선택한다.

5) Line Color : 원호/부채꼴의 선 색을 선택한다.

6) Pattern : [Sector]를 선택하였을 때, 채우기 패턴을 선택한다.

7) Pattern Color : [Sector]를 선택하였을 때, 채우기 패턴의 표시색을 선택한다.

8) Background Color : [Sector]를 선택하였을 때, 채우기 패턴의 배경색을 선택한다.

9) Category : 원호/부채꼴에 카테고리를 할당하는 경우에 선택한다.

10) [Set as Default] : 현재의 속성 설정을 사용자의 새 디폴트값으로 설정하는 경우에 클릭한다.

11) [Clear Default] : 새 디폴트값으로 설정된 속성 설정을 되돌리는 경우에 클릭한다.

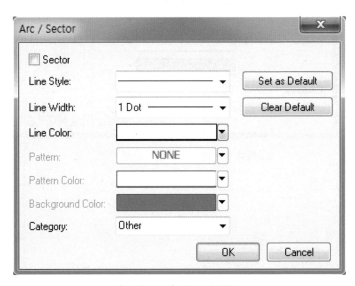

|그림 4-58| 원호 설정창

Ⴤ 예제 4-6

1) [Figure] → [Arc]을 선택하고, [그림 4-59]와 같은 원호를 그린다.

|그림 4-59| 예제 4-6 원호 그리기

2) [그림 4-60]과 같이 설정창을 설정한다.

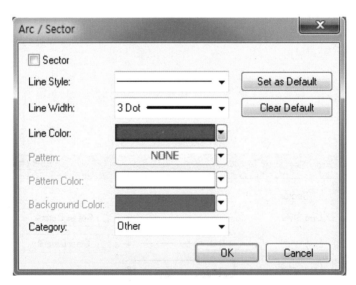

|그림 4-60| 예제 4-6 원호 그리기 설정창

4.3.7 부채꼴원호

1 화면에 부채꼴을 작화하는 기능이다.

1) [Figure] → [Sector]를 선택한다.

2 기능([그림 4-61])

1) 그리는 원호의 시점(①)에서 끝점(②)까지 드래그하여 반지름을 결정한다. 원 내부는 파선으로 표시된다.

2) 그리는 원호의 시점(③)을 클릭하고 끝점을 (④)까지 마우스를 이동한다.

3) 끝점(⑤)에서 클릭하면 작화가 종료된다.

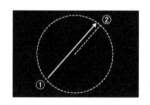 → 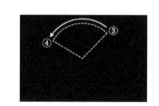 →

|그림 4-61| 부채꼴 원호 그리기

3 설정 : 원호의 속성 설정창과 동일하다.

4 예제 4-7

1) [Figure] → [Sector]를 선택하고, [그림 4-62]와 같은 원호를 그린다.

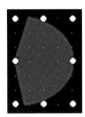

|그림 4-62| 예제 4-7 부채꼴 원호 그리기

2) [그림 4-63]과 같이 설정창을 설정한다.

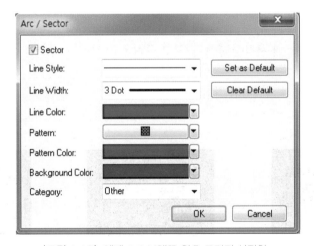

|그림 4-63| 예제 4-7 부채꼴 원호 그리기 설정창

4.3.8 눈금

1 화면에 눈금을 작화하는 기능이다.

1) [Figure] → [Scale]을 선택한다.

2 기능

1) 그리는 눈금의 시점(①)에서 끝점(②)까지 드래그한다.

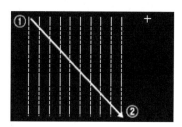

|그림 4-64| 눈금 그리기

2) [Shift]를 누른 상태에서 마우스를 옮겨 가로/세로 크기가 같은 눈금을 그린다.

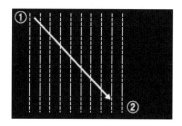

|그림 4-65| 좌우 크기가 같은 눈금 그리기

3) [Ctrl]키를 누른 상태에서 마우스를 옮겨 시점을 중심으로 눈금을 그린다.

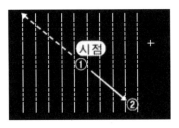

|그림 4-66| 시점 중심 눈금 그리기

3 설정

1) 눈금 위에 마우스를 더블클릭하면, [그림 4-67]과 같이 눈금의 속성을 설정하는 창이 나타난다.

2) Scale Points : 눈금의 선 수를 설정한다.(2~255)

3) Center Line : 눈금에 수직으로 교차되는 중심선의 위치를 선택한다.

4) Line Style : 눈금의 선 종류를 선택한다.

5) Line Width : 눈금의 선 폭을 선택한다.

6) Line Color : 눈금의 선 색을 선택한다.

7) Category : 눈금에 카테고리를 할당하는 경우에 선택한다.

8) [Set as Default] : 현재의 속성 설정을 사용자의 새 디폴트값으로 설정하는 경우에 클릭한다.

9) [Clear Default] : 새 디폴트값으로 설정된 속성 설정을 되돌리는 경우에 클릭한다.

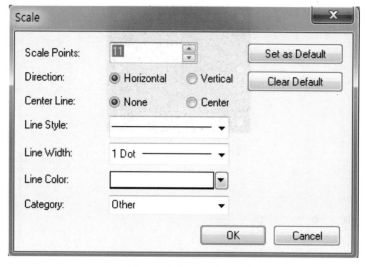

|그림 4-67| 눈금 그리기 설정창

4 예제 4-8

1) [Figure] → [Scale]을 선택하고, 적당히 눈금을 그린다.

2) [그림 4-68]과 같이 설정창을 설정하면 [그림 4-69]와 같은 눈금이 그려진다.

3) 눈금 그리기를 완료되면 GOT 쓰기를 한다.

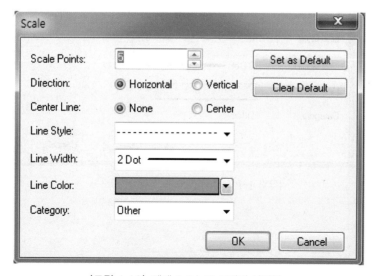

|그림 4-68| 예제 4-8 눈금 그리기 설정창

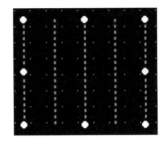

|그림 4-69| 예제 4-8 눈금 그리기

5 예제 4-9

1) [Figure] → [Scale]을 선택하고, 적당히 눈금을 그린다.

2) [그림 4-70]과 같이 설정창을 설정하면 [그림 4-71]과 같은 눈금이 그려진다.

3) 눈금 그리기가 완료되면 GOT 쓰기를 한다.

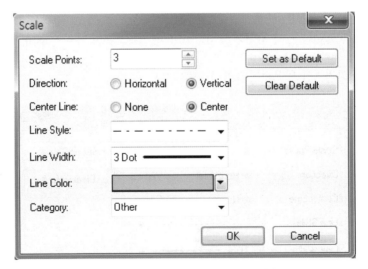

|그림 4-70| 예제 4-9 눈금 그리기 설정창

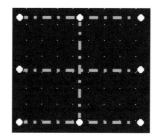

|그림 4-71| 예제 4-9 눈금 그리기

4.3.9 배관

1 화면에 배관을 작화하는 기능이다.

1) [Figure] → [Piping]을 선택한다.

2 기능([그림 4-72])

1) 그리는 직선의 시점(①)에서 끝점(②)까지 드래그한다.

2) 다음에 그리는 직선의 끝점(③)에서 클릭한다.

3) 계속해서 클릭하여 도형을 그리다가 더블 클릭(④)을 하면 배관 도형이 작화가 종료된다.

 →  →

|그림 4-72| 배관 그리기

3 설정

1) 배관 위에 마우스를 더블클릭하면, [그림 4-73]과 같이 배관의 속성을 설정하는 창이 나타난다.

2) Piping Width : 배관의 폭을 도트 단위로 설정한다.(3 ~ 100)

3) Line Color : 배관의 선색을 선택한다.

4) Pattern : 채우기 패턴을 선택한다.

5) Piping Color : 배관의 색을 선택한다.

6) Background Color : 배관의 배경색을 선택한다.

7) Category : 배관에 카테고리를 할당하는 경우에 선택한다.

8) [Set as Default] : 현재의 속성 설정을 사용자의 새 디폴트값으로 설정하는 경우에 클릭한다.

9) [Clear Default] : 새 디폴트값으로 설정된 속성 설정을 되돌리는 경우에 클릭한다.

10) Use Lamp Attribute : 램프의 속성을 설정하는 경우에 체크한다. 램프의 속성을 설정하면 램프처럼 비트 디바이스의 ON시 도형의 색을 변경할 수 있다. 램프의 속성을 설정하면 오브젝트로 취급된다.

|그림 4-73| 배관 그리기 설정창

11) Device : 디바이스를 지정한다.(비트지정)

12) ON Settings → Line Color : ON되었을 때 선의 색을 선택한다.

13) ON Settings → Pattern : ON되었을 때 채우기 패턴을 선택한다.

14) ON Settings → Piping Color : ON되었을 때 배관의 색을 선택한다.

15) ON Settings → Background Color : ON되었을 때 채우기 패턴의 배경 색을
선택한다.

16) ON Settings → Blink : ON되었을 때 점멸 속도를 선택한다.

17) Layer : 배치하는 레이어를 전환한다.(앞면/뒷면)

18) Object Name : 30문자까지 입력할 수 있다.

4 예제 4-10

1) [Figure] → [Piping]을 선택하고, [그림 4-74]와 같은 배관을 그린다.

2) [그림 4-75]와 같이 설정창을 설정한다.

3) 배관 그리기가 완료되면 GOT 쓰기를 한다.

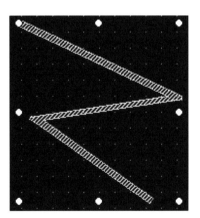

|그림 4-74| 예제 4-10 배관 그리기

|그림 4-75| 예제 4-10 눈금 그리기 설정창

 채우기

1 화면에 선으로 둘러싸인 영역이나 다각형에 대해 채우기를 기능이다.

1) [Figure] → [Paint]를 선택한다.

2 기능([그림 4-76])

1) 채우기 하는 영역에 커서를 이동하여 채우기 하는 영역 내에 클릭한다.

2) [Paint] 대화상자가 표시되면 속성을 설정하고, [OK] 버튼을 클릭한다.

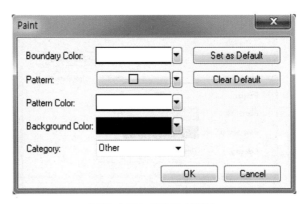

|그림 4-76| 채우기 설정창

- Boudary Color : 채우기 하는 영역의 경계선 색을 선택
- Pattern : 채우기 패턴을 선택
- Pattern Color : 채우기 패턴의 표시색을 선택
- Backgound Color : 채우기 패턴의 배경색을 선택
- Category : 도형에 카테고리를 할당할 때 선택
- [Set as Default] : 현재의 속성 설정을 사용자의 새 디폴트값으로 설정하는 경우에 클릭한다.
- [Clear Default] : 새 디폴트값으로 설정된 속성 설정을 되돌리는 경우에 클릭한다.

3 주의사항

1) 채우기 하는 영역의 경계선에 조금이라도 틈새가 있으면 채우기 하는 영역을 벗어나 채우기 된다.

2) 배경과 같은 색의 선색으로 작화한 도형은 채우기를 할 수 없다.

3) 채우기 영역이 패턴으로 채워져 있는 상태에서 패턴색 또는 패턴 배경색이 경계색과 같이 않으면 채워지지 않는 경우가 있다.

4) 채우기 하는 도형은 채우기보다 앞면에 배치한다. 도형이 채우기보다 뒷면에 배치되어 있으면, 도형내의 영역을 채우기 할 수 없다.

5) 채우기 하는 범위를 실선으로 둘러싼다.

6) 채우기 하는 범위의 경계선은 같은 색으로 한다.

4 예제 4-11

1) [그림 4-77]과 같은 원을 그린다.

2) [Figure] → [Paint]를 선택하고, [그림 4-77]의 원 내부에 클릭한다.

3) [그림 4-78]과 같이 채우기 설정창을 설정하고 GOT 쓰기를 한다.

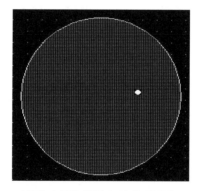

|그림 4-77| 예제 4-11 원 그리기

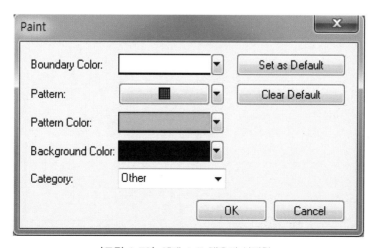

|그림 4-78| 예제 4-11 채우기 설정창

4.4 터치 스위치

4.4.1 스위치 설정

1 [Object] → [Switch] → [Switch]를 선택한다.

2 스위치를 배치하는 위치에서 클릭하면, 스위치의 배치가 완료된다.

3 배치한 스위치를 더블클릭하면 설정 대화상자가 나타난다.

Switch

| Basic Settings | Advanced Settings |
| Action / Style / Text | Extended / Trigger / Script |

Action List:

Action	Write Device/Switching Type

Add Action

Bit

Word

SP Function

Screen Switching

Station No. Switching

Key Code

Key Window Display

Utilize

Edit

Delete

User ID for a key input and data change:　0 　　Change Order

Lamp (Timing to change shape/text)

⦿ Key Touch State　　*Select "Bit-ON/OFF" or "Word Range" when using Key Touch State in combination with a device.

◯ Bit-ON/OFF

◯ Word Range

Object Name:　　Convert to Lamp...　　OK　　Cancel

|그림 4-79| 스위치 설정창

4.4.2 Action 탭

1 Action List : 설정된 동작이 일람으로 표시된다.

2 Add Action

1) [Bit] : 비트 디바이스의 ON/OFF를 스위치로 설정할 수 있다.

2) [Word] : 워드 디바이스의 변경을 스위치로 설정할 수 있다.

3) [SP Function] : 유틸리티, 확장 기능, 옵션 기능 등의 화면으로의 변경을 스위치로 설정할 수 있다.

4) [Screen Switching] : 화면 전환 기능을 스위치로 설정할 수 있다.

5) [Station No. Switching] : 국번 전환 기능을 스위치로 설정할 수 있다.

6) [Key Code] : 오브젝트에 입력할 키의 키코드를 설정할 수 있다.

7) [Key Window Display] : 키 윈도우 표시를 스위치로 설정할 수 있다.

8) [Utilize] : 유용하는 항목을 [Action List]에서 선택하고, [Utilize]버튼을 클릭하면 선택된 항목을 복사해 [Action List]에 추가한다.

9) [Edit] : 편집할 항목을 [Action List]에서 선택하고, [Edit] 버튼을 클릭하면 설정된 내용을 수정할 수 있다.

10) [Delete] : 삭제할 항목을 [Action List]에서 선택하고, [Delete] 버튼을 클릭하면, 설정된 내용이 삭제된다.

11) User ID for a key input and data change : 키코드의 입력 대상이 되는 오브젝트를 지정하는 ID를 설정한다.(0 ~ 65535)

12) [Change Order] : 동작순서를 변경할 수 있다.

13) Lamp → Key : 터치 스위치를 터치하고 있을 때 ON도형을 표시하고, 터치하고 있지 않을 때에는 OFF도형을 표시한다.

14) Lamp → Bit : [Device]에서 설정한 비트 디바이스의 ON/OFF 상태에 따라 ON/OFF 도형을 표시한다.

15) Lamp → Word : [Device]로 지정된 워드 디바이스의 [On/Off Range]에 따라 ON/OFF 도형을 표시한다.

16) Object Name : 설정되어 있는 오브젝트의 명칭을 사용 용도에 맞는 명칭으로 변경할 수 있다.

3 비트

1) 비트 디바이스의 ON/OFF 동작을 스위치로 설정하는 경우에 [그림 4-80]의 동작을 설정한다.

2) Device : 쓰기 위치의 디바이스를 설정한다.

|그림 4-80| 비트 스위치 동작 설정창

3) Action : 터치하였을 때 쓰기 위치의 비트 디바이스에 대하여 어느 기능을 실행할 것인지를 선택한다.

 - Momentary : 터치되어 있을 때만 비트를 ON한다.
 - Alternate : 터치할 때마다 비트의 ON/OFF를 전환한다.
 - Set : 터치하였을 때 비트를 ON한다.
 - Reset : 터치하였을 때 비트를 OFF한다.

4 워드

1) 워드 디바이스값의 변경을 스위치로 설정하는 경우에 [그림 4-81]의 동작을 설정한다.

2) Device : 쓰기 위치의 디바이스를 설정한다.

3) Data Type : [Setting Value], [Initial Value Condition]에서 설정하는 값의 데이터 형식을 선택한다.

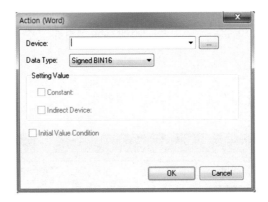

|그림 4-81| 워드 스위치 동작 설정창

4) Setting Value : 설정된 디바이스에 쓸 값을 선택한다. 반드시 1개 이상 설정한다.

 - Constant : 체크 표시를 하면, 쓰기 위치 워드 디바이스에 상수를 설정할 수 있다.(-32768 ~ 32767)

- **Indirect Device** : 체크 표시를 하면, 쓰기 위치 워드 디바이스에 간접 디바이스를 설정할 수 있다.
- 상수와 간접 디바이스 모두에 체크 표시를 하면, 상수 + 간접 디바이스가 워드 디바이스에 쓰여진다.

5) Initial Value Condition : [Setting Value]의 [Constant]와 [Indirect Device]를 설정하면 활성화된다. 워드 디바이스로 설정하는 값과 [Condition Value]에서 설정한 값이 같아졌을 때, [Reset Value]에서 설정한 값이 워드 디바이스에 쓰여진다.

- **Condition Value** : 리셋값을 지정 워드 디바이스에 쓰기 위한 조건이 되는 값을 설정한다.
- **Reset Value** : 조건값을 만족한 경우에 워드 디바이스에 쓰는 값을 설정한다.

5 확장기능

1) [SP Function] 버튼을 클릭하면, [그림 4-82]와 같은 확장 기능 대화상자가 표시된다.

2) 동작(확장 기능) 대화상자의 [Action]에서 사용하고자 하는 동작을 선택한다.

|그림 4-82| 확장기능 동작 설정창

6 화면전환

1) 화면의 전환을 스위치로 설정하는 경우, [그림 4-83]의 설정창을 설정한다.

2) Screen Type : 전환하는 화면의 종류를 선택한다.

3) Next Screen : 화면 전환 시의 동작을 선택한다.

- **Fixed** : 지정된 베이스/윈도우 화면 번호의 화면으로 전환하는 경우에 선택한다. 선택 후 전환 위치의 베이스/윈도우 화면 번호를 설정한다. [Browse] 버튼을 클릭하여 화면 이미지 대화상자가 표시되면, 화면의 이미지를 확인하여 설정할 수 있다.

- **Back(Previous/History)** : 이전에 표시된 베이스 화면 번호의 화면으로 전환하는 경우에 선택한다. 전환하는 화면이 베이스 화면일 때만 선택할 수 있다. 현재까지 표시되어 있는 베이스화면 번호를 GOT가 기억하고 있으므로, 이력에 따라 10화면까지 베이스 화면을 전환할 수 있다.

- **Device** : 지정 디바이스의 ON/OFF 상태/현재값에 의해 지정 화면번호의 베이스/윈도우 화면으로 전환하는 경우에 선택한다. 디바이스를 설정하기 전에 모니터하고자 하는 디바이스의 데이터 형식을 선택한다.(Bit/Signed BIN16/BCD16) 디바이스 설정 후 [Detail Setting] 버튼을 클릭하여 동작을 설정한다.

- **Screen No.** : 화면 전환 시 대상이 되는 화면번호를 지정한다. 전환하는 화면이 베이스 화면일 때만 선택할 수 있다.

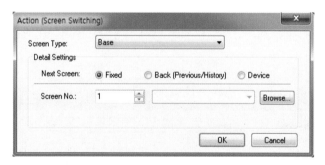

|그림 4-83| 화면전환 동작 설정창

ㄱ 국번전환

1) 국번 전환 기능을 스위치로 설정하는 경우에 [그림 4-84]와 같이 동작을 설정한다.

2) Next Station : 국번 전환시의 동작을 선택한다.

- **Host** : GOT의 접속 대상을 모니터하는 경우에 선택한다.

- **Other** : 모니터 대상을 다른국으로 전환하는 경우에 선택한다. NW No., PLC 국번에서 전환 위치의 네트워크 No., 국번을 10진수로 설정한다.
- **Device** : 지정 디바이스의 ON/OFF 상태/현재값에 따라 다른 국으로 전환하는 경우에 선택한다. 디바이스를 설정하기 전에 모니터하고자 하는 디바이스의 데이터 형식을 선택한다.(Bit/Signed BIN16/BCD16) 디바이스 설정 후 [Detail Setting] 버튼을 클릭하여 동작을 설정한다.

3) Mode : 전환하는 대상을 설정한다.

- **Project** : 프로젝트 전체의 국번을 전환하고자 하는 경우에 선택한다.
- **Screen Type** : 지정된 화면의 국번만을 전환하고자 하는 경우에 선택한다. [Screen Type] 선택 시 전환하는 화면을 선택한다.

|그림 4-84| 국번전환 동작 설정창

8 키코드

1) 키코드를 스위치로 설정하는 경우에 [그림 4-85]와 같이 동작을 설정한다.

2) Key Code Type : 키코드의 종류를 설정한다.

- **Numerical/ASCII Input** : 수치 입력, 아스키 입력에 키코드를 입력하는 경우에 선택한다.
- **Alarm/Data List** : 데이터 리스트, 사용자 알람리스트 표시, 시스템 알람 리스트

표시, 알람 이력 표시, 확장사용자 알람 표시, 확장 시스템 알람 표시에 키코드를 입력하는 경우에 선택한다.

- **Historical Trend Graph** : 히스토리컬 트렌드 그래프에 키코드를 입력하는 경우에 선택한다.
- **Document Display** : 문서 표시에 키코드를 입력하는 경우에 선택합니다. 1개의 스위치에는 상기의 키코드 가운데 어느것이든 1개만 설정할 수 있다.

3) Code Setting

- **ASCII** : 체크 표시를 하면, 수치/문자를 키코드로 입력할 수 있다. 체크 표시를 한 후 수치/문자를 입력하고 [Convert to Key Code] 버튼을 누르면 자동으로 키코드로 변환되어 설정할 수 있다.
- **Action** : 체크 표시를 하면, 동작을 키코드로 설정할 수 있다. 체크 표시를 한 후 동작을 선택한다.

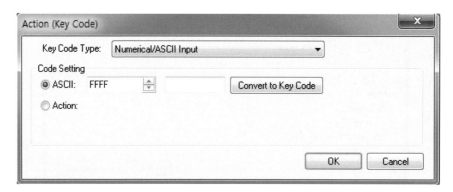

|그림 4-85| 키코드 동작 설정창

9 키윈도우 표시

1) 키 윈도우 표시를 스위치로 설정하는 경우에 [그림 4-86]과 같이 동작을 설정한다.

2) Key Window Position : 키 윈도우를 표시하는 위치(왼쪽 위 좌표)를 설정한다.
   - X : X축 좌표를 설정한다.(0 ~ 639)
   - Y : Y축 좌표를 설정한다.(0 ~ 479)

|그림 4-86| 키윈도우 동작 설정창

10 키입력 · 데이터 변경대상 사용자 ID

1) 확장 알람이나 히스토리컬 트렌드 그래프 등을 키코드로 조작하는 경우, 조작 대상이 되는 오브젝트를 지정하는 사용자 ID이다.

2) 스위치의 [User ID for a key input and data change]와 각 오브젝트의 [User ID]는 같은 수치가 되도록 설정한다.

11 동작 순서 변경

1) 동작 순서를 변경하는 경우에 [그림 4-87]과 같이 설정한다.

2) Order of Action : 위에 표시되어 있는 동작부터 차례로 실행한다. 키코드는 제일 먼저 실행되므로 동작 순서를 변경할 수 없다. 3번째 이후의 동작은 사용자가 변경할 수 있다.

- [Up] : 선택된 동작의 동작 순서를 1개 위로 올린다.
- [Down] : 선택된 동작의 동작 순서를 1개 아래로 내린다.
- [Set as Default] : [Up] 버튼/[Down] 버튼으로 변경된 동작 순서를 새 디폴트값으로 설정할 수 있다. (조작 패널 설정시는 사용할 수 없다.)
- [Clear Default] : [Up] 버튼/[Down] 버튼으로 변경된 동작 순서를 디폴트로 되돌린다. (조작 패널 설정시는 사용할 수 없다.)

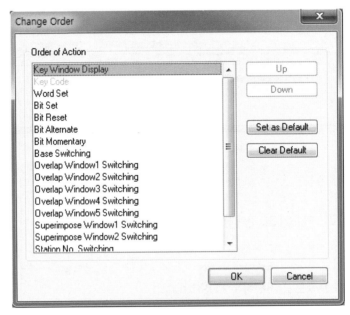

|그림 4-87| 동작 순서 변경 설정창

 Style 탭

1 미리 보기 일람 : ON/OFF 시의 상태를 표시한다.

2 Reverse Switch Area : 체크 표시를 하면, 스위치 도형을 반전
표시한다.

3 Shape : 터치스위치의 도형을 설정한다.

4 Shape Attribute

1) Frame Color : 터치스위치 도형의 테두리색을 선택한다.

2) Switch Color : 터치스위치 도형의 램프색을 선택한다.

3) Background Color, Pattern : 터치스위치 도형의 배경색과 패턴을 선택한다. 배경색 위에 패턴 모양이 스위치색으로 표시된다.

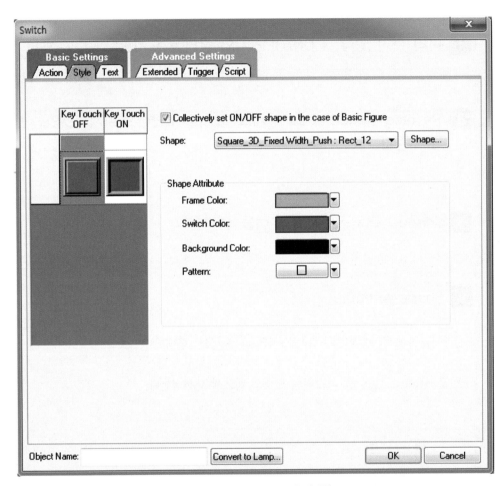

|그림 4-88| 스위치 style탭 설정창

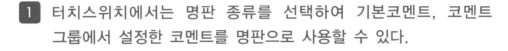

Text 탭

1 터치스위치에서는 명판 종류를 선택하여 기본코멘트, 코멘트 그룹에서 설정한 코멘트를 명판으로 사용할 수 있다.

2 Text Type : 명판 종류를 나타낸다.

1) Text : 표시되는 문자를 직접 입력하여 설정한다.

2) Indirect Text (Basic Comment) : 표시되는 명판에 기본 코멘트를 설정한다.

3) Comment Group : 명판에 코멘트 그룹에서 설정한 코멘트를 설정한다.

3 직접 명판

1) 미리 보기일람 : ON/OFF 시의 상태를 표시한다.

2) OFF=ON : 체크 표시를 하면, ON과 OFF를 같은 설정으로 한다.

3) Copy Range : 복사 범위를 설정한다.

- **All Settings** : 문자 설정을 모두 복사한다.
- **Text Only** : 문자만을 복사한다.

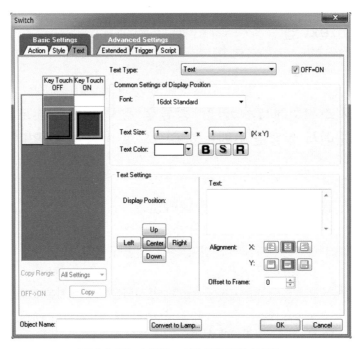

|그림 4-89| 스위치 text탭 직접 명판 설정창

4) OFF → ON [Copy]/ ON → OFF [Copy] : 문자의 설정 내용을 복사한다.

- OFF → ON [Copy] : OFF 시의 설정을 ON 시에 복사한다.
- ON → OFF [Copy] : ON 시의 설정을 OFF 시에 복사한다.

5) Common settings of Display Position

- Font : 표시되는 문자의 글꼴을 선택한다.
- Text Size : 표시되는 문자의 크기를 설정한다.
- Script : 지정된 글꼴로 이용할 수 있는 문자의 설정을 선택한다.
- Text Color : 표시하고자 하는 문자의 표시색을 선택한다.
- B : 문자의 표시 형식을 굵은 문자로 한다.
- S : 문자의 표시 형식을 그림자로 한다.
- R : 문자의 표시 형식을 조각으로 한다.
- Solid Color : 문자의 표시 형식에 S 버튼 또는 R 버튼을 선택한 경우의 그림자색을 설정한다.

CHAPTER

4

명판을 설계하자

6) Text Settings

- **Display Position** : 오브젝트의 어느 위치에 문자를 표시할 것인지를 선택한다. (중/상/하/좌/우)
- **Text** : 표시하고자 하는 문자를 입력한다. 전각, 반각에 관계없이 32문자까지 입력할 수 있다. 문자를 복수행으로 표시하고자 하는 경우, 1행의 문자의 마지막에 [Enter] 키를 입력한다. (행 바꾸기한 경우, 행 바꾸기용으로 2문자를 점유한다.)
- **Alignment** : 문자의 위치를 선택한다.
- **Offset to Frame** : 오브젝트의 테두리와 문자의 간격을 설정한다. (0 ~ 100, 단위 : 도트)

4 간접 명판(기본코멘트)

1) Offset

- **Device1** : 디바이스값으로 터치 스위치의 문자 표시 화면을 변경하는 경우에 설정한다. 설정된 디바이스에 저장된 값과 같은 번호의 코멘트(기본코멘트)를 표시한다.
- **Device2** : 체크 표시를 하면 [Device1]의 값에 다른 디바이스값을 더할 수 있다. 체크 표시를 한 후 더하는 값을 저장하는 디바이스를 설정한다.
- **Constant** : [Device1]의 값에 터치 스위치의 표시 상태(ON 표시 /OFF 표시)에 의해 다른 값을 더할 수 있다. 체크 표시를 한 후 ON 표시 시 /OFF 표시 시에 더하는 값을 설정한다.
- **Preview No.** : GT Designer3의 화면에 표시하는 터치스위치 문자의 코멘트 No.를 설정한다. 표시되는 코멘트를 편집하는 경우, [Edit] 버튼을 클릭한다. 클릭하면 코멘트편집 대화상자가 표시되어 코멘트를 편집할 수 있다.

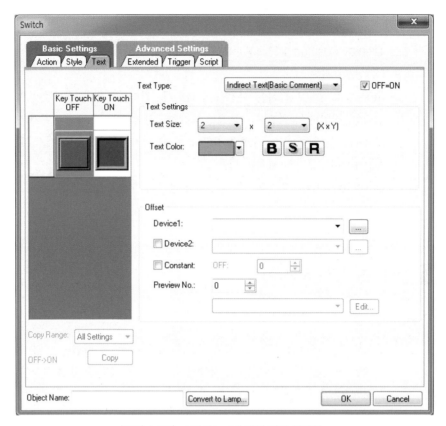

|그림 4-90| 스위치 text탭 간접 명판 설정창

5 코멘트 그룹 명판

1) Preview Column No. : GT Designer3의 화면에 표시되는 코멘트의 열 No.를 설정한다. (GOT에 표시되는 코멘트의 열 No.는 언어전환 디바이스로 지정한다.) 본 항목은 언어전환 설정이 유효하게 되어있는 경우에만 설정할 수 있다.

2) Comment Group

- Fixed : 지정 코멘트 그룹을 사용하는 경우에 선택한다. 선택 후 사용하는 코멘트그룹 No.를 직접 입력하여 설정한다.
- Device : 설정하는 디바이스 값과 같은 코멘트그룹 No.를 표시하는 경우에 선택한다. 선택 후 디바이스를 설정한다.

- Adjust Text Size : 체크 표시를 하면 문자 크기 자동 조정기능을 설정할 수 있다. 체크 표시를 하지 않으면, 문자열 자동 행 바꾸기를 한다. 체크 표시를 한 후 문자 크기 자동 조정시의 최소 문자의 크기를 설정한다. (8 ~ 128도트, 디폴트 : 8)

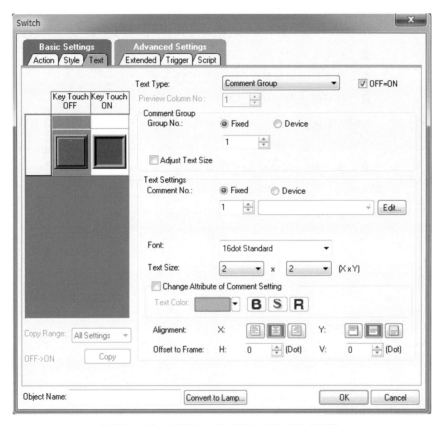

|그림 4-91| 스위치 Text탭 코멘트 그룹 명판 설정창

3) Text Settings

- Comment No. : 사용하는 코멘트의 코멘트 No.를 설정한다.
  · Fixed : 지정 코멘트 그룹을 사용하는 경우에 선택한다. 선택 후 사용하는 코멘트 그룹 No.를 설정한다.
  · Device: 설정하는 디바이스 값과 같은 코멘트 그룹 No.를 표시하는 경우에 선택한다. 선택 후 디바이스를 설정한다.
  · 표시되는 코멘트를 편집하는 경우, [Edit] 버튼을 클릭한다.
  · 클릭하면 코멘트 편집 대화상자가 표시되어 코멘트를 편집할 수 있다.
- Preview No. : GT Designer3의 화면에 표시되는 코멘트 No.를 설정한다.

- Font : 표시되는 문자의 글꼴을 선택한다.
- Text Size : 표시되는 문자의 크기를 선택한다.
- Change Attribute of Comment Setting : 체크 표시를 하면, 코멘트 속성을 변경할 수 있다.
  · Text Color : 표시하고자 하는 문자의 표시색을 선택한다.
  · **B** : 문자의 표시형식을 굵은 문자로 한다.
  · **S** : 문자의 표시형식을 그림자로 한다.
  · **R** : 문자의 표시형식을 조각으로 한다.
  · Solid Color : 문자의 표시형식에 **S** 버튼 또는 **R** 버튼을 선택한 경우에 그림자색을 설정한다.
  · **B**, **S**, **R**는 복수로 설정할 수 없다.
- Alignment : 문자의 위치를 선택한다.
- Offset to Frame : 오브젝트의 테두리와 문자의 간격을 설정한다.(0 ~ 100, 단위 : 도트)

4.4.5 Extended 탭

1 Extended

1) Security Level (Display/ Input) : 보안 기능을 사용하는 경우, 보안레벨을 설정한다.(1 ~ 15) 보안 기능을 사용하지 않는 경우, 0으로 설정한다. 반드시 [Input]을 [Display] 이상의 값으로 설정한다.

2) Use Offset : 체크 표시를 하면, 복수의 디바이스를 전환하여 모니터하도록 설정한다. 체크 표시를 한 후 오프셋 디바이스를 설정한다.

3) Simultaneous Press : 체크 표시를 하면 동시 누름의 금지를 설정할 수 있다. 체크 표시를 한 후 동시 누름금지의 동작(ON 우선 /OFF 우선)을 선택한다.

4) Delay : 지연을 선택한다. 지연 선택 후 지연 시간을 설정한다.(1 ~ 5)

- **None** : 지연을 설정하지 않는 경우에 선택한다.
- **ON** : 터치스위치를 설정시간 동안 눌렀을 때 ON 되도록 하는 경우에 선택한다. 이와 같이 설정하면 오입력을 방지할 수 있다.
- **OFF** : 터치스위치의 OFF후 설정시간이 경과하였을 때 OFF 되도록 하는 경우에 선택한다. 설정시간 내에는 ON 되어 있다.
- **Press Twice** : 한 번 터치한 후 설정시간 내에 한 번 더 터치하여 동작시키는 경우에 선택한다. 선택 후 [Style], [Text]에서 2번 누름 시의 설정을 한다. [to Style Tab] 버튼, [to Text Tab] 버튼을 클릭하여 [미리보기일람]의 [Press Twice]를 설정한다.

5) Buzzer : 터치 스위치를 터치하였을 때 부저음을 울리는 타이밍을 선택한다.

- **Always** : 터치하면, 항시 부저음을 울린다.
- **Only if conditions are met** : 동작조건 성립 시 터치 스위치를 터치하였을 때만 부저음을 울린다.
- **None** : 터치해도 부저음을 울리지 않는다.
- [Always] 또는 [Only if conditions are met] 선택 시, 다음을 설정한다.
  - · One shot : 터치스위치에 터치한 순간만 부저음을 울리는 경우에 선택한다.
  - · During Push : 터치스위치에 터치하고 있는 동안 울리는 경우에 선택한다.

6) User ID

- 체크 표시를 하면 사용자 ID 번호를 설정할 수 있다.(1 ~ 65535)
- 사용자 ID를 설정하면 다음과 같은 동작이 가능하다.
  - · 조작 로그로 사용한 오브젝트를 지정한다.

7) KANJI Region : 표시되는 문자의 한자권을 선택한다.

8) Operation Log Target : 체크 표시를 하면, 설정되어 있는 오브젝트를 조작 로그대상으로 설정한다.

2 Layer : 배치하는 레이어를 전환한다.(Front/Back)

3 Category : 오브젝트에 카테고리를 할당하는 경우에 할당하는 카테고리를 선택한다.

|그림 4-92| 스위치 Extendet탭 설정창

ꜰ.ꜰ.3) Trigger 탭

1 오브젝트를 표시하는 조건을 설정한다.

2 Trigger Type : 오브젝트를 어느 동작 조건으로 동작시킬 것인지를 선택한다.(· Ordinary · Range · ON · OFF · Bit Trigger)

3 Repeat the operation while the switch is pressed : 터치스위치를 터치하고 있는 동안 동작을 반복하는 경우에 설정한다.

1) Start Delay : 터치 스위치를 터치한 후 동작의 반복이 시작될 때까지의 시간을 설정한다. 0.1 ~ 2초(0.1초 단위)까지 설정할 수 있다.(디폴트:0.3)

2) Cycle Period : 동작을 반복하는 주기를 설정한다. 0.1 ~ 1초(0.1초 단위)까지 설정할 수 있다.(디폴트:0.2)

|그림 4-93| 스위치 Trigger탭 설정창

4.4.7 비트 스위치 설정

1 [Object] → [Switch] → [Bit Switch]를 선택한다.

2 비트스위치를 배치하고자 하는 위치에서 클릭하고 적당한 크기로 조정하면, 비트 스위치의 배치가 완료된다.

3 배치한 스위치를 더블클릭하면 설정 대화상자가 나타난다.

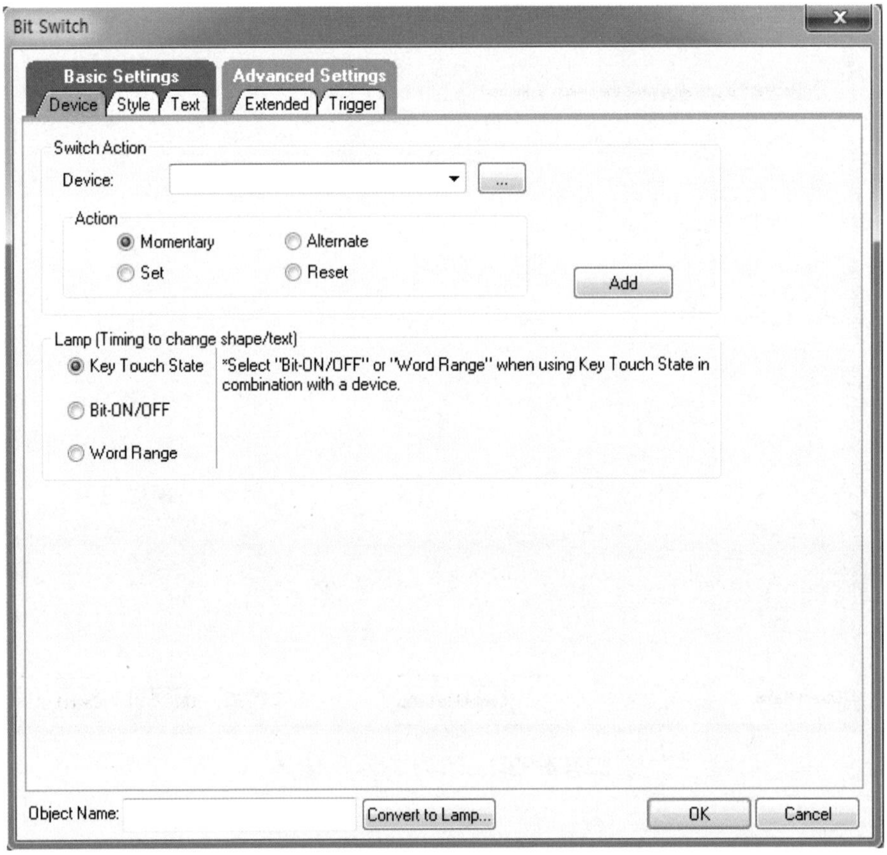

|그림 4-94| 비트 스위치 Device 탭 설정창

ㄴ Device 탭

1) Switch Action

- **Action** : 터치하였을 때 쓰기 위치의 비트 디바이스에 대해서 어느 기능을 실행할 것인지를 선택한다.
- **[Add]** : 동작을 추가하는 경우에 클릭한다.

2) Lamp : 터치스위치의 이미지(ON 도형, OFF 도형)의 변경 방법을 선택한다.

- **Key** : 터치스위치를 터치하고 있을 때 ON 도형을 표시한다. 터치스위치를 터치하고 있지 않을 때는 OFF 도형을 표시한다.
- **Bit** : [Device]에서 설정한 비트 디바이스가 ON되어 있을 때 OFF 도형에서 ON 도형으로 전환된다. 선택 후 디바이스를 설정하면, 비트 스위치의 비트 디바이스가 [Lamp]의 비트 디바이스에 반영된다.
- **Word** : [Device]에서 지정한 워드디바이스가 [ON Range]에서 지정한 범위 내일 때 OFF 도형에서 ON 도형으로 전환된다.
  · Device : 워드 디바이스를 설정한다.
  · 데이터 형식
  · 지정범위 : 지정된 워드디바이스 설정 후 [Range] 버튼을 클릭하여 ON/OFF 도형으로 전환되는 범위를 설정한다.

3) Object Name : 설정되어 있는 오브젝트의 명칭을 사용 용도에 맞는 명칭으로 변경할 수 있다. 변경된 오브젝트 명칭은 GT Designer3(데이터일람, 속성 시트 등)에서 표시된다. 오브젝트 명칭의 항목은 [Device] 탭 이외에도 표시된다. 전각/반각에 관계없이 30문자까지 입력할 수 있다.

5 예제 4-12

1) [그림 4-95]와 같이 화면을 구성하여 각각의 스위치에 대한 특성을 이해한다.

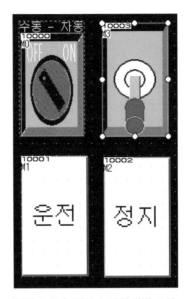

|그림 4-95| 예제 4-12의 화면 구성

2) M0, M1, M2, M3은 PLC CPU의 디바이스 메모리이다.

3) M0 스위치 작성

- [Object] → [Switch] → [Bit Switch] 메뉴를 클릭한다.
- [그림 4-96]과 같이 화면상에 배치할 위치에서 클릭하고, 적당한 크기로 조정한다.

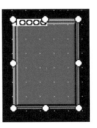

|그림 4-96| 예제 4-12 M0 비트스위치 초기화면

- 비트스위치를 더블 클릭하면 [그림 4-97]과 같이 [Device]탭 설정창이 나타난다.

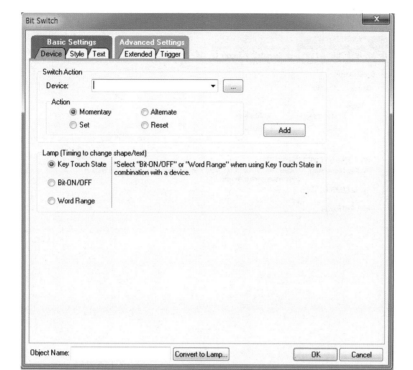

|그림 4-97| 예제 4-12 M0 비트스위치 Device 탭 설정창

– [그림 4-98]과 같이 [Switch Action] 및 [Lamp]을 설정한다.

· [Switch Action]의 [Device] 설정칸에 M0을 입력한다.

· [Switch Action]의 [Action]에서 [Alternate]를 선택하여 터치할 때마다 ON↔OFF 반복동작을 하도록 한다.

|그림 4-98| 예제 4-12 M0 비트스위치 Device 탭 설정

– [그림 4-99]와 같이 [Style]탭을 클릭한다.

· [Shape]에서 Shape을 클릭하여 [그림 4-100]과 같이 [5 Selector]의 2 Selector_2를 선택하면 [그림 4-101]과 같이 Shape이 선택된다.

· [Key Touch OFF] 상태의 [Shape Attribute]를 [그림 4-102]와 같이 설정한다.

· [Key Touch ON] 상태의 [Shape Attribute]를 [그림 4-103]과 같이 설정한다.

– [그림 4-104]와 같이 [Text]탭을 클릭한다.

· [그림 4-105]와 같이 [Font], [Text Size], [Text Color], [Display Position], [Text]를 설정한다.

· [OFF = ON]을 체크하고 [Key Touch ON]을 클릭하여, [그림 4-106]과 같이 OFF시의 문자와 ON시의 문자를 같이 설정되었는지 확인한다.

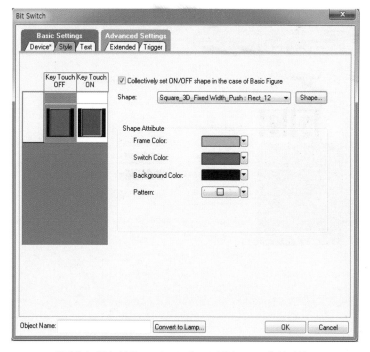

|그림 4-99| 예제 4-12 M0 비트스위치 Style 탭 설정창

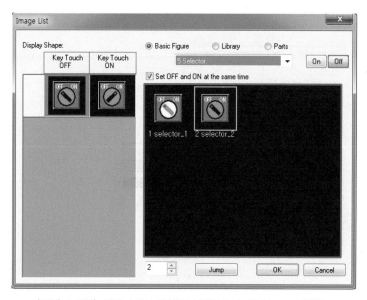

|그림 4-100| 예제 4-12 M0 비트스위치 Style 탭 Shape 선택창

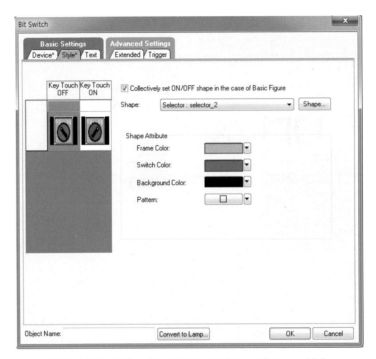

|그림 4-101| 예제 4-12 M0 비트스위치 Style 탭 Shape 선택

|그림 4-102| 예제 4-12 M0 비트스위치 OFF 상태의 Shape 형태

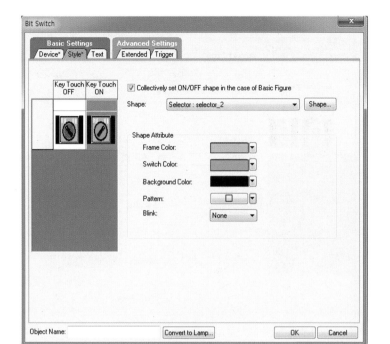

|그림 4-103| 예제 4-12 M0 비트스위치 ON 상태의 Shape 형태

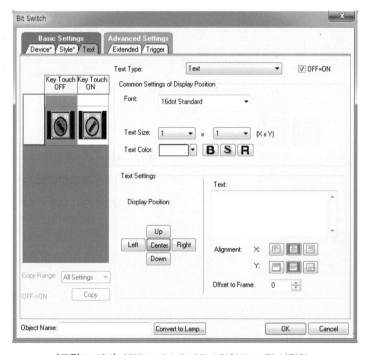

|그림 4-104| 예제 4-12 M0 비트스위치 Text 탭 설정창

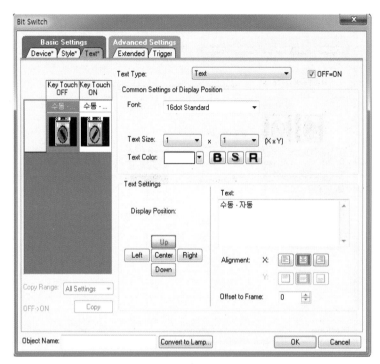

|그림 4-105| 예제 4-12 M0 비트스위치 OFF시의 Text 설정

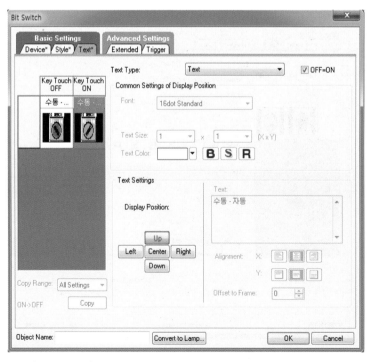

|그림 4-106| 예제 4-12 M0 비트스위치 ON시의 Text 설정 확인창

- [Device]탭을 다시 클릭하고 [Lamp] 기능을 설정한다.
  · [그림 4-107]과 같이 [Bit- ON/OFF]를 선택하여 비트 디바이스(M0)가 ON 할 때, ON시의 표시 형식 및 문자가 표시되도록 설정한다.

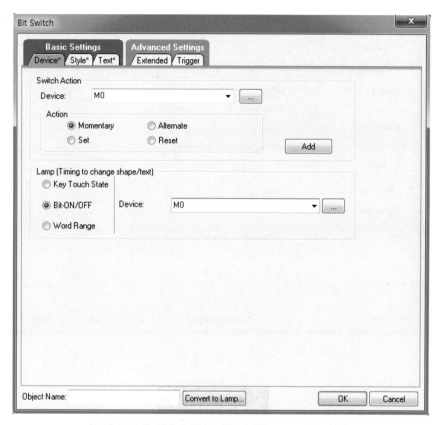

|그림 4-107| 예제 4-12 M0 비트스위치 Lamp 기능 설정

- [Extended]탭을 클릭하고 [Delay] 기능을 설정한다.
  · [그림 4-108]과 같이 [Delay] – [ON]을 선택하고, 시간을 1초로 설정한다.
- [OK] 버튼을 클릭하여 비트스위치의 설정을 완료하면 [그림 4-109]와 같은 M0 Selector 스위치 설정이 완료된다.

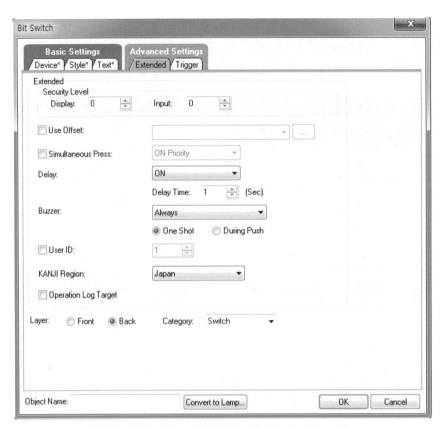

|그림 4-108| 예제 4-12 M0 비트스위치 Delay 기능 설정

|그림 4-109| 예제 4-12 M0 비트스위치(Selector 스위치)

4) M1 스위치 작성

    – [Object] → [Switch] → [Bit Switch] 메뉴를 클릭한다.

    – 화면상에 배치할 위치에서 클릭하고, 적당한 크기로 조정한다.

    – 비트스위치를 더블 클릭하고, Style 탭을 선택한다.

    – Style 탭에서 Shape을 클릭하고, [그림 4-110]과 같이 [131 Square_3D-Fixed Width_Push] → [3 Rect_3]을 선택한다.

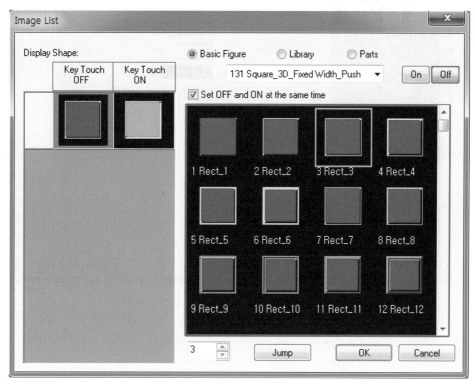

|그림 4-110| 예제 4-12 M1 비트스위치 Shape 선택창

    – [Key Touch OFF/ON]시 표시형식은 [그림 4-111]과 [그림 4-112]와 같이 설정한다.

    – [Text]는 [그림 4-113]과 같이 설정한다.

    – [Device]는 [그림 4-114]와 같이 [Momentary]를 선택하여 터치 상태일 때만 ON 동작을 하게 한다. [Bit-ON/OFF]를 선택하고 [Device]에 Y30을 입력하여, 비트 디바이스 Y30의 ON/OFF 상태를 스위치 표시형식으로 나타나도록 한다.

    – [OK]버튼을 클릭하여 비트 스위치 M1의 설정을 완료하면 [그림 4-115]와 같은 Momentary 스위치가 나타난다.

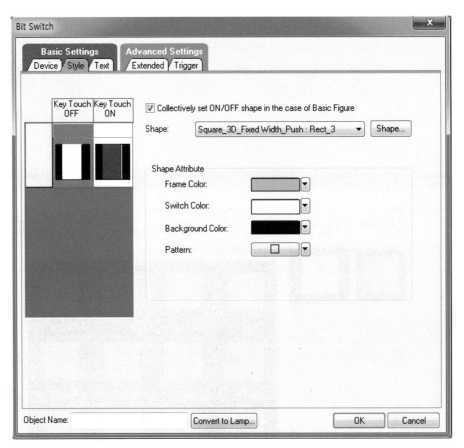

|그림 4-111| 예제 4-12 M1 비트스위치 OFF시 표시형식

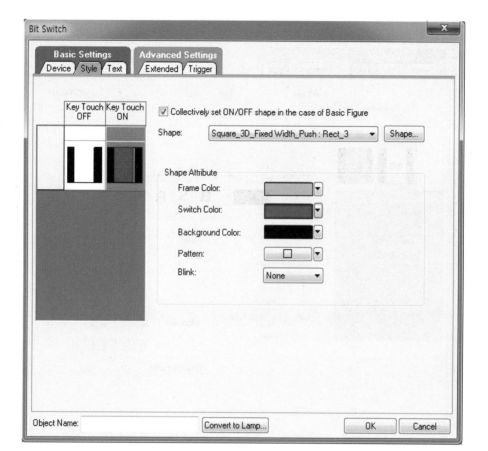

|그림 4-112| 예제 4-12 M1 비트스위치 ON시 표시형식

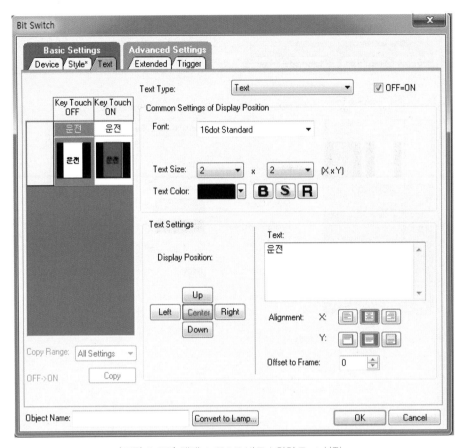

|그림 4-113| 예제 4-12 M1 비트스위치 Text 설정

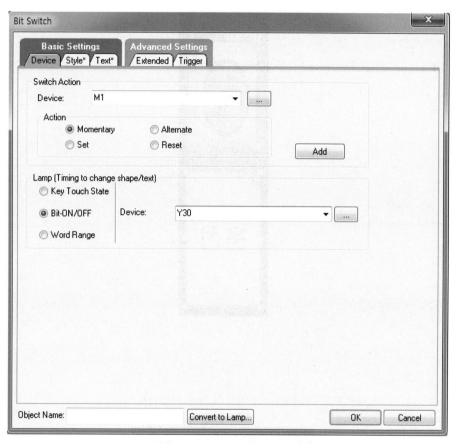

|그림 4-114| 예제 4-12 M1 비트스위치 Device 설정

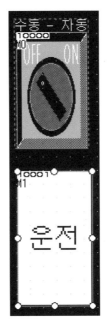

|그림 4-115| 예제 4-12 M1 비트스위치 설정 완료

5) M2 스위치 작성

　-[그림 4-116]과 같이 M1 스위치를 복사/붙여넣기를 한다.

|그림 4-116| 예제 4-12 M1 비트스위치 복사

- [Device]를 [그림 4-117]과 같이 변경한다.
- [Key Touch ON] 표시형식을 [그림 4-118]과 같이 변경한다.
- [Text]는 [그림 4-119]와 같이 변경하고, [OK]버튼을 클릭하면, [그림 4-120]과
  같이 M2 스위치의 설정이 종료된다.

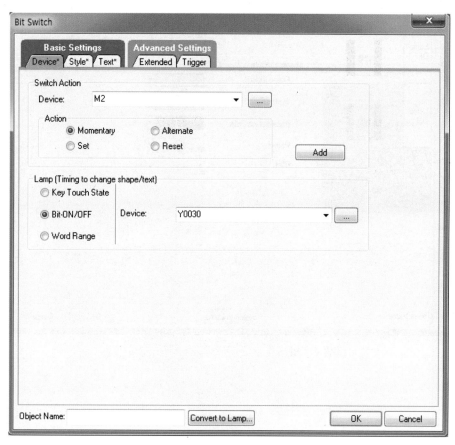

|그림 4-117| 예제 4-1 M2 스위치 Device 변경

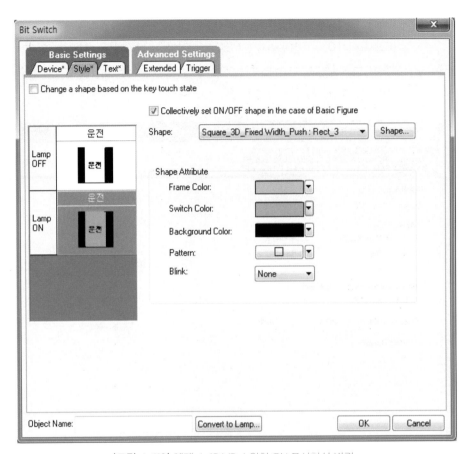

|그림 4-118| 예제 4-12 M2 스위치 ON 표시형식 변경

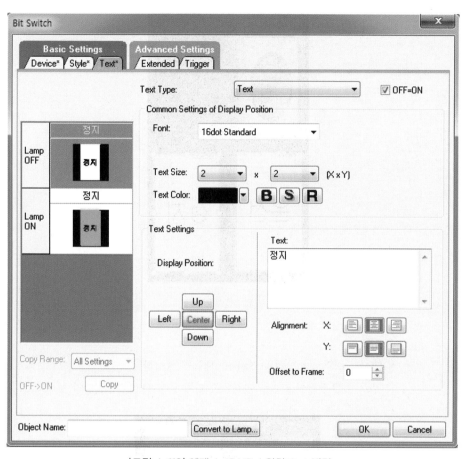

|그림 4-119| 예제 4-12 M2 스위치 Text 변경

|그림 4-120| 예제 4-12 M2 스위치 설정 완료

6) M3 스위치 작성

 - [Object] → [Switch] → [Bit Switch] 메뉴를 클릭한다.
 - [그림 4-121]과 같이 화면상에 배치할 위치에서 클릭하고, 적당한 크기로 조정한다.

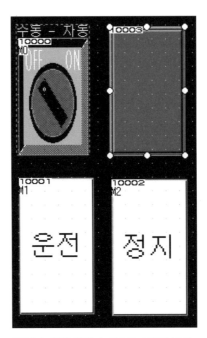

|그림 4-121| 예제 4-12 M3 스위치 배치

– 비트스위치를 더블 클릭하고, [Style] 탭을 선택한다.

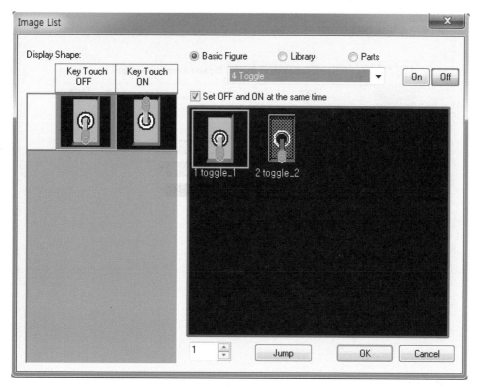

|그림 4-122| 예제 4-12 M3 스위치 Shape 설정

– [Style] 탭에서 [Shape]을 클릭하고, [그림 4-122]와 같이 [4 Toggle] → [1 Toggle_1]을 선택한다.

– [Key Touch OFF/ON]시 표시형식은 [그림 4-123]과 [그림 4-124]와 같이 설정한다.

– [Device]는 [그림 4-125]와 같이 설정하고 [OK] 버튼을 클릭하면 [그림 4-95]와 같은 스위치 설정이 완료된다.

– 스위치의 동작과 관련된 PLC 프로그램은 [그림 4-126]과 같다. M0 스위치를 ON/OFF 할 때마다 Y20과 Y21의 출력이 교대로 ON/OFF하고, M3의 스위치를 ON상태로 하였을 때, M1과 M2의 스위치가 동작한다.

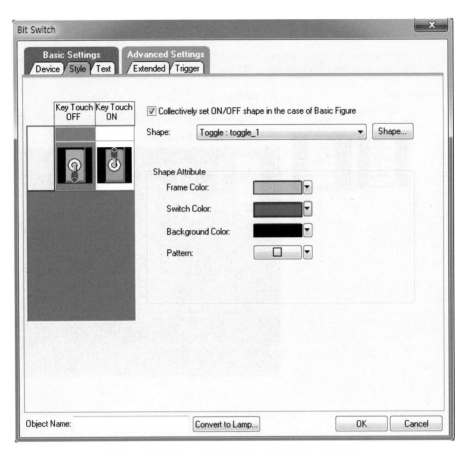

|그림 4-123| 예제 4-12 M3 비트스위치 OFF시 표시형식

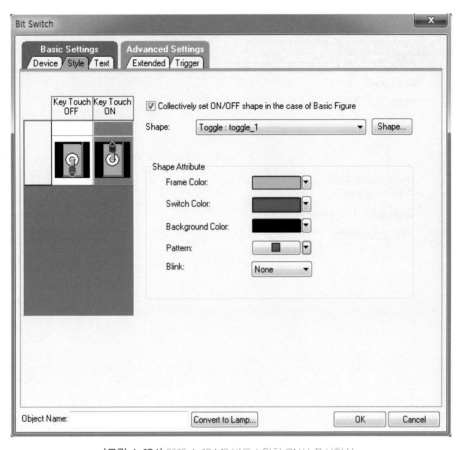

|그림 4-124| 예제 4-12 M3 비트스위치 ON시 표시형식

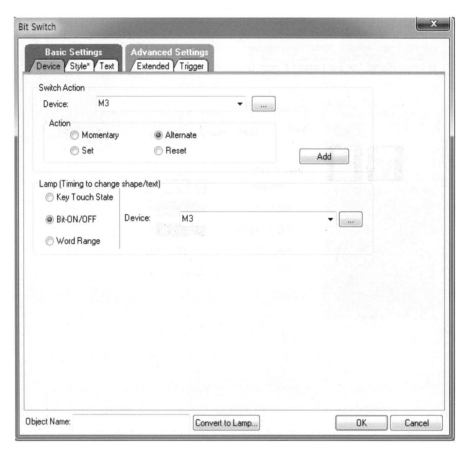

|그림 4-125| 예제 4-12 M3 비트스위치 Device 설정

|그림 4-126| 예제 4-12 스위치 동작 확인 프로그램

4.4.8 워드 스위치 설정

1 [Object] → [Switch] → [Word Switch]를 선택한다.

2 워드스위치를 배치하고자 하는 위치에서 클릭하면, 워드 스위치의 배치가 완료된다.

3 배치한 워드 스위치를 더블 클릭하면, 설정 대화상자가 표시된다.

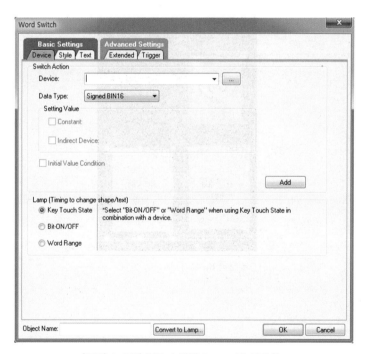

|그림 4-127| 워드 스위치 Device 탭 설정창

271

4 Device 탭

1) Switch Action

> – **Data Type** : [Setting Value]에서 설정하는 값의 데이터 형식을 선택한다.
> – **Setting Value** : 설정된 디바이스에 쓸 값을 선택한다.
> – **[Add]** : 동작을 추가하는 경우에 클릭한다.

5 예제 4-13

1) [그림 4-128]과 같이 화면을 구성하여 각각의 스위치에 대한 특성을 이해한다.

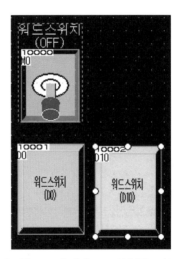

|그림 4-128| 예제 4-13의 화면 구성

2) M0 스위치 작성

> – [Object] → [Switch] → [Bit Switch] 메뉴를 클릭한다.
> – 화면상에 배치할 위치에서 클릭하고, 적당한 크기로 조정한다.
> – 비트스위치를 더블 클릭하고, [Style] 탭을 선택한다.
> – [Style] 탭에서 [Shape]을 클릭하고, [그림 4-129]와 같이 [4 Toggle] → [1 Toggle_1]을 선택한다.

– [Key Touch OFF/ON]시 표시형식은 [그림 4-130]과 [그림 4-131]과 같이 설정한다.

– [Text]탭을 클릭하고, [그림 4-132]와 같이 [Font], [Text Size], [Text Color], [Display Position], [Text]를 설정하여 OFF시의 문자를 설정한다.

– [Key Touch ON]을 클릭하고, [그림 4-133]과 같이 [Font], [Text Size], [Text Color], [Display Position], [Text]를 설정하여 ON시의 문자를 설정한다.

– [Device]탭을 클릭하여 [그림 4-134]와 같이 설정하고 [OK] 버튼을 클릭하면 [그림 4-135]와 같은 스위치 설정이 완료된다.

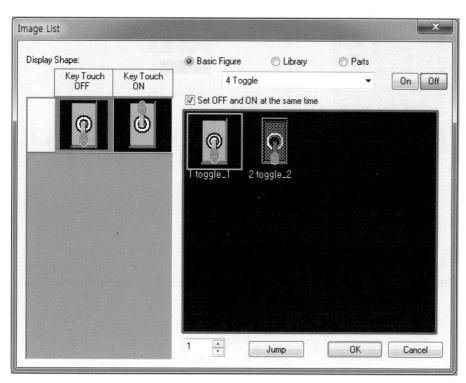

|그림 4-129| 예제 4-13 M0 비트스위치 Style 탭 설정

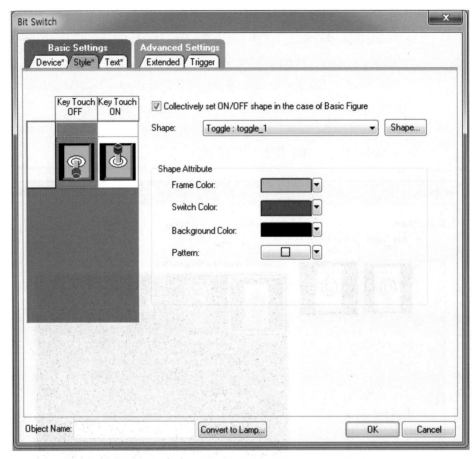

|그림 4-130| 예제 4-13 M0 비트스위치 OFF시 표시형식

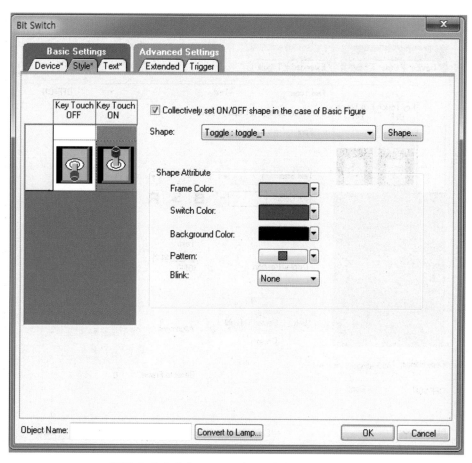

|그림 4-131| 예제 4-13 M0 비트스위치 ON시 표시형식

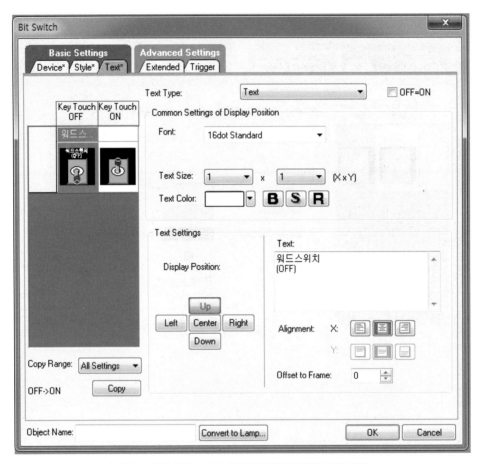

|그림 4-132| 예제 4-13 M0 비트스위치 OFF시 문자 설정

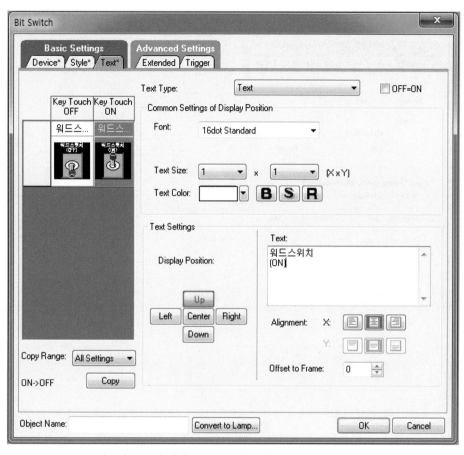

|그림 4-133| 예제 4-13 M0 비트스위치 ON시 문자 설정

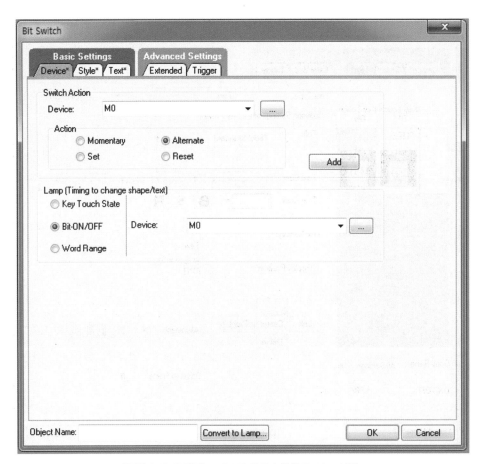

|그림 4-134| 예제 4-13 M0 비트스위치 Device 설정

|그림 4-135| 예제 4-13 M0 비트스위치 설정 완료

3) D0 스위치 작성

- [Object] → [Switch] → [Word Switch] 메뉴를 클릭한다.
- [그림 4-136]과 같이 화면상에 배치할 위치에서 클릭하고, 적당한 크기로 조정한다.

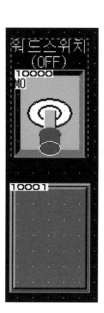

|그림 4-136| 예제 4-13 D0 워드스위치 배치

- 워드스위치를 더블 클릭하면 [Device]탭이 나타난다.
- [Device]탭의 Device, Data Type, Setting Value 값을 [그림 4-137]과 같이 설정한다.

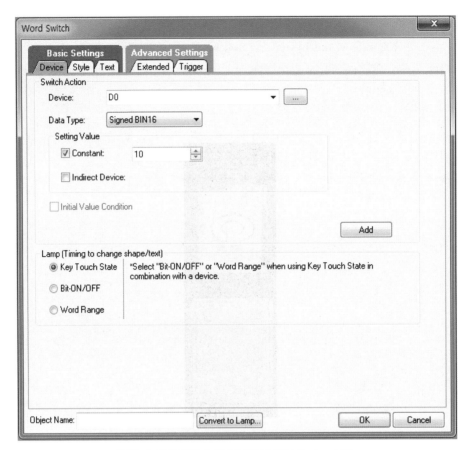

|그림 4-137| 예제 4-13 D0 워드스위치 Device 설정

- [Style] 탭을 클릭하고 [Shape…] 버튼을 클릭한다.
- [그림 4-138]과 같이 [16 Square] → [10 Square_1] 버튼을 선택한다.
- [그림 4-139]와 같이 [Key Touch OFF] 상태의 [Frame Color], [Switch Color], [Background Color], [Pattern]을 설정한다.
- [그림 4-140]과 같이 [Key Touch ON] 상태의 [Frame Color], [Switch Color], [Background Color], [Pattern]을 설정한다.
- [Text]탭을 클릭하고, [그림 4-141]과 같이 [Font], [Text Size], [Text Color], [Display Position], [Text] 및 OFF=ON을 체크하여 ON과 OFF시의 문자를 같이 설정한다.
- [Extended]탭을 클릭하고, [그림 4-142]와 같이 [Delay Time]을 설정한다.
- [Trigger]탭을 클릭하고, [그림 4-143]과 같이 [Trigger Device]를 설정하여 내부 릴레이 디바이스 M0이 ON되었을 때 워드스위치가 동작되도록 하고 [OK]버튼을 클릭하면 [그림 4-144]와 같이 D0 워드스위치의 설정이 종료된다.

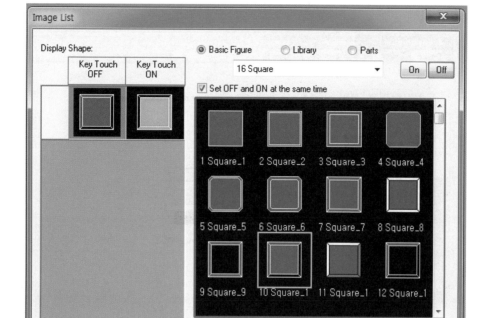

|그림 4-138| 예제 4-13 D0 워드스위치의 Shape 설정

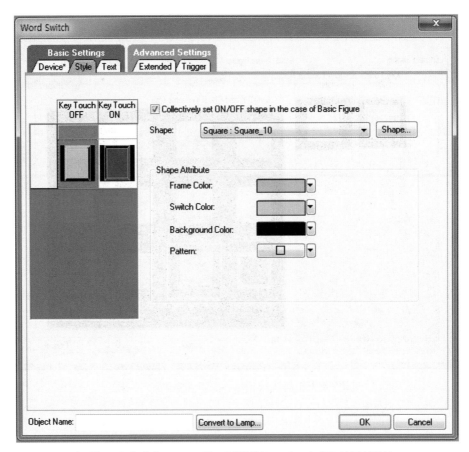

|그림 4-139| 예제 4-13 D0 워드스위치의 Key Touch OFF시 표시형식

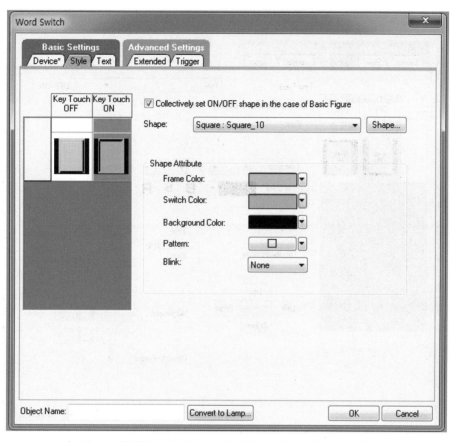

|그림 4-140| 예제 4-13 D0 워드스위치의 Key Touch ON시 표시형식

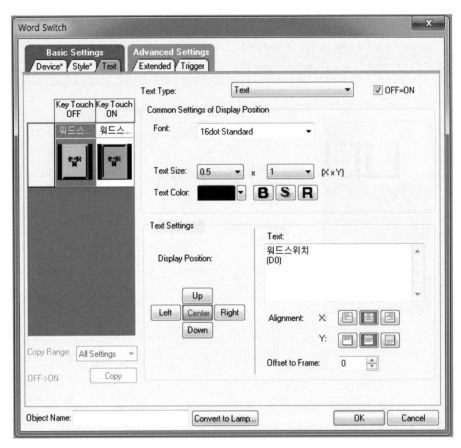

|그림 4-141| 예제 4-13 D0 워드스위치의 문자 표시형식

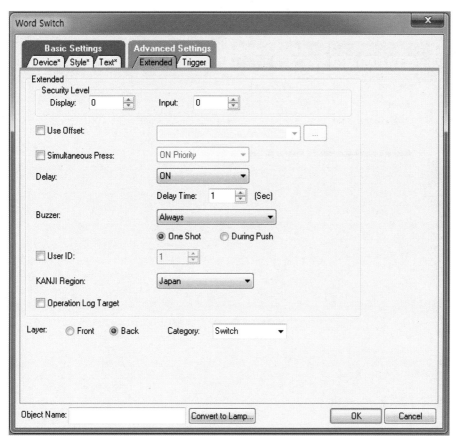

|그림 4-142| 예제 4-13 D0 워드스위치의 Delay Time 설정

|그림 4-143| 예제 4-13 D0 워드스위치의 Trigger 설정

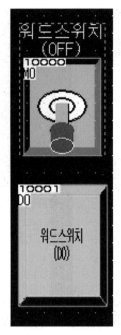

|그림 4-144| 예제 4-13 D0 워드스위치 설정 종료

4) D10 스위치 작성

    - D0 워드스위치를 복사하여 [그림 4-145]와 같이 배치하고 클릭한다.

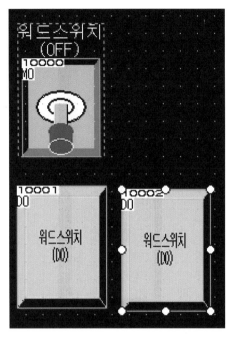

|그림 4-145| 예제 4-13 D10 워드스위치 배치

- 워드스위치를 더블 클릭하면 [Device]탭이 나타난다.
- [그림 4-146]과 같이 Device, Data Type, Setting Value 값을 설정한다.

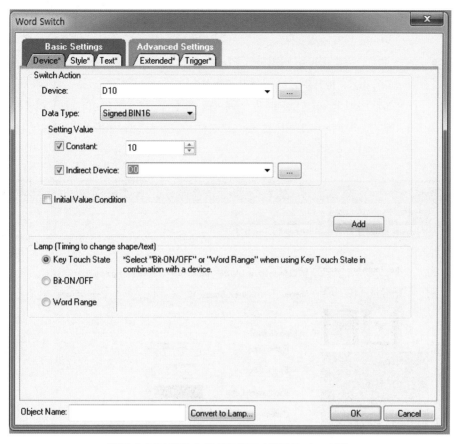

|그림 4-146| 예제 4-13 D10 워드스위치 Device 설정

- [Style] 탭을 클릭하고, [그림 4-147]과 같이 [Key Touch OFF] 상태의 [Frame Color], [Switch Color], [Background Color], [Pattern]을 설정한다.

- [Key Touch ON]을 클릭하고 [그림 4-148]과 같이 [Key Touch ON] 상태의 [Frame Color], [Switch Color], [Background Color], [Pattern]을 설정한다.

- [Text]탭을 클릭하고, [그림 4-149]와 같이 [Font], [Text Size], [Text Color], [Display Position], [Text] 및 OFF=ON을 체크하여 ON과 OFF시의 문자를 같이 설정하고 [OK] 버튼을 클릭하면 D10의 워드스위치의 설정이 종료된다.

5) 스위치의 동작과 관련하여 [그림 4-150]과 같이 PLC 프로그램을 작성한다.

- M0 스위치를 ON하고 워드스위치 D0을 터치하면 PLC 메모리 디바이스 D0에 10진수 10이 저장된다.
- 워드스위치 D10을 터치하면 PLC 메모리 디바이스 D10에 PLC 메모리 디바이스 D0의 값과 10진수 10이 더해진 값이 저장된다.
- M0 스위치를 OFF하면 PLC 메모리 디바이스 D0과 D10의 값이 리셋되어지고, 워드스위치 D0과 D10를 터치하여도 PLC 메모리 디바이스 D0과 D10에 값이 저장되지 않는다.

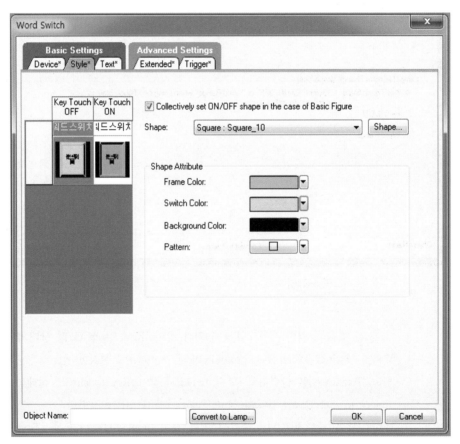

|그림 4-147| 예제 4-13 D10 워드스위치 Key Touch OFF시 표시형식

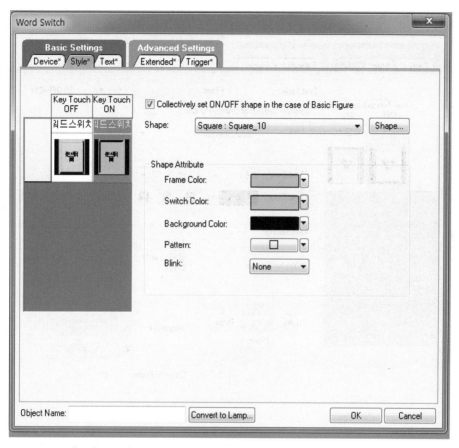

|그림 4-148| 예제 4-13 D10 워드스위치 Key Touch ON시 표시형식

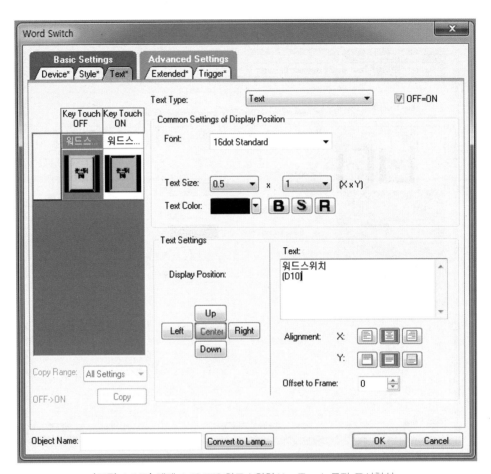

|그림 4-149| 예제 4-13 D10 워드스위치 Key Touch 문자 표시형식

|그림 4-150| 예제 4-13 PLC 프로그램

화면 전환 스위치 설정

1 [Object] → [Switch] → [Go To Screen Switch]를 선택한다.

2 화면 전환 스위치를 배치하고자 하는 위치에서 클릭하면, 화면 전환 스위치의 배치가 완료된다.

3 배치한 화면 전환 스위치를 더블클릭하면, 설정 대화상자가 표시된다.

4 Next Screen 탭

1) Screen Type : 전환하는 화면의 종류를 선택한다.

2) Next Screen : 화면 전환 시의 동작을 선택한다.

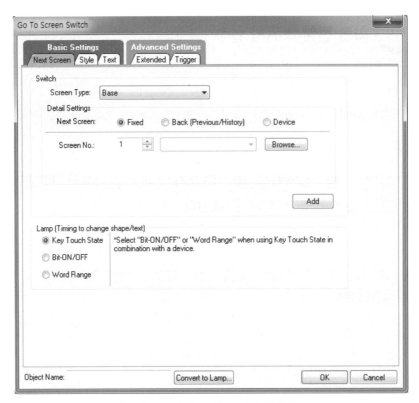

|그림 4-151| 화면 전환 스위치 설정창

5 예제 4-14

1) [그림 4-152]와 같이 메인 화면을 구성하여 화면 전환 스위치에 대한 특성을 이해한다.

|그림 4-152| 예제 4-14의 메인화면 구성

2) 자기유지회로 스위치 작성

    – 메뉴에서 [Object] → [Switch] → [Go To Screen Switch]를 클릭한다.

    –[그림 4-153]과 같이 마우스로 적당한 위치에서 클릭하고, 크기를 조정한다.

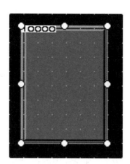

|그림 4-153| 예제 4-14의 자기유지회로 스위치 시작

– 스위치를 더블 클릭하여 [Next Screen]탭을 [그림 4-154]와 같이 설정한다.

– [Style]탭은 설정 변경없이 [그림 4-155]와 같이 그대로 사용한다.

– [Text]탭은 [그림 4-156]과 같이 설정하고, [OK] 버튼을 클릭하면 자기유지회로
스위치의 설정이 완료된다.

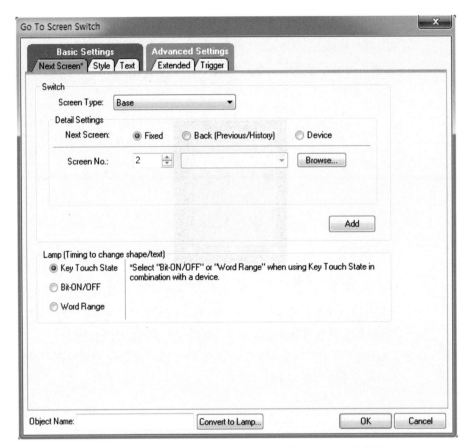

|그림 4-154| 예제 4-14의 자기유지회로 스위치 [Next Screen]탭 설정

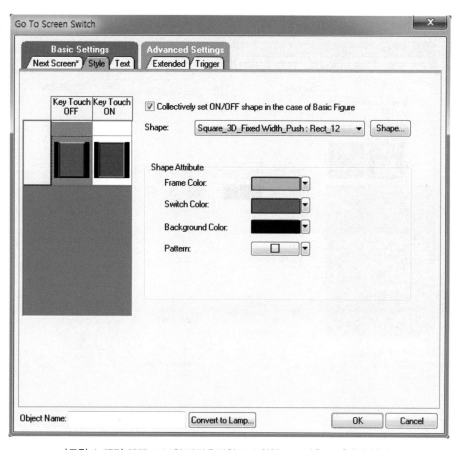

|그림 4-155| 예제 4-14의 자기유지회로 스위치 OFF시 [Style]탭의 설정

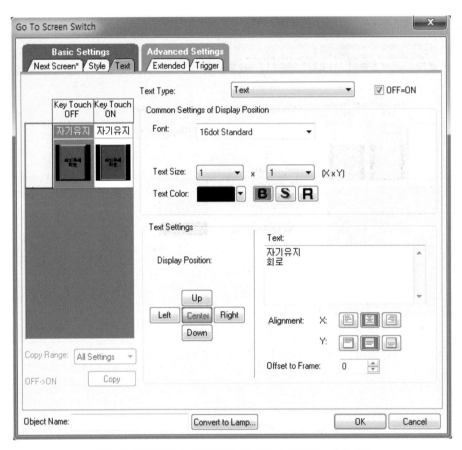

|그림 4-156| 예제 4-14의 자기유지회로 스위치 [Text]탭 설정

3) 인터록회로 스위치 작성

　　- 자기유지회로 스위치를 복사하여 [그림 4-157]과 같이 자기유지회로 스위치 옆에
　　붙여넣기를 한다.

|그림 4-157| 예제 4-14의 인터록회로 스위치 시작

복사한 스위치를 더블 클릭하고, [Next Screen]탭을 [그림 4-158]과 같이 설정한다.

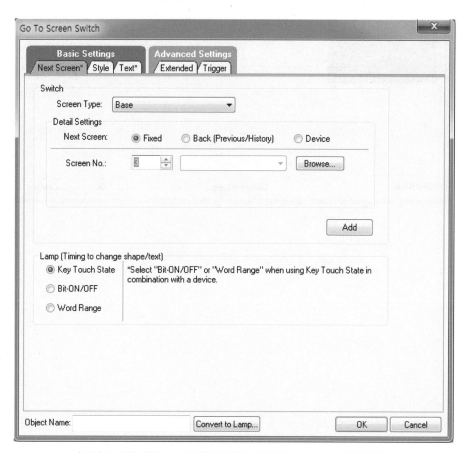

|그림 4-158| 예제 4-14의 인터록회로 스위치 [Next Screen]탭 설정

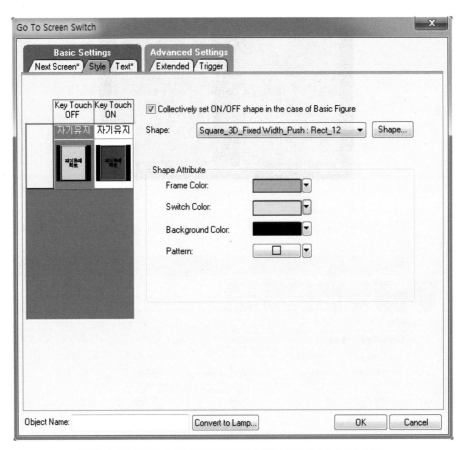

|그림 4-159| 예제 4-14의 인터록회로 스위치 OFF시 [Style]탭 설정

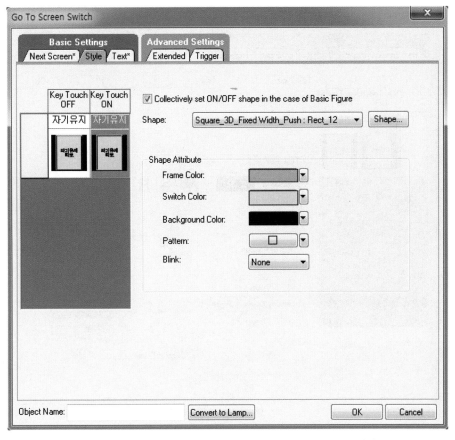

|그림 4-160| 예제 4-14의 인터록회로 스위치 ON시 [Style]탭 설정

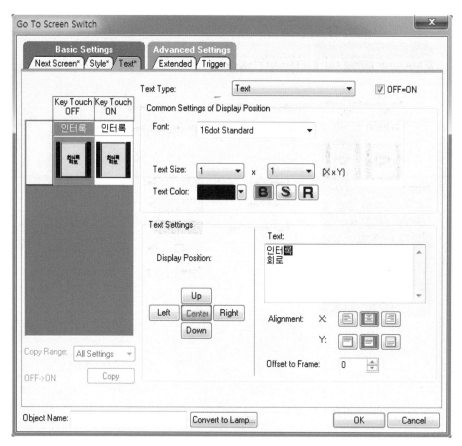

|그림 4-161| 예제 4-14의 인터록회로 스위치 [Text]탭 설정

- [Style]탭의 ON/OFF시 [Shape Attribute]를 [그림 4-159]와 [그림 4-160]과 같이 설정한다.
- [Text]탭을 클릭하고 [그림 4-161]과 같이 설정하고, [OK]버튼을 클릭하면 인터록회로 스위치의 설정이 완료된다.

4) 신입우선회로 스위치 작성
- 인터록회로 스위치를 복사하여 [그림 4-162]와 같이 인터록회로 스위치 옆에 붙여넣기를 한다.

|그림 4-162| 예제 4-14의 신입우선회로 스위치 시작

- 복사한 스위치를 더블 클릭하고, [Next Screen]탭을 [그림 4-163]과 같이 설정한다.
- [Style]탭의 ON/OFF시 [Shape Attribute]를 [그림 4-164]와 [그림 4-165]와 같이 설정한다.
- [Text]탭을 [그림 4-167]과 같이 설정하면, [그림 4-152]와 같은 메인화면 구성이 완료된다.

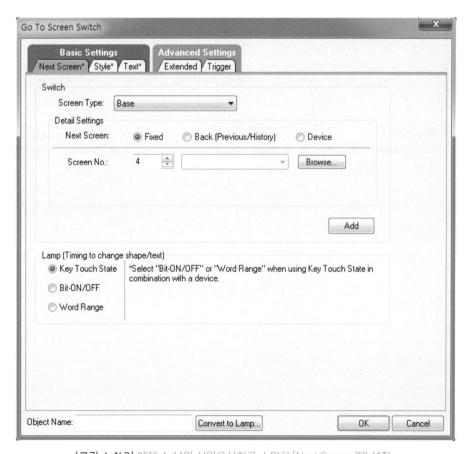

|그림 4-163| 예제 4-14의 신입우선회로 스위치 [Next Screen]탭 설정

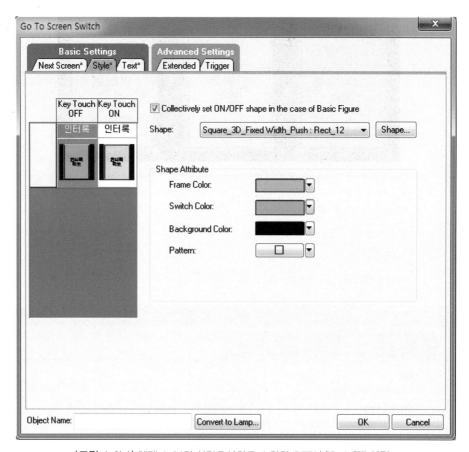

|그림 4-164| 예제 4-14의 신입우선회로 스위치 OFF시 [Style]탭 설정

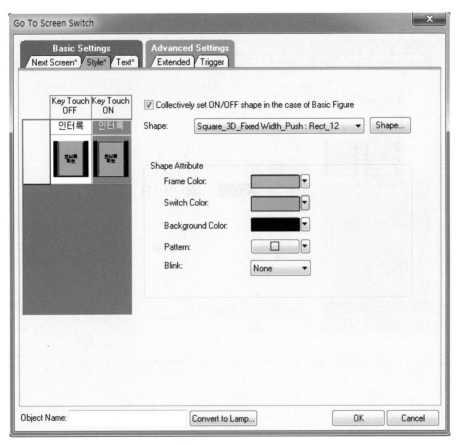

|그림 4-165| 예제 4-14의 신입우선회로 스위치 ON시 [Style]탭 설정

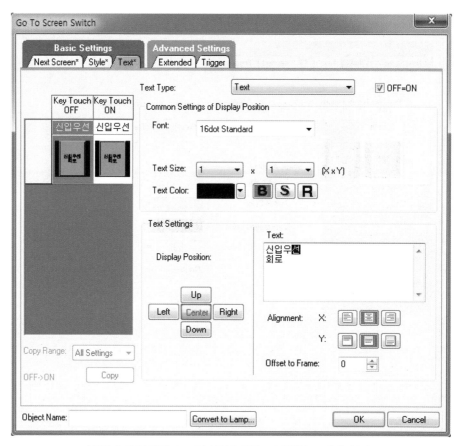

|그림 4-166| 예제 4-14의 신입우선회로 스위치 [Text]탭 설정

5) 새로운 베이스 화면 추가

- [그림 4-167]과 같이 메뉴에서 [Screen] → [New] → [Base Screen]을 클릭하면, [그림 4-168]과 같은 [Screen Property] 설정화면이 나타난다.

|그림 4-167| 예제 4-14의 베이스화면 추가 선택

- [그림 4-168]에서 설정변경 없이 [OK] 버튼을 클릭하면, [그림 4-169]와 같이 베이스화면 2번이 생성되어 있는 것을 확인할 수 있다.
- 메인 화면(베이스화면 1번)을 복사하여 베이스화면 2번으로 붙여넣기를 한다.
- 베이스화면 2번의 자기유지회로 스위치의 설정을 변경한다.
- 자기유지회로 스위치를 더블 클릭하고 [Next Screen]탭을 [그림 4-170]과 같이 설정한다.
- [Style]탭의 ON/OFF시 [Shape Attribute]를 [그림 4-171]과 [그림 4-172]와 같이 설정한다.
- [Text]탭을 [그림 4-173]과 같이 설정하면, [그림 4-174]와 같은 변경된 베이스화면 2번이 나타난다.
- 변경된 베이스화면 2번에 [그림 4-175]와 같이 새로운 화면 변경 스위치를 추가한다.
- 스위치를 더블 클릭하고, [Next Screen]탭을 [그림 4-176]과 같이 설정한다. [Back(Previous/History)]로 설정하면 스위치를 클릭하면 이전의 화면으로 돌아가는 설정이 된다.

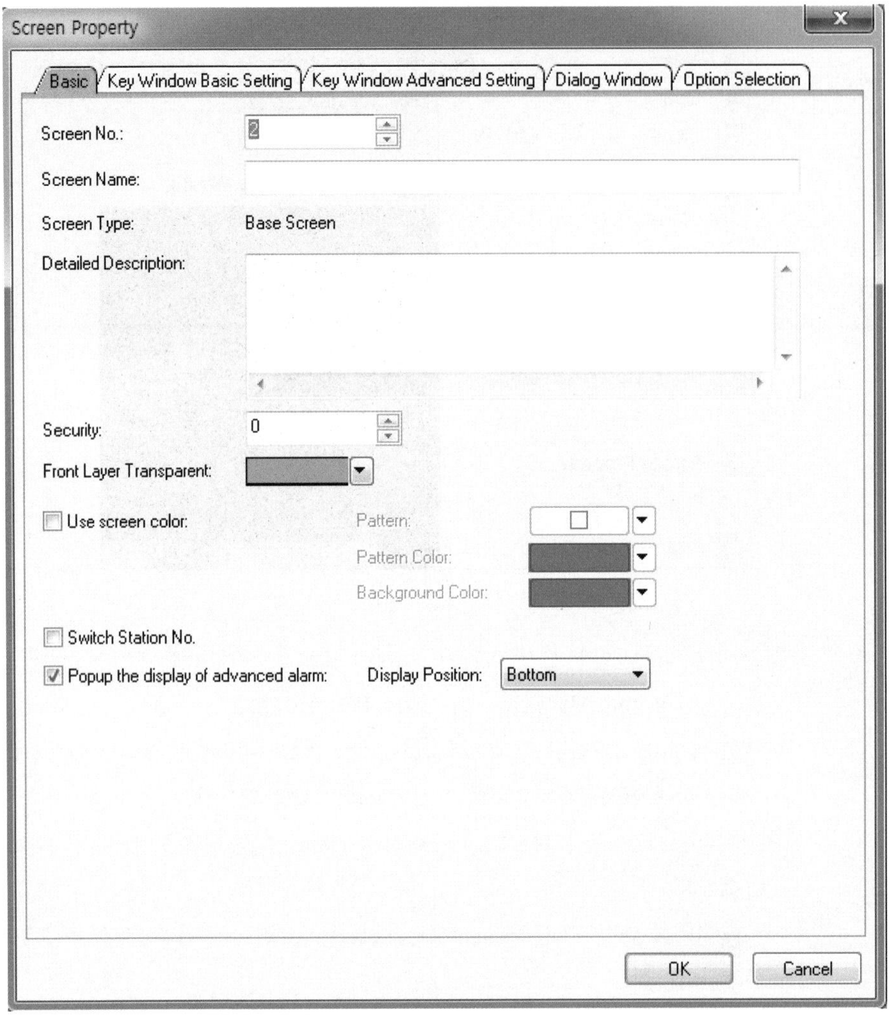

|그림 4-168| 예제 4-14의 베이스화면 추가 화면 설정

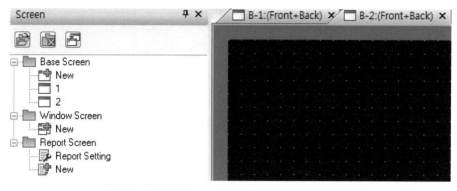

|그림 4-169| 예제 4-14의 베이스화면 추가 확인 화면

Go To Screen Switch

Basic Settings

Next Screen* / Style / Text*

Advanced Settings

Extended / Trigger

Switch

Screen Type: Base

Detail Settings

Next Screen: ● Fixed   ○ Back (Previous/History)   ○ Device

Screen No.: 1   Browse...

Add

Lamp (Timing to change shape/text)

● Key Touch State   *Select "Bit-ON/OFF" or "Word Range" when using Key Touch State in combination with a device.
○ Bit-ON/OFF
○ Word Range

Object Name: Convert to Lamp...   OK   Cancel

|그림 4-170| 예제 4-14의 베이스화면 2 자기유지스위치 [Next Screen] 설정변경

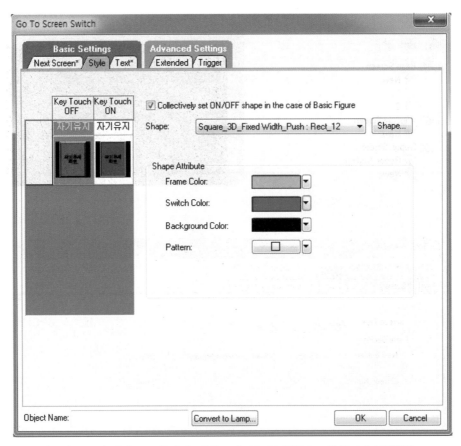

|그림 4-171| 예제 4-14의 베이스화면 2 자기유지스위치 OFF시 [Style] 설정변경

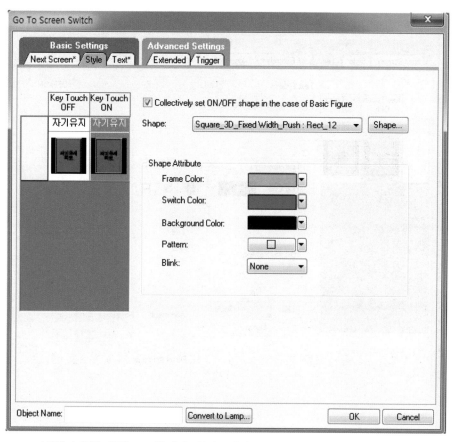

|그림 4-172| 예제 4-14의 베이스화면 2 자기유지스위치 ON시 [Style] 설정변경

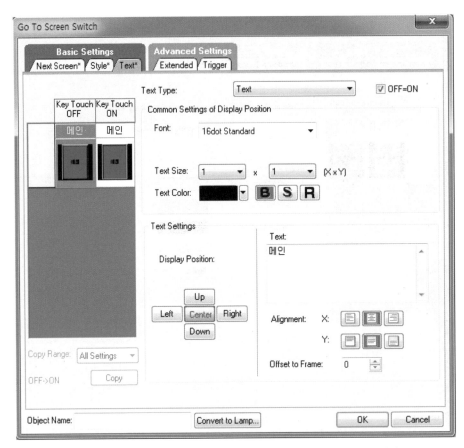

|그림 4-173| 예제 4-14의 베이스화면 2 자기유지스위치 [Text] 설정 변경

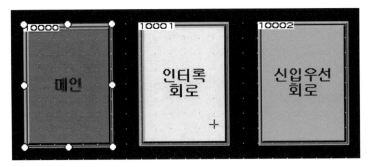

|그림 4-174| 예제 4-14의 베이스화면 2번 변경 화면

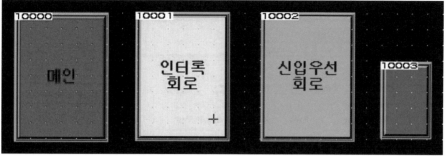

|그림 4-175| 예제 4-14의 베이스화면 2번 스위치 추가

– [Style]탭을 클릭하고 [Shape..] 버튼을 클릭한다.

– [그림 4-177]과 같이 [145 Symbol4] → [31 Symbol_]을 선택하고 [OK] 버튼을
클릭하면, [그림 4-178]과 같이 설정이 완료된다.

– [그림 4-179]와 같이 [Base Screen]에서 베이스화면 2번을 추가하는 방법과
동일하게 베이스화면 3번과 베이스 화면 4번을 추가한다.

– 베이스화면 2번을 복사하여 베이스화면 3번과 베이스화면 4번에 붙여넣기를 한다.

– 베이스화면 1번과 베이스화면 2번에서 스위치를 복사하여 베이스화면 3번과
베이스화면 4번에 붙여넣기를 하여 [그림 4-180]과 [그림 4-181]과 같이 완성한다.

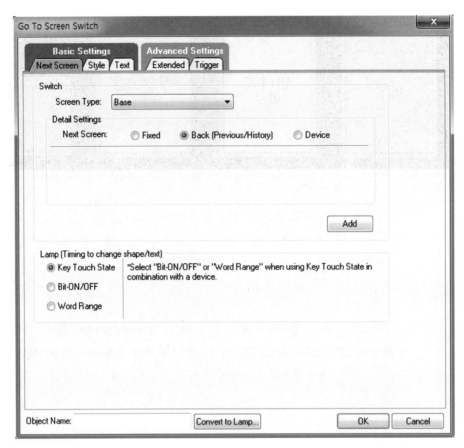

|그림 4-176| 예제 4-14의 베이스화면 2번 추가 스위치 [Next Screen] 설정

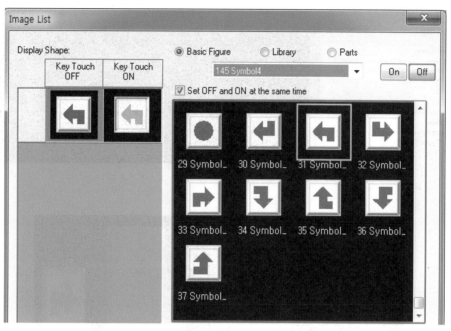

|그림 4-177| 예제 4-14의 베이스화면 2번 추가 스위치 Shape 설정

|그림 4-178| 예제 4-14의 베이스화면 2번 추가 스위치 설정 종료

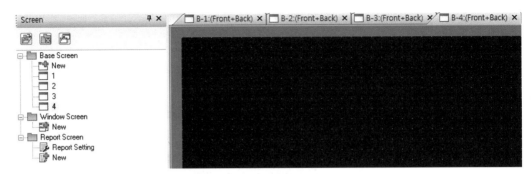

|그림 4-179| 예제 4-14의 베이스화면 3번 및 4번 추가

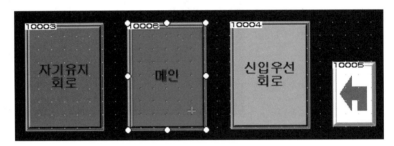

|그림 4-180| 예제 4-14의 베이스화면 3번 설정

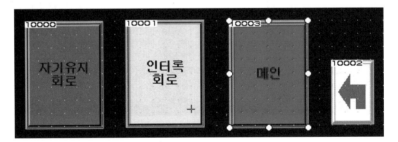

|그림 4-181| 예제 4-14의 베이스화면 4번 설정

4.5 램프

 비트 램프 설정

1 [Object] → [Lamp] → [Bit Lamp]를 선택한다.

2 비트 램프를 배치하고자 하는 위치에서 클릭하고 적당하게 크기를 저장하면 비트 램프의 배치가 완료된다.

3 배치한 비트 램프를 더블 클릭하면, 설정 대화상자가 표시된다.

ㄴ Device/Style 탭

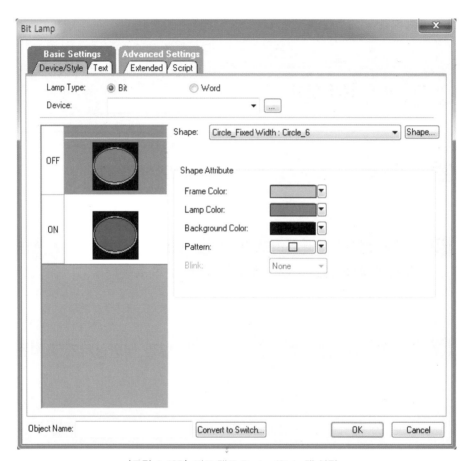

|그림 4-182| 비트 램프 Device/Style 탭 설정

1) 모니터 디바이스 ON시/OFF시의 램프 도형(모양, 색)을 설정한다.

2) Lamp Type : 램프의 종류를 선택한다.(비트/ 워드)

3) Device : 모니터 디바이스를 설정한다.

4) 미리 보기일람 : ON/OFF 마다 설정된 상태를 표시한다.

5) Shape : 램프 도형을 설정한다.

6) Use Image Transparent : 램프 도형으로 설정된 이미지 데이터의 투과색
설정을 유효하게 하고자 하는 경우에 체크 표시를 한다. 램프 도형에 부품이나
라이브러리의 도형을 설정한 경우에만 체크표시를 한다.

7) Shape Attribute : 라이브러리(즐겨찾기 이외)의 도형을 선택한 경우, 램프색을
변경하여 설정된 도형을 다른 색상의 도형으로 변경할 수 있다.

  – Background Color, Pattern : 램프 도형의 배경색과 패턴을 선택한다. 배경색 위에
  패턴 모양이 램프색으로 표시된다.
  – Blink : 램프의 블링크 방법을 선택한다.(None, Low, Medium, High)

5 Text 탭

1) 비트 램프에서는 명판 종류를 선택하여 직접 입력하는 문자 또는 코멘트 그룹
명판으로 설정된 코멘트를 명판으로 사용할 수 있다.

2) 직접명판(Text)[그림 4-183] : 표시되는 문자를 직접 입력하여 설정한다.

  – **OFF = ON** : ON과 OFF를 같은 설정으로 한다.
  – **Copy Range** : 복사 범위를 설정한다.
  · All Settings: 문자 설정을 모두 복사한다.
  · Text Only : 문자만을 복사한다.
  – **OFF → ON [Copy]/ON → OFF [Copy]** : 문자의 설정 내용을 복사한다.
  · OFF → ON [Copy]:[OFF]시 설정을 [ON]시에 복사한다.
  · ON → OFF [Copy]:[ON]시 설정을 [OFF]시에 복사한다.
  – **Common Settings of Display Position**
  · Font : 표시되는 문자의 글꼴을 선택한다.
  · Text Size : 표시되는 문자의 크기를 선택한다.
  · Text Color : 표시하고자 하는 문자의 표시색을 선택한다.
  · **B** : 문자의 표시형식을 굵은 문자로 한다.
  · **S** : 문자의 표시형식을 그림자로 한다.
  · **R** : 문자의 표시형식을 조각으로 한다.

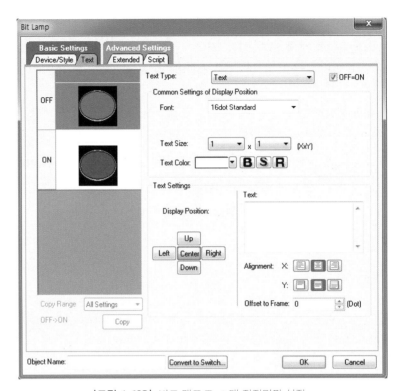

|그림 4-183| 비트 램프 Text 탭 직접명판 설정

3) 코멘트 그룹 명판[그림 4-184]

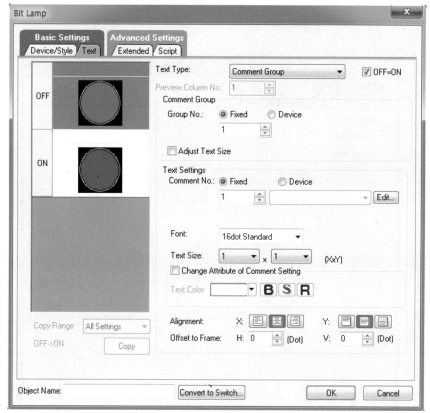

|그림 4-184| 비트 램프 Text 탭 코멘트 그룹 명판 설정

- Text Settings
  · Comment No. : 코멘트 No.를 설정한다.
  · Fixed : 사용하는 코멘트 No.를 직접 입력하여 설정한다.(0 ~ 32,767) 표시되는
    코멘트를 편집하는 경우, [Edit] 버튼을 클릭한다.
  · Preview No. : GT Designer3의 화면에 지정된 코멘트 번호의 코멘트를 표시한다.

6 Extended 탭[그림 4-185]

1) 보안레벨, 오프셋, 한자권, 레이어, 카테고리를 설정한다.

|그림 4-185| 비트 램프 Extended 탭 설정

3) Layer : 배치하는 레이어를 전환한다.(Front/Back)

4) Category : 오브젝트에 카테고리를 할당하는 경우에 할당하는 카테고리를 선택한다.

ㄱ 예제 4-15

[그림 4-186]과 같이 스위치와 램프를 배치하여 램프에 대한 특성을 이해한다.

|그림 4-186| 예제 4-15의 화면 구성

1 M0 스위치 작성

- [Object] → [Switch] → [Bit Switch] 메뉴를 클릭한 후, 위치하고자 하는 곳에
  클릭하고, 적당하게 크기를 조정한다.
- 비트스위치를 더블 클릭하고, [Device]탭 설정창에서 Device : M0, Action :
  Momentary, Lamp : Key Touch State를 선택한다.
- [Style]탭을 클릭한다.
  · [Key Touch OFF] 상태의 [Shape Attribute]를 [그림 4-187]과 같이 설정한다.
  · [Key Touch ON] 상태의 [Shape Attribute]를 [그림 4-188]과 같이 설정한다.

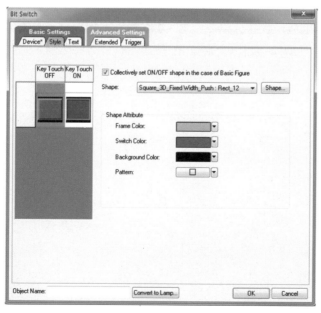

|그림 4-187| 예제 4-15 M0 비트스위치 OFF 상태의 Shape 형태

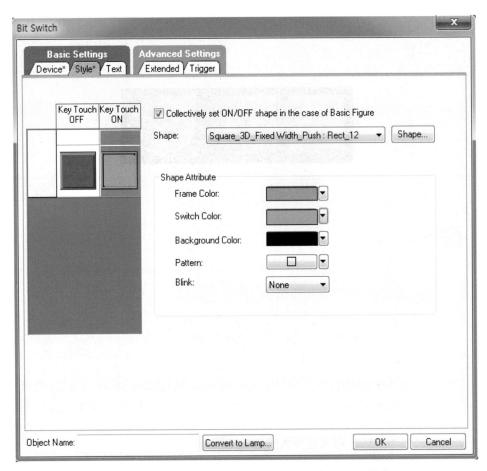

|그림 4-188| 예제 4-15 M0 비트스위치 ON 상태의 Shape 형태

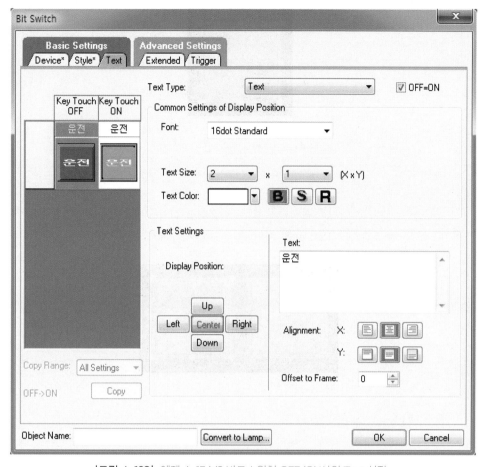

|그림 4-189| 예제 4-15 M0 비트스위치 OFF/ON시의 Text 설정

– [Text]탭을 클릭한다.[그림 4-189]와 같이 [Font], [Text Size], [Text Color], [Display
Position], [Text]를 설정하고, [OFF = ON]을 체크하여 OFF시의 문자와 ON시의 문자를
같이 설정한 후 [OK] 버튼을 클릭하면 [그림 4-190]과 같은 버튼이 생성된다.

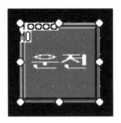

|그림 4-190| 예제 4-15 M0 비트스위치

2) M1 스위치 작성

　　– M0 비트스위치를 복사하여 [그림 4-191]과 같이 붙여넣기를 하고, 붙여넣기를 한
　　　비트스위치의 [Device]탭 설정창에서 Device를 M1로 수정한다.

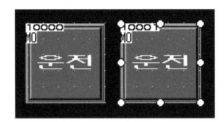

|그림 4-191| 예제 4-15 M0 비트스위치 복사

　– [Style]탭을 클릭한다.
　　· [Key Touch OFF] 상태의 [Shape Attribute]를 [그림 4-192]와 같이 수정한다.
　　· [Key Touch ON] 상태의 [Shape Attribute]를 [그림 4-193]과 같이 수정한다.
　– [Text]탭을 클릭하고 [Text]를 [정지]로 수정한 후 [OK] 버튼을 클릭하면 [그림
　　4-194]와 같이 버튼이 수정된다.

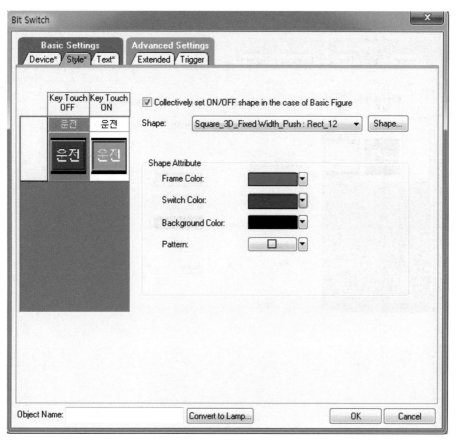

|그림 4-192| 예제 4-15 M1 비트스위치 OFF 상태의 Shape 형태

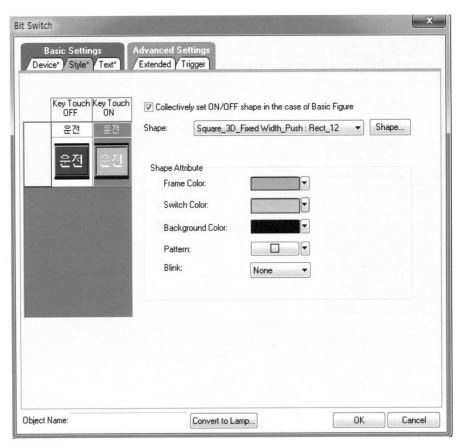

|그림 4-193| 예제 4-15 M1 비트스위치 ON 상태의 Shape 형태

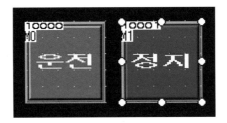

|그림 4-194| 예제 4-15 M1 비트스위치

3) Y20 램프 작성

- [Object] → [Switch] → [Bit Lamp] 메뉴를 클릭한 후, 위치하고자 하는 곳에 클릭한다.
- [Device/Style]탭 설정창에서 Device와 Style을 [그림 4-195]와 같이 설정한다.
- [Text]탭을 클릭한다.
  · [OFF = ON]의 체크를 해제하여 [ON]과 [OFF]시의 Text 설정을 달리한다.
  · OFF시의 Text를 [그림 4-196]과 같이 설정한다.
  · ON시의 Text를 [그림 4-197]과 같이 설정하고, [OK] 버튼을 클릭하면 [그림 4-198]과 같은 램프가 생성되면서 전체 설정이 완료된다.

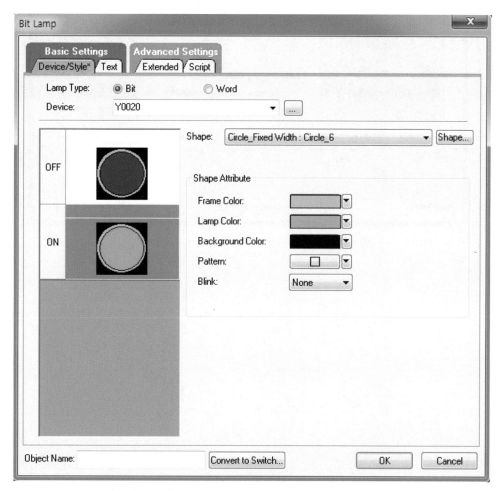

|그림 4-195| 예제 4-15 Y20 비트램프 Devide/Style 탭 설정

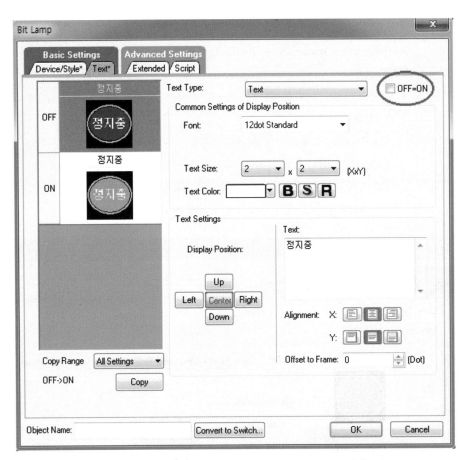

|그림 4-196| 예제 4-15 Y20 비트램프 OFF시의 Text 설정

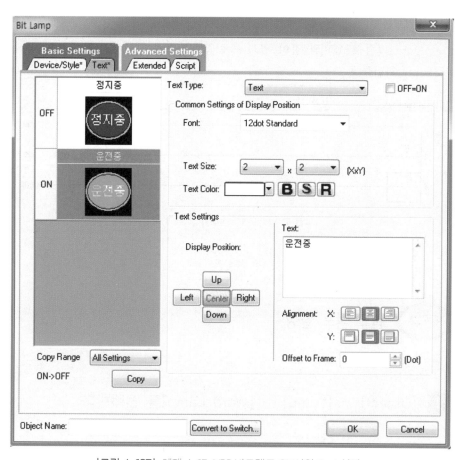

|그림 4-197| 예제 4-15 Y20 비트램프 ON시의 Text 설정

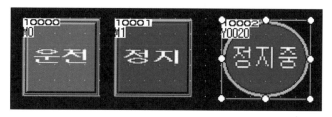

|그림 4-198| 예제 4-15 Y20 비트 램프

4) PLC 프로그램 작성

    – [그림 4-199]와 같이 PLC 프로그램을 작성하여 버튼과 램프의 동작상태를 확인한다.

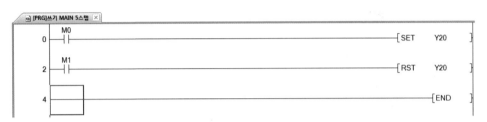

|그림 4-199| 예제 4-15 PLC 프로그램

 워드 램프 설정

1   [Object] → [Lamp] → [Word Lamp]를 선택한다.

2   워드 램프를 배치하고자 하는 위치에서 클릭하고 적당하게 크기를 조정하면, 워드 램프의 배치가 완료된다.

3   배치한 워드 램프를 더블 클릭하면, 설정 대화상자가 표시된다.

ㄴ Device/Style 탭

1) Data Type : 모니터 할 워드 디바이스의 데이터 형식을 선택한다.

2) **Range** : 미리 보기일람의 표시 형식을 범위로 한다.

3) **Text** : 미리 보기일람의 표시 형식을 문자로 한다.

4) ▦ : 조건을 새로 만든다.

5) ✖ : 조건을 삭제한다.

6) ⬆ / ⬇ : 미리 보기일람 내의 조건의 우선 순위를 변경한다.

7) [Utilize] : 선택된 조건의 설정 내용을 유용하여 조건을 새로 만든다.

8) Trigger Type

   – **Bit, Range** : 표시속성을 변경하는 조건을 설정한다. 워드 디바이스 값을 조건으로 하는 경우, [Range] 버튼을 클릭하여 [Edit Range] 대화상자에서 조건식을 설정한다.

9) Shape : 램프 도형을 설정한다. [Shape] 버튼을 클릭하면, 리스트 상자 이외의 도형이나 라이브러리의 도형을 선택할 수 있다.

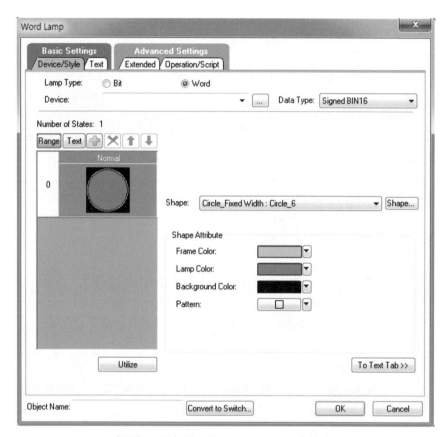

|그림 4-200| 워드 램프 Device/Style 탭 설정

5 예제 4-16

1) [그림 4-186]의 예제 4-15 화면을 구성한다.

2) 비트 램프 Y20을 워드 램프로 수정

- 비트 램프 Y20을 더블 클릭하고, [Device/Style]탭에서 Lamp Type을 [Word]로 변경한다.
- [Device]를 TN0(PLC에서 타이머 T0)으로 선택하고, Lamp Color를 [그림 4-201]에서와 같이 [No. 224]를 선택하면 [그림 4-202]와 같이 된다.
- ⊞ 버튼을 클릭하면, [그림 4-203]과 같이 [Number of States]가 2가 되면서 새롭게 Range 1번 State를 생성한다.

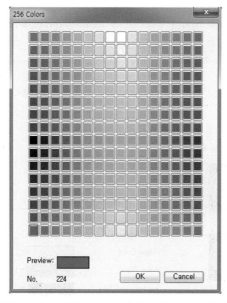

|그림 4-201| 예제 4-16 Y20 워드 램프 Color 형태

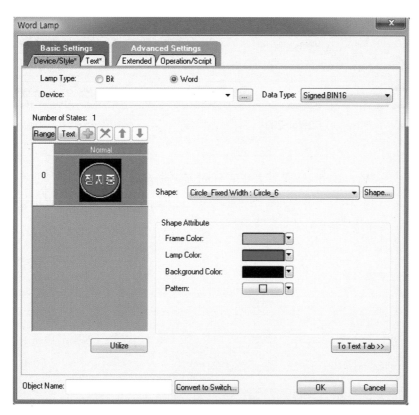

|그림 4-202| 예제 4-16 Y20 워드 램프 0번 Color 형태

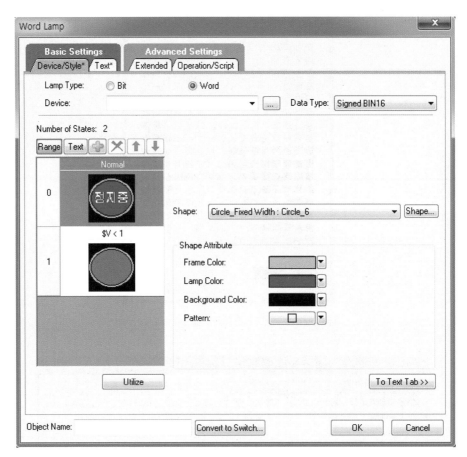

|그림 4-203| 예제 4-16 Y20 워드 램프 1번 생성

- 1번 State의 램프를 클릭하고, Lamp Color를 [No. 168]을 선택한다.
- [Range] → [Range]를 선택하고, [Exp…]을 클릭하면 [그림 4-204]와 같이 범위를 설정하는 대화상자가 나타난다.

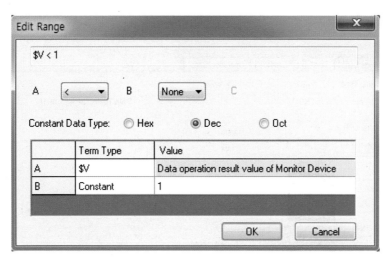

|그림 4-204| 예제 4-16 Y20 워드 램프 1번 State 범위 설정 대화상자

- [그림 4-204]의 대화상자를 [그림 4-205]와 같이 설정하고, [OK]버튼을 클릭하면
  [그림 4-206]과 같이 된다. 1번 State 램프의 동작범위가 타이머 T0의 현재값이 10
  이상이고 20 미만일 때 나타나도록 설정하였다.

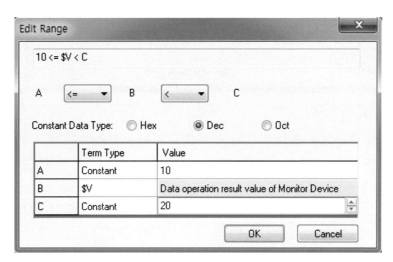

|그림 4-205| 예제 4-16 Y20 워드 램프 1번 State 범위 설정

337

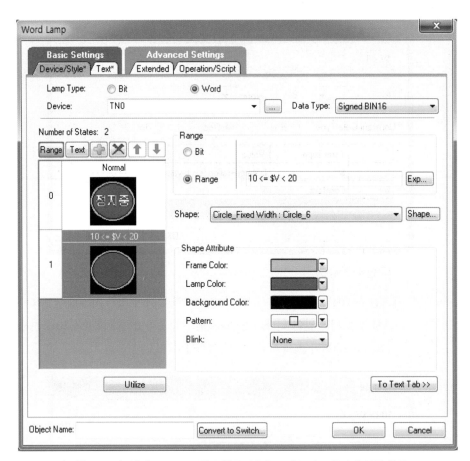

|그림 4-206| 예제 4-16 Y20 워드 램프 1번 State [Device/Style] 설정 완료

- [Text]탭을 클릭하고, 0번 State와 같이 [정지중]이라고 쓰면 [그림 4-207]과 같이 된다.
- 버튼을 두 번 클릭하여 [Number of States]가 4가 되게 하여, Range 2번과 3번 State를 생성한다.
- Range 2번 램프를 클릭하고, Lamp Color를 [No. 112]으로 선택한다.
- [Range] → [Range]를 선택하고, 동작 범위를 20 이상 30 미만으로 설정한다.
- [Text]탭을 클릭하고, Text를 [정지중]이라고 쓴다.
- Range 3번 램프를 클릭하고, Lamp Color를 [No. 56]으로 선택한다.
- [Range] → [Range]를 선택하고, 동작 범위를 40 이상으로 설정한다.
- [Text]탭을 클릭하고, Text를 [운전중]이라고 쓴다.
- [Device/Style] 탭에서 Blink를 [Medium]으로 선택하고 Blink Scope를 [Shape and Text]를 선택하면 [그림 4-208]과 같이 워드 램프의 설정이 완료된다. [OK] 버튼을 클릭하면 [그림 4-209]와 같이 예제 4-16의 화면 설정이 종료된다.

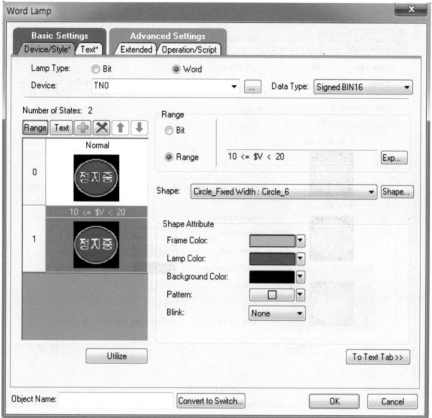

|그림 4-207| 예제 4-16 Y20 워드 램프 1번 State [Text] 설정 완료

339

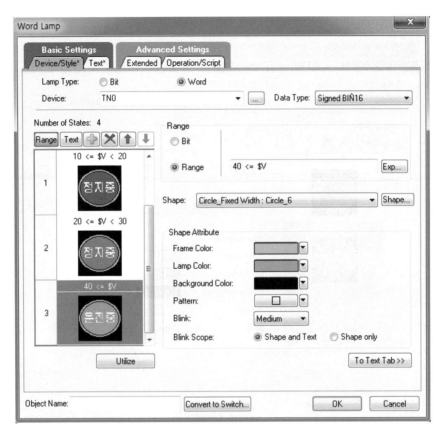

|그림 4-208| 예제 4-16 Y20 워드 램프 2, 3번 State 설정 완료

|그림 4-209| 예제 4-16 화면

3) PLC 프로그램 작성

[그림 4-210]과 같이 PLC 프로그램을 작성하여 버튼과 램프의 동작상태를
확인한다.

CHAPTER

4

HMI 응용실습

|그림 4-210| 예제 4-16 PLC 프로그램

4.6 도형 문자

4.6.1 문자 설정

1. [Figure] → [Text] 메뉴를 선택한다.

2. 화면에서 클릭하면 [Text] 대화상자가 표시된다.

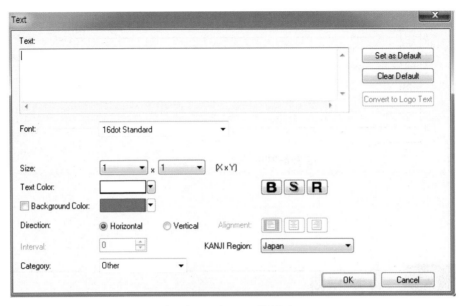

|그림 4-211| Text 대화상자

3 표시할 문자를 입력하고 속성을 설정한 후에 [OK] 버튼을 클릭하면, 입력한 문자가 표시된다.

4 Text : 표시하고자 하는 문자를 입력한다.

1) 문자는 반각, 전각에 관계없이 512문자까지 입력할 수 있다. (행 바꾸기를 한 경우, 행을 바꿀 때마다 2문자를 점유한다.)

2) 문자는 복수행으로 입력할 수 있다. 끝으로 Enter 키를 입력하면 행이 바뀐다.

5 Font : 문자에 사용하는 글꼴을 선택한다.

6 Size : 문자의 크기(가로×세로의 배율 또는 도트)를 선택한다. 글꼴에 따라 문자 크기나 배율의 선택 범위가 바뀐다.

7 　Text Color : 문자의 표시색을 선택한다.

8 　**B** : 문자의 표시형식을 굵은 문자로 한다.

9 　**S** : 문자의 표시형식을 그림자로 한다.

10 　**R** : 문자의 표시형식을 조각으로 한다.

11 　Solid Color : 문자의 표시형식에 **S** 버튼 또는 **R** 버튼을 선택한 경우에 그림자색을 설정한다.

12 　Background Color : 문자의 배경색을 채우는 경우에 체크 표시를 한다.

13 　Direction : 문자의 방향(가로·세로)을 선택한다.

14 　Alignment : 복수행의 문자열을 정렬하는 위치를 선택할 수 있다. ([Direction] 항목이 [Horizontal]로 설정되어 있는 경우에만 선택할 수 있다.)

15 　Interval : 복수행의 문자열의 행간을 설정한다.

16 　KANJI Region : 표시되는 문자의 한자권을 선택한다.

⟦17⟧ Category : 문자에 카테고리를 할당하는 경우에 선택한다.

⟦18⟧ [Set as Default] : 현재의 속성 설정을 사용자용 새 디폴트값으로 설정하는 경우에 클릭한다. 다음의 속성 설정 시에는 새 디폴트값으로 설정된 속성 내용으로 표시된다. 새 디폴트값으로 설정된 속성 내용은 다음 기동 시에도 유지된다.

⟦18⟧ [Clear Default] : 새 디폴트값으로 설정된 속성 설정을 초기설정으로 되돌리는 경우에 클릭한다.

⟦19⟧ [Convert to LogoText] : 로고 문자 도형으로 전환한다.

로고 문자 설정

1 [Figure] → [Logo Text] 메뉴를 선택한다.

2 화면에서 클릭하면 [Logo Text] 대화상자가 표시된다.

3 표시할 문자를 입력하고 속성을 설정한 후에 [OK] 버튼을 클릭하면, 입력한 문자가 표시된다.

4 Basic 탭

1) [Convert to Text Figure] : 문자 도형으로 전환한다.

2) **I** : 문자의 표시형식을 이탤릭으로 한다.

3) **U** : 문자의 표시형식을 밑줄(일직선)로 한다.

4) Size
   - X : 글꼴의 가로 크기를 설정한다.(1 ~ 800)
   - Y : 글꼴의 세로 크기를 설정한다.(1 ~ 800)

5) Effect : 문자의 스타일을 선택한다.

|그림 4-212| Logo Text 대화상자

5 Detail setting 탭

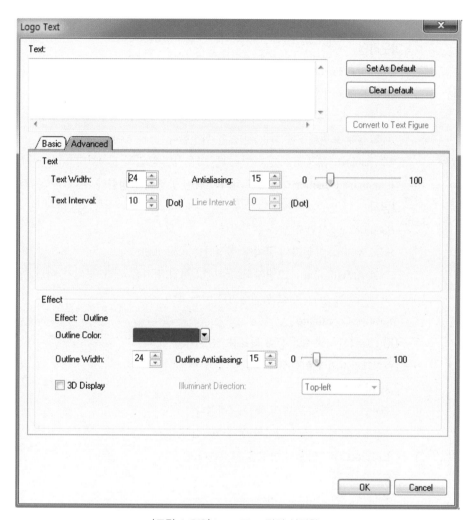

|그림 4-213| Logo Text 정밀 설정창

1) Text Width : 문자의 굵기를 설정한다.(0 ~ 100)

2) Antialiasing : 문자의 앤티얼라이징(직선을 계단 형태가 아닌 매끄럽게 표현되도록 하는 것)값을 설정한다. (0 ~ 100)

3) Text Interval : 문자와 문자의 간격을 설정한다.(0 ~ 100)

4) Line Interval : 문자의 행과 행의 간격을 설정한다.(0 ~ 16)

5) Effect : [Basic] 탭에서 스타일을 선택한다.

- 아웃라인
  · Outline Color : 아웃라인의 색을 설정한다.
  · Outline Width : 아웃라인의 굵기를 설정한다.(0 ~ 100)
  · Outline Antialiasing : 아웃라인의 앤티얼라이징(직선을 계단 형태가 아닌 매끄럽게 표현되도록 하는 것)값을 설정한다. (0 ~ 100)
  · 3D Display : 체크 표시를 하였을 때, 아웃라인을 입체 표시한다.
  · Illuminant Direction : 입체 표시시의 광원 방향을 설정한다.
- 그림자
  · Solid Color : 그림자 색을 설정한다.
  · Solid Width : 그림자의 굵기를 설정한다.(0 ~ 100)
  · Solid Antialiasing : 그림자의 앤티얼라이징(직선을 계단 형태가 아닌 매끄럽게 표현되도록 하는 것)값을 설정한다.(0 ~ 100)
  · Relative Coordinate
- (X) : 그림자의 X축의 상대 좌표를 설정한다.
- (Y) : 그림자의 Y축의 상대 좌표를 설정한다.
- 입체
  · Side Color : 입체 측면의 색을 설정한다.
  · Depth : 입체 부분의 깊이를 설정한다.(1 ~ 20)
  · 3D Direction : 입체의 방향을 지정한다.
- 각인
  · Solid Color : 각인의 그림자 색을 설정한다.
  · Solid Length : 각인의 그림자의 길이를 설정한다.(1 ~ 20)
  · Illuminant Direction : 그림자의 광원 방향을 설정한다.
- 네온
  · Outline Color : 아웃라인의 색을 설정한다.
  · Outline Width : 아웃라인의 굵기를 설정한다.(0 ~ 100)
  · Outline Antialiasing : 아웃라인의 앤티얼라이징(직선을 계단 형태가 아닌 매끄럽게 표현되도록 하는 것)값을 설정한다.(0 ~ 100)
  · Neon Color : 네온의 색을 설정한다.

· Neon Width : 네온의 굵기를 설정한다.(0 ~ 100)

· Neon Antialiasing : 네온의 앤티얼라이징(직선을 계단 형태가 아닌 매끄럽게 표현되도록 하는 것)값을 설정한다.(0 ~ 200)

6 예제 4-17

1) [그림 4-214]와 같이 화면을 작성한다.

2) 한국폴리텍대학 설정

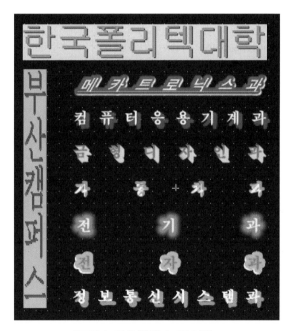

|그림 4-214| 예제 4-17 화면

- [Figure] - [Text] 메뉴를 선택하고, 위치하고자 하는 곳에 클릭한다.
- Text에 [한국폴리텍대학]이라고 입력한다.
- Font를 [16dot Standard]를 선택한다.
- Size를 3x3을 선택한다.
- Text Color, Background Color는 [그림 4-215]와 같이 선택한다.
- **R**을 선택하고, Solid Color를 [그림 4-215]와 같이 선택한다.
- Direction은 Horizontal을 선택하고, [OK] 버튼을 클릭한다.

3) 부산캠퍼스 설정

- [Figure] - [Text] 메뉴를 선택하고, 위치하고자 하는 곳에 클릭한다.
- Text에 [부산캠퍼스]라고 입력한다.
- Font, Size, Text Color, Background Color는 [그림 4-216]과 같이 선택한다.
- **S**를 선택하고, Solid Color를 [그림 4-216]와 같이 선택한다.
- Direction은 Vertical을 선택하고, [OK] 버튼을 클릭한다.

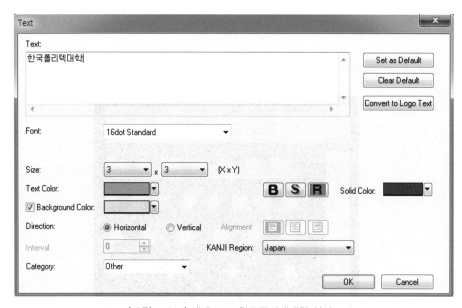

|그림 4-215| 예제 4-17 한국폴리텍대학 설정

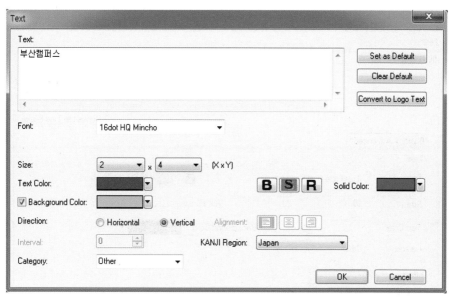

|그림 4-216| 예제 4-17 부산캠퍼스 설정

4) 메카트로닉스과 설정

- [Figure] – [Logo Text] 메뉴를 선택하고, 위치하고자 하는 곳에 클릭한다.
- [그림 4-217]과 같이 Basic 탭을 설정한다.
- Text에 [메카트로닉스과]라고 입력한다.
- Font를 [TrueType Gothic]을 선택하고, *I*와 U를 선택한다.
- Size를 20x20으로 선택한다.
- Effect에서 [Outline] –[2 Red]를 선택한다.

351

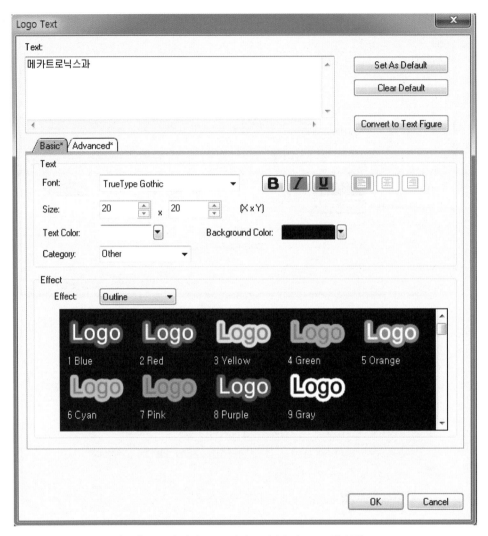

|그림 4-217| 예제 4-17 메카트로닉스과 Basic 탭 설정

- Advanced 탭을 클릭하고, [그림 4-218]과 같이 설정한다.
- **Text Width** : 24, Antialiasing : 15
- **Text Interval** : 18
- **Outline Color** : 자동 선정
- **Outline Width** : 20 Outline Antialiasing 25
- **3D Display** : 체크, Illuminant Direction : Bottom-right를 선택하고, [OK] 버튼을 클릭한다.

|그림 4-218| 예제 4-17 메카트로닉스과 Advanced 탭 설정

5) 컴퓨터응용기계과 설정

- 메카트로닉스과 설정을 복사하여 아래쪽에 붙여넣기를 한다.
- Basic 탭 설정에서, Text를 [컴퓨터응용기계과], Font를 [HY 견명조], Effect를 [Solid] - [1 Blue]로 수정하고, *I*와 U의 선택을 해제한다.
- Advanced 탭을 클릭하고, Text Interval을 15로 수정하여 메카트로닉스과와 글자폭을 맞추고, [OK] 버튼을 클릭한다.

6) 금형디자인과 설정

    - 컴퓨터응용기계과 설정을 복사하여 아래쪽에 붙여넣기를 한다.

    - Basic 탭 설정에서, Text를 [금형디자인과], Effect를 [3D] - [3 Yellow]로 수정한다.

    - Advanced 탭을 클릭하고, Text Interval을 28로 수정하여 글자폭을 맞추고, 3D Direction을 Bottom-left로 수정하고, [OK] 버튼을 클릭한다.

7) 자동차과 설정

    - 금형디자인과 설정을 복사하여 아래쪽에 붙여넣기를 한다.

    - Basic 탭 설정에서, Text를 [자동차과], Effect를 [Stamp] - [4 Green]으로 수정한다.

    - Advanced 탭을 클릭하고, Text Interval을 60으로 수정하여 글자폭을 맞추고, Illuminant Direction을 Top-right로 수정하고, [OK] 버튼을 클릭한다.

8) 전기과 설정

    - 자동차과 설정을 복사하여 아래쪽에 붙여넣기를 한다.

    - Basic 탭 설정에서, Text를 [전기과], Effect를 [Neon] - [5 Orange]로 수정한다.

    - Advanced 탭을 클릭하고, Text Interval을 96으로 수정하여 글자폭을 맞추고, [OK] 버튼을 클릭한다.

9) 전자과 설정

    - 전기과 설정을 복사하여 아래쪽에 붙여넣기를 한다.

    - Basic 탭 설정에서, Text를 [전기과], Effect를 [Outline] - [6 Cyan]으로 수정하고, [OK] 버튼을 클릭한다.

    - Advanced 탭을 클릭하고, Text Interval을 97로 수정하여 글자폭을 맞추고, 3D Display를 체크하고 Illumination Direction을 [Bottom-left]를 선택하고, [OK] 버튼을 클릭한다.

10) 정보통신시스템과 설정

    - 전자과 설정을 복사하여 아래쪽에 붙여넣기를 한다.

    - Basic 탭 설정에서, Text를 [정보통신시스템과], Effect를 [Solid] - [7 Pink]로 수정한다.

    - Advanced 탭을 클릭하고, Text Interval을 14로 수정하여 글자폭을 맞추고, [OK] 버튼을 클릭하면 예제 4-17의 화면 설정이 완료된다.

4.7 수치 표시 / 수치 입력

 수치 표시 설정

1 [Object] → [Numerical Display/Input] → [Numerical Display] 메뉴를 선택한다.

2 수치표시를 배치하고자 하는 위치에서 클릭하고 적당하게 크기를 조정하면, 수치 표시의 배치가 완료된다.

3 배치한 수치 표시를 더블클릭하면, 설정 대화상자가 표시된다.

4 Device/Style 탭

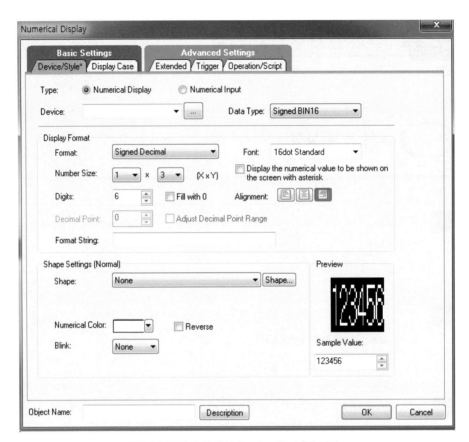

|그림 4-219| 수치 표시 [Device/Style]탭 설정

1) Type : 사용하는 기능을 선택한다.(수치표시/수치입력)

2) Device : 모니터디바이스를 설정한다.

3) Data Type : [Device]에서 설정하는 값의 데이터 형식을 선택한다.

4) Display Format
   – **Format** : 모니터 디바이스값을 표시하는 형식을 선택한다. 디폴트에서는 디바이스
     값을 Signed BIN 데이터로 취급한다. 다른 데이터 형식으로 디바이스값을
     모니터하는 경우, [Data Type]에서의 설정 내용을 변경한다.
   – **Font** : 표시되는 수치의 글꼴을 선택한다.

- **Number Size** : 표시되는 수치의 크기를 선택한다.
- **Display the numerical value to be shown on the screen with asterisk** : 화면에 표시되는 수치를 별표로 표시하는 경우에 체크한다.
- **Digits** : 수치를 몇 자리로 표시할 것인지를 설정한다. [Display Format]에 따라 설정할 수 있는 자리가 다르다.
- **Fill with 0** : 수치의 앞에 0을 표시하고자 하는 경우에 체크 표시한다.
- **Alignment** : 문자의 위치를 선택한다.
- **Decimal Point** : [Display Format]에서 실수 선택 시, 소수부를 몇 자리(1 ~ 32자리)까지 표시할 것인지를 설정한다. 설정된 자리보다 하위의 값이 있는 경우, 반올림하여 표시한다. 0으로 설정된 경우, 소수점 이하 1번째 자리를 반올림한 값으로 표시한다.
- **Adjust Decimal Point Range** : [Display Format]에서 실수 선택 시, 상수(2진 부동소수 이외의 값을 모니터 대상 기기 중에서 있는 경우)의 디바이스값을 기억하고 소수점 포함 수치로 하여 표시하는 경우에 체크한다.
- **Format String** : 디바이스값을 표시할 때, 문자(영숫자, 한자, 기호 등)도 표시하고자 하는 경우에 설정한다.
  · 수치를 표시하고자 하는 부분에 반각의 #를 입력한다. 서식 문자열로 설정한 #는 디바이스값으로 바뀌어 표시된다.
  · 표시되는 수치는 1의 자리부터 할당된다.
  · 디바이스값에 포함되는 부호도 수치와 같이 취급된다.

5) Shape Settings(Normal)

- **Shape** : 오브젝트에 도형을 설정한다. [None]을 선택하면 도형이 표시되지 않는다. [Shape] 버튼을 클릭하면, 리스트 상자 이외의 도형을 선택할 수 있다. 표시되는 문자가 테두리 도형 영역과 중첩되어 있는 경우, 갱신 시 테두리 도형영역과 중첩된 문자를 올바르게 표시할 수 없다. 표시하는 문자와 테두리 도형 영역은 중복되지 않게 설정한다.
- **Frame Color, Plate Color** : 도형의 테두리색/플레이트색을 선택한다.
- **Numerical Color** : 표시되는 수치의 색을 선택한다.
- **Reverse** : 수치를 반전 표시하는 경우에 체크한다.
- **Blink** : 수치, 도형의 블링크 방법을 선택한다.(None, Low, Medium, High)
- **Blink Scope** : 블링크하는 부분을 설정한다.(수치/ 수치+ 플레이트)

6) Preview

- **Sample Value** : 미리보기 도형상에 표시하는 수치를 설정한다.

7) Description

설정되어있는 오브젝트의 명칭을 사용 용도에 맞는 명칭으로 변경할 수 있다. 변경된 오브젝트 명칭은 GT Designer3(데이터 일람, 속성시트 등)이나 조작로그에 표시된다. 오브젝트 명칭의 항목은 [Device/Style] 탭 이외에도 표시된다.

5 Display Case 탭

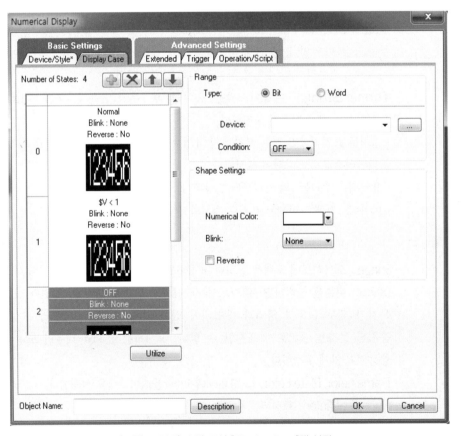

|그림 4-220| 수치 표시 [Display Case]탭 설정

1) 미리보기 일람 : 조건마다 설정된 상태를 표시한다.

2)  : 조건을 새로 만든다.

3) ✖ : 조건을 삭제한다.

4) ⬆ / ⬇ : 미리 보기일람 내의 조건의 우선 순위를 변경한다.

5) [Utilize] : 선택된 조건의 설정 내용을 유용하여 조건을 새로 만든다.

6) Range
   - **Type** : 조건에 따라 표시화면을 변경하는 조건을 선택한다.
     · Bit : 비트 디바이스의 ON/OFF 상태에 따라 표시화면을 변경하는 경우에 선택한다. 선택 후 비트디바이스와 디바이스 상태(ON/OFF)를 설정한다.
     · Word : 워드 디바이스값에 따라 표시 화면을 변경하는 경우에 선택한다. 선택 후 [Exp] 버튼을 클릭하고, 워드 디바이스값에 대한 조건식을 설정한다.
   - **Device** : 표시화면을 변경하는 워드 디바이스값을 설정한다.
   - **Condition** : 비트 디바이스의 디바이스 상태를 설정한다.(ON/OFF)
   - **Range** : 표시화면을 변경하는 워드 디바이스값의 범위를 조건식으로 설정한다.

6 예제 4-18

1) [그림 4-221]과 같이 [그림 4-209]의 예제 4-5 화면에서 수치표시를 추가하여 구성한다.

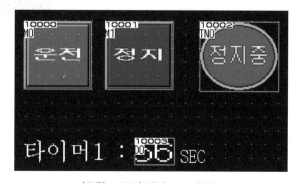

|그림 4-221| 예제 4-18 화면

2) 문자 표시

　　[Figure] – [Text] 메뉴를 선택하고, [그림 4-221]과 같이 위치하고자 하는 곳에
마우스를 클릭하여 [타이머1 :], [SEC]를 입력한다.

3) 수치 표시 입력

　　– [Object] → [Numerical Display/Input] → [Numerical Display] 메뉴를 선택하고,
[타이머1 :]과 [SEC]의 중간에 마우스를 클릭한다.

　　– [그림 4-222]에서와 같이 [Device/Style]탭에서 [Device : D0], [Data Type :
Unsigned BIN16], [Data Format : Unsigned BIN16], [Number Size : 3 X 2], [Digits
: 2]로 설정하고 [OK]버튼을 클릭하면 수치표시 입력 설정이 완료된다.

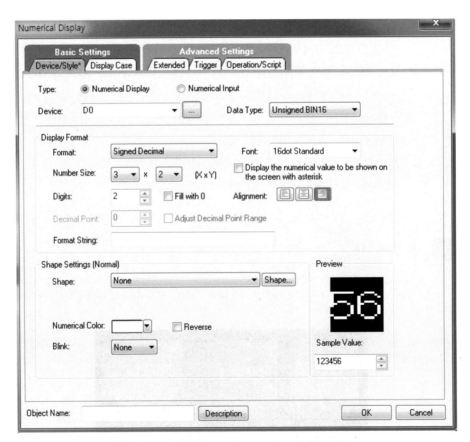

|그림 4-222| 예제 4-18 [Device/Style] 설정 화면

4) PLC 프로그램

[그림 4-223]과 같이 PLC 프로그램을 작성하여 버튼, 램프 및 수치표시 동작상태를 확인한다.

|그림 4-223| 예제 4-18 PLC 프로그램

4.7.2 수치 입력 설정

1 [Object] → [Numerical Display/Input] → [Numerical Input] 메뉴를 선택한다.

2 수치 입력을 배치하고자 하는 위치에서 클릭하고 적당하게 크기를 조정하면, 수치 입력의 배치가 완료된다.

3 배치한 수치 입력을 더블클릭하면, 설정 대화상자가 표시된다.

4 Device/Style 탭

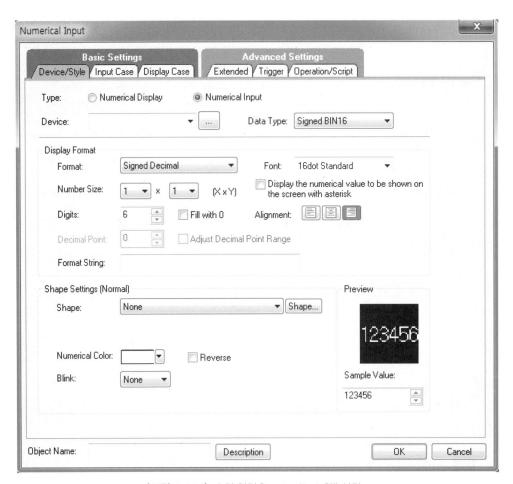

|그림 4-224| 수치 입력 [Device/Style]탭 설정

5 Input Case 탭 : 범위를 설정한다.

6 Display Case 탭 : 디바이스 상태에 따라 속성이 변경되도록 설정한다.

4.7.3 키 윈도우 표시 설정

1 수치 입력으로 키 윈도우(텐 키 윈도우)를 사용하는 경우에 사용한다.

2 [그림 4-225]와 같이 [System] → [System Information]을 클릭한다.

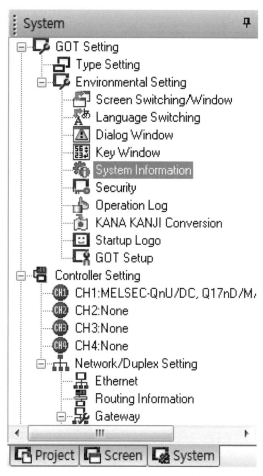

|그림 4-225| 키 윈도우 설정 선택창

3 [Environmental Setting] → [Key Window]를 클릭하면 [그림 4-226]과 같이 [Key Window]의 [Basic Setting] 설정 화면이 나타난다.

4 [Key Window Type] 설정[그림 4-227]

1) [Display value during input] : 입력 중인 값을 표시

2) [Display previous value] : 현재 저장된 값을 표시

3) [Display input function range] : 데이터의 입력 가능 범위 표시

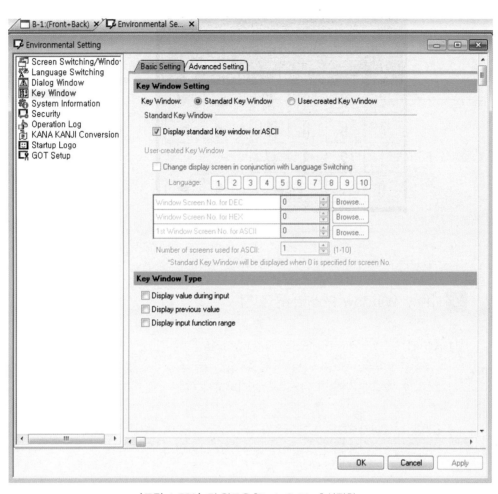

|그림 4-226| 키 윈도우 [Basic Setting] 설정창

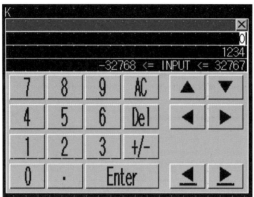

입력중인 값
현재 저장된 값
입력 가능 범위

|그림 4-227| 키 윈도우 타입

5 [Key Window Position] 설정

1) [Object] → [Window Position] → [Key Window] 메뉴를 선택한다.

2) [그림 4-228]과 같이 키 윈도우를 표시하고자 하는 곳에 마우스를 클릭한다.

3) [그림 4-229]와 같이 키 윈도우가 표시된다. 화면에 표시되더라도 터치에는 화면이 나타나지 않고, 수치 입력을 터치하였을 때 나타난다.

|그림 4-228| 키 윈도우 표시 위치 선택

|그림 4-229| 키 윈도우 표시 완료

6 예제 4-19

1) [그림 4-230]과 같이 [그림 4-221]의 예제 4-18 화면에서 수치표시를 수정하고 수치 입력을 추가하여 구성한다.

|그림 4-230| 예제 4-19 화면

2) 문자 수정

[그림 4-221]의 화면에서 문자를 더블 클릭하여, [그림 4-230]와 같이 [타이머1 설정값 :]으로 수정한다. [타이머 1 설정값 :]을 복사하여 아래쪽에 붙여넣기를 하고 [타이머1 현재값 :]으로 수정한다.

3) 수치 입력 수정

[그림 4-221]의 화면에서 수치 표시(D0)를 더블클릭하면 [그림 4-231]과 같이 [Device/Style]탭이 나타난다. [Type]을 [Numerical Display]에서 [Numerical Input]으로 변경하여 수치 표시에서 수치 입력으로 기능을 변경한다. 그리고 [Number Size]를 [4 X 4], [Digits]를 3으로 변경하여 3자리 숫자를 입력할 수 있도록 한다.

4) 수치 표시

[그림 4-231]의 화면에서 수치 입력(D0)을 더블 클릭하면 [그림 4-232]와 같이 [Device/Style]탭이 나타난다. [Type]을 [Numerical Input]에서 [Numerical Display]로 변경하여 수치 입력에서 수치 표시로 기능을 변경한다.

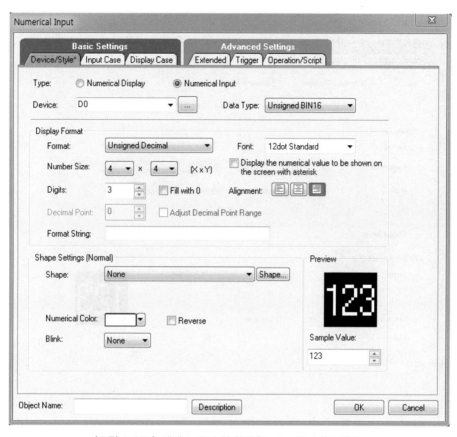

|그림 4-231| 예제 4-19 수치 입력 [Device/Style]탭 설정

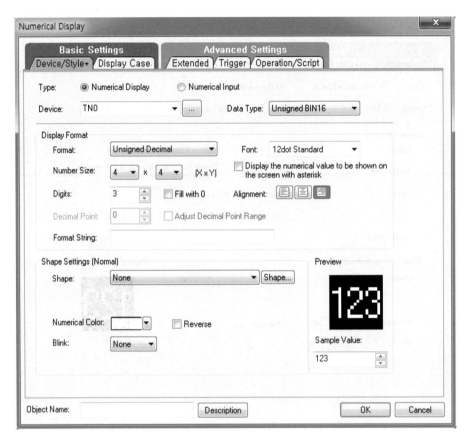

|그림 4-232| 예제 4-19 수치 표시 [Device/Style]탭 설정

5) PLC 프로그램

[그림 4-233]과 같이 PLC 프로그램을 작성하여 버튼, 램프, 수치표시, 수치입력 및 키윈도우표시의 동작상태를 확인한다.

|그림 4-233| 예제 4-19 PLC 프로그램

ㄱ 예제 4-20(소수점 표시)

1) [그림 4-234]와 같이 [예제 4-19] 화면의 수치 표시, 수치 입력, 램프를 수정한다.

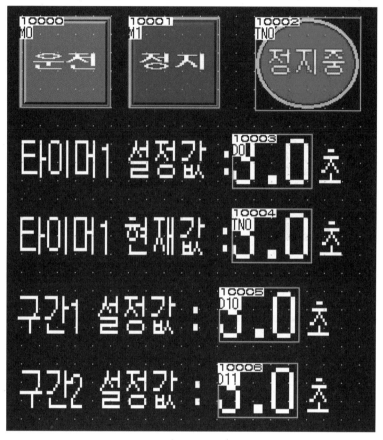

|그림 4-234| 예제 4-20 화면

2) 램프 수정

- [그림 4-234]의 화면에서 램프 더블 클릭하여 워드 램프의 [Device/Style] 탭의
[Range]를 [그림 4-235]와 같이 수정한다.

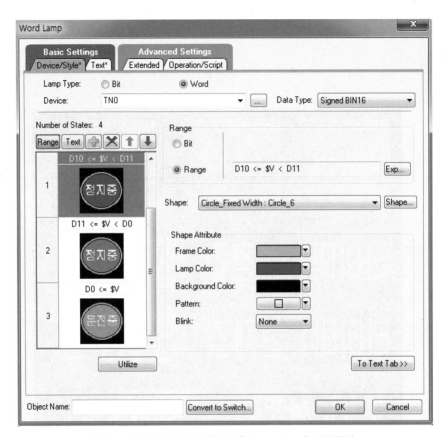

|그림 4-235| 예제 4-20 램프의 [Device/Style] 수정 화면

3) 수치 입력 수정

- [그림 4-234]의 화면에서 타이머1 설정값의 수치 입력(D0)을 더블클릭하여
  [Device/Style]탭을 [그림 4-236]과 같이 [Numerical Format]에서 [Format]을
  [Real]로 변경하고, [Decimal Point]를 1로 설정하고, [Adjust Decimal Point
  Range]를 체크하여 소수점 한자리 값을 입력할 수 있도록 수정한다.

- 예를 들어 타이머1 설정값에 3.5를 입력하면 데이터 메모리(D0)에 10진수 35가
  저장된다.

- 만약 실수값을 입력하고 싶으면 [Data Type]을 [Real]로 선택하고 [Numerical
  Format]에서 [Format]을 [Real]로 선택하고 입력하면 된다.

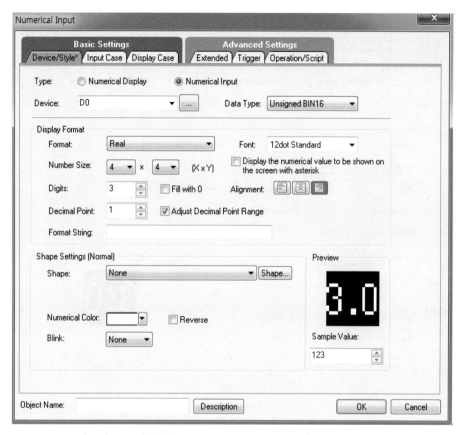

|그림 4-236| 예제 4-20 수치 입력(D0) [Device/Style] 수정 화면

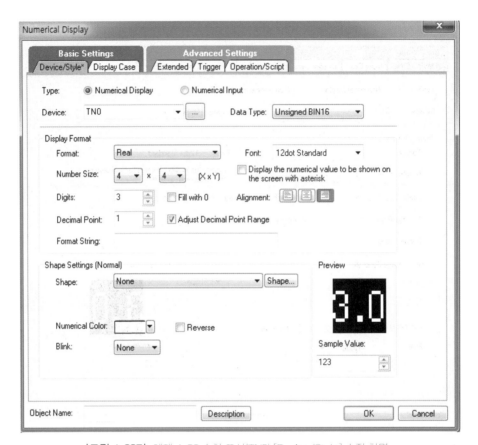

|그림 4-237| 예제 4-20 수치 표시(TN0) [Device/Style] 수정 화면

4) 수치 표시 수정

- [그림 4-234]의 화면에서 타이머1 현재값의 수치 입력(TN0)을 더블클릭하여 [그림 4-237]과 같이 [Numerical Format]에서 [Format]을 [Real]로 변경하고, [Decimal Point]를 1로 설정하고, [Adjust Decimal Point Range]를 체크하여 소수점 한자리 값을 표시할 수 있도록 수정한다.

- 예를 들어 타이머1(T0)의 현재값이 10진수 16이면 터치 판넬의 수치 표시에서는 1.6이 표시된다.

5) 구간(1, 2) 수치 입력

- [그림 4-231]의 화면에서 수치 입력(D0)을 복사하여 위치하고자 하는 곳에 마우스를 클릭하여 붙여넣기를 두 번 한다. 구간 수치 입력을 클릭하여 [Device/Style]탭의 [Device]를 [D10]과 [D11]로 변경한다.

6) 문자 추가

- 설정값 뒤의 [초]는 [Figure] – [Text] 메뉴를 클릭하여 추가한다. 크기는 적당히 맞춘다. 나머지 부분의 [초]는 설정값 뒤의 [초]를 복사하여 붙여넣기를 한다.

- [타이머1 설정값 :]을 복사하여 구간 설정값의 문자를 위치하고자 하는 곳에 마우스를 클릭하여 붙여넣기를 두 번 하고, [구간1 설정값 :], [구간2 설정값 :]으로 수정한다.

7) PLC 프로그램

- 예제 4-19의 프로그램을 그대로 적용하여 버튼, 램프, 소수점 1자리의 수치입력 및 표시 동작 상태를 확인한다.

4.8 그래프, 미터

4.2.1 레벨

1 워드 디바이스값을 설정된 하한값, 상한값에 대한 비율로 지정 범위를 채우는 기능이다.

2 [Object] → [Graph] → [Level] 메뉴를 선택한다.

3 레벨을 배치하고자 하는 위치에서 클릭하면, 레벨의 배치가 완료된다.

┗┙ Device/Style 탭

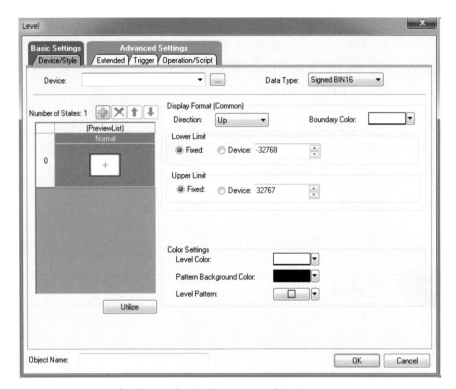

|그림 4-238| 레벨 [Device/Style]탭 설정 화면

1) Display Format(Common)

 - **Direction** : 모니터 디바이스 값이 증가하는 방향을 선택한다.(위로, 아래로, 왼쪽으로, 오른쪽으로)

 - **Boundary Colo**r : 레벨을 표시하고자 하는 도형의 테두리 선색을 설정한다. 도형의 테두리선 색이 설정되어 있지 않은 경우, 레벨은 도형의 테두리선 내에 표시되지 않는다.

 - **Lower Limit, Upper Limit** : 레벨로 표시하고자 하는 디바이스 값의 범위(하한 값, 상한 값)를 고정값으로 설정할 것인지, 지정된 디바이스 값으로 설정할 것인지를 선택한다.

   · Fixed : 상수를 하한 값, 상한값으로 설정한다.

   · Device : 디바이스 값을 하한값, 상한값으로 설정한다.

· 하한값, 상한값으로 설정할 수 있는 범위는 모니터 디바이스의 데이터 형식에 의해 정해진다.

2) Range : 워드디바이스 범위의 조건식을 설정한다.

3) Color Settings
 - Level Color : 레벨용으로 사용하는 채우기 색을 선택한다.
 - Pattern Background Color, Level Pattern : 레벨 표시의 패턴과 배경색을 선택한다. 배경색 위에 패턴 모양이 레벨색으로 표시된다.

5 예제 4-21

1) [그림 4-239]와 같이 작화한다.

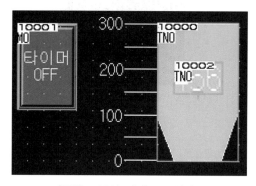

|그림 4-239| 예제 4-21 화면

2) 레벨 표시 작화
 - 레벨을 표시할 탱크의 그림을 그린다.
  · [Figure] → [Polygon] 메뉴를 선택한다.
  · 다각형을 그리고자 하는 위치에서 [그림 4-240]과 같이 그리고, 선색을 흰색으로 설정한다.
 - **레벨 표시 작화**
  · [Object] → [Graph] → [Level] 메뉴를 선택한다.
  · [그림 4-241]과 같이 다각형을 모두 둘러싸이도록 레벨 표시의 점선 범위를 설정한다.

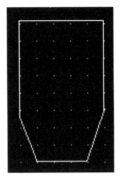

|그림 4-240| 예제 4-21 다각형 작화

|그림 4-241| 예제 4-21 레벨 표시 범위 작화

· [그림 4-242]와 같이 다각형의 내부 좌표 마크(+)가 겹쳐지거나 반전 표시되면, 레벨 표시의 배치는 완료된 것이다.

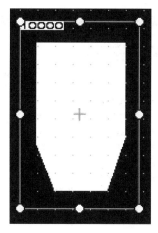

|그림 4-242| 예제 4-21 레벨 표시 범위 작화

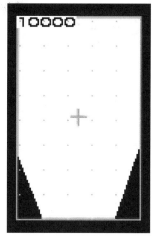

|그림 4-243| 예제 4-21 레벨 표시 범위 조정

· [그림 4-243]과 같이 레벨 표시의 점선 범위를 다각형의 크기에 맞게 조정한다.

- 레벨 표시 설정

· 배치한 레벨 표시를 더블 클릭하면 [Device] 설정창이 나타난다. Device를 [그림 4-244]와 같이 설정한다.

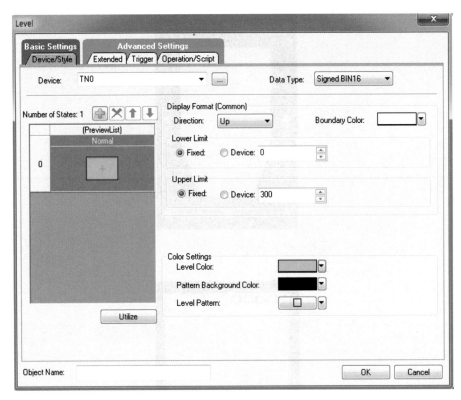

|그림 4-244| 예제 4-21 레벨 표시 [Device] 설정

3) 수치 표시 작화

- [Object] → [Numerical Display/Input] → [Numerical Display] 메뉴를 선택한다.
- 다각형의 내부에 마우스를 클릭하고 적당한 크기로 작화한다.
- 수치 표시를 클릭하고 [Device/Style] 탭을 [그림 4-245]와 같이 설정한다.
- [Extended] 탭을 클릭하고 [그림 4-246]과 같이 [Display Mode]를 XOR로 설정하여, 레벨이 표시될 때 수치 표시가 반전되도록 한다.

4) 스케일 작화

- [Figure] → [Scale] 메뉴를 선택한다.
- [그림 4-247]과 같이 다각형 옆에 적당한 크기로 작화한다.
- 스케일을 오른쪽 마우스로 클릭하고, [그림 4-248]과 같이 [Rotate Left]를 선택하여 왼쪽으로 회전시킨다.

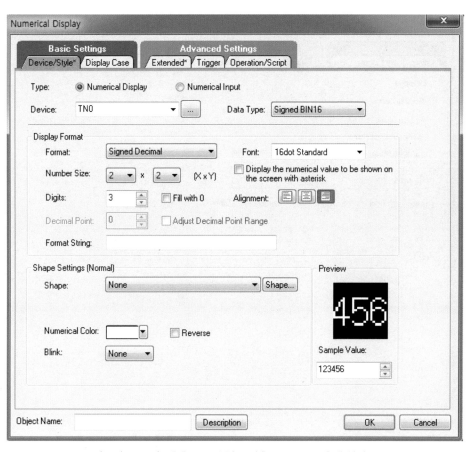

|그림 4-245| 예제 4-21 수치 표시 [Device/Style] 탭 설정

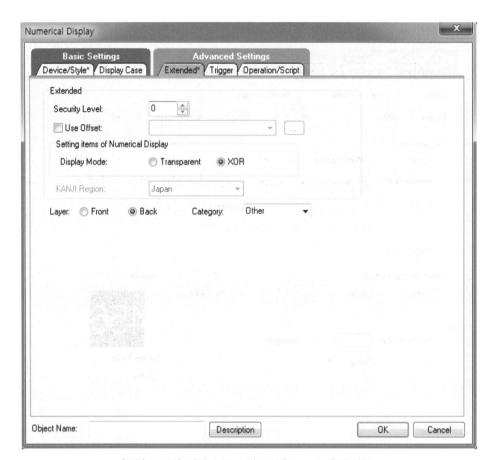

|그림 4-246| 예제 4-21 수치 표시 [Extended] 탭 설정

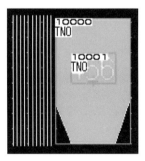

|그림 4-247| 예제 4-21 스케일 작화

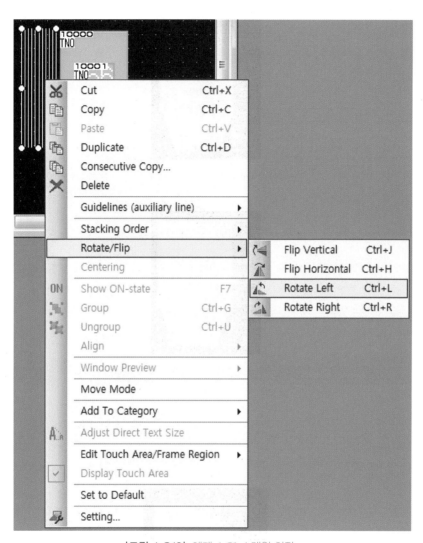

|그림 4-248| 예제 4-21 스케일 회전

- 회전한 스케일을 [그림 4-249]와 같이 높이를 다각형에 맞추고 너비를 조정한다.
- 스케일을 더블클릭하고 [Scale Points]를 7로 설정하면 [그림 4-250]과 같이 된다.

|그림 4-249| 예제 4-21 스케일 회전

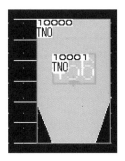

|그림 4-250| 예제 4-21 스케일 포인트 조정

5) 텍스트 설정

　　- [Figure] → [Text] 메뉴를 선택한다.

　　- [그림 4-251]과 같이 텍스트를 작화한다.

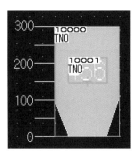

|그림 4-251| 예제 4-21 텍스트 설정

6) 비트 스위치 작화

- [Object] → [Switch] → [Bit Switch] 메뉴를 선택한다.

- 마우스를 클릭하고 적당한 크기로 작화한다.

- 비트 스위치를 클릭하고, 디바이스 탭을 [그림 4-252]와 같이 설정한다.

- 텍스트 탭을 [그림 4-253]과 같이 설정한다.

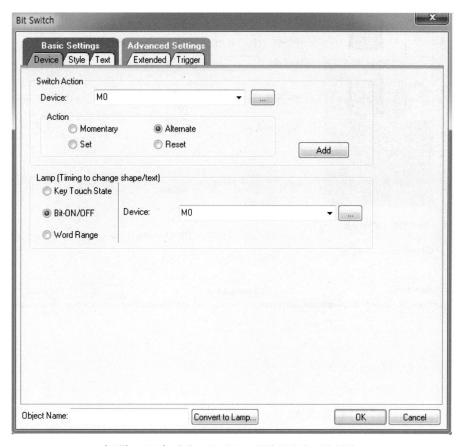

|그림 4-252| 예제 4-21 비트 스위치 디바이스 탭 설정

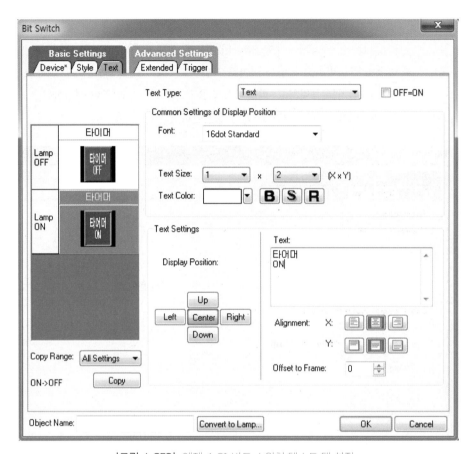

|그림 4-253| 예제 4-21 비트 스위치 텍스트 탭 설정

7) PLC 프로그램

- [그림 4-254]와 같이 PLC 프로그램을 작성하여 레벨, 버튼 및 수치표시의 동작상태를 확인한다.

|그림 4-254| 예제 4-21 PLC 프로그램

6 예제 4-22

1) [그림 4-239]를 [그림 4-255]와 같이 수정한다.

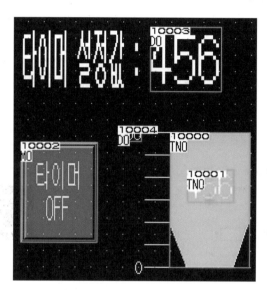

|그림 4-255| 예제 4-22 화면

2) 텍스트 설정

- [Figure] → [Text] 메뉴를 선택하고 "타이머 설정값 :"을 적당한 크기로 작화한다.

3) 수치 입력 작화

- [Object] → [Numerical Display/Input] → [Numerical Input] 메뉴를 선택한다.
- 다각형의 내부에 마우스를 클릭하고 적당한 크기로 작화한다.
- [Device/Style] 탭을 [그림 4-256]과 같이 설정한다.

387

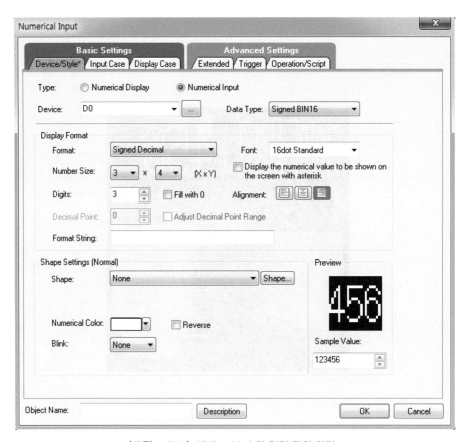

|그림 4-256| 예제 4-22 수치 입력 작화 화면

4) 수치 표시 수정

　　- [그림 4-251] 텍스트를 [그림 4-257]과 같이 삭제하고, 수치 표시로 상한값을
　　　표시한다.

|그림 4-257| 예제 4-22 레벨 상·하한값 표시 수정 화면

5) 레벨 표시 수정

- [그림 4-239]의 레벨을 더블 클릭한다.
- [그림 4-258]과 같이 [Upper Limit]의 [Fixed]를 [Device]로 선택한다.
- [Device]칸에 [D0]을 입력하고 [OK]버튼을 클릭한다.

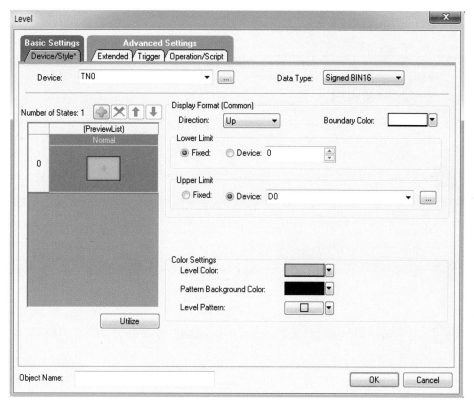

|그림 4-258| 예제 4-22 레벨 표시 수정 화면

6) PLC 프로그램

- [그림 4-259]와 같이 [예제 4-21]의 PLC 프로그램을 수정하여 레벨, 버튼 및 수치표시 동작 상태를 확인한다.

|그림 4-259| 예제 4-22 PLC 프로그램

 **패널미터**

1 워드 디바이스값을 설정된 하한값, 상한값에 상대값으로 미터(지침의 움직임)로 표시하는 기능이다.

2 [Object] → [Graph] → [Panelmeter] 메뉴를 선택한다.

3 패널미터를 배치하고자 하는 위치에서 클릭하면, 패널미터의 배치가 완료된다.

4 Device/Style 탭

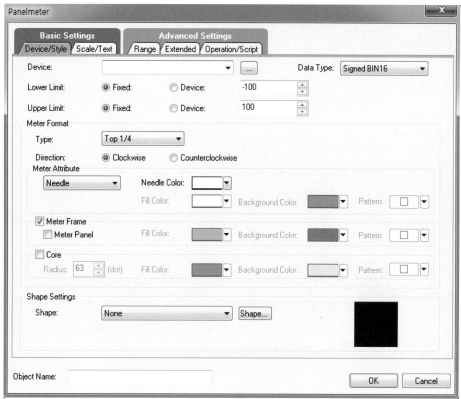

|그림 4-260| 패널미터 [Device/Style]탭 설정 화면

1) Display Format(Common)

- **Lower Limit, Upper Limit** : 패널미터로 표시하고자 하는 디바이스 값의 범위(하한값, 상한값)를 고정값으로 설정할 것인지, 지정된 디바이스 값으로 설정할 것인지를 선택한다.

· Fixed :상수를 설정한다.

· Device : 디바이스값을 설정한다.

- **Meter Forma**t : 패널미터의 종류를 선택한다.

· Type : 위 1/4원 아래 1/4원 왼쪽 1/4원 오른쪽 1/4원 왼쪽 위 1/4원 오른쪽 위 1/4원 3/4원 왼쪽 아래 1/4원 오른쪽 아래 1/4원 위 반원 아래 반원 왼쪽 반원 오른쪽 반원 원

· Base Point : [Type]에서 원을 선택한 경우, 미터 지침의 기점(디바이스값이 하한값일 때 표시되는 위치)을 선택한다.

· Direction : 모니터 디바이스값이 증가하는 방향을 선택한다.(시계 방향/ 반시계 방향)

· Meter Attribute : 미터 표시의 종류를 선택한다.(지침/ 채우기/ 지침+ 채우기) 선택 후 색상 설정 버튼을 클릭하고, [Needle Color], [Fill Color], [Background Color], [Pattern]을 설정한다.

· Needle Color, Fill Color, Background Color, Pattern : 미터의 지침색이나 채우기색을 설정한다.

· Meter Frame : 미터의 테두리를 표시하는 경우 체크 표시를 한다. 테두리의 선폭은 1도트, 표시색은 흰색으로 고정이다.

· Meter Panel : 패널미터의 패널면에 색칠하는 경우 체크표시를 한다. 체크 후 색을 설정한다. [Meter Frame]에 체크 표시를 하여 미터 테두리를 표시 한 경우에만 본 항목을 설정할 수 있다.

· Core : Core를 표시하는 경우에 체크 표시를 한다. 체크 후 색상설정 버튼을 클릭하고 Core색을 설정한다.

– Shape

· Shape : 오브젝트에 도형을 설정한다. [None]을 선택하면 도형이 표시되지 않는다. [Shape] 버튼을 클릭하면, 리스트 상자 이외의 도형을 선택할 수 있다.

· Frame Color, Plate Color : 도형의 테두리색, 플레이트색을 선택한다.

5 Scale/Text 탭

1) Scale Setting : 패널미터에 눈금이나 눈금값을 설정한다.

– **Scale** : 눈금을 표시하는 경우에 체크한다.

– **Scale Points, Color** : [Scale]을 체크하고, 눈금의 개수(2 ~ 101), 눈금의 색을 설정한다. 눈금의 간격은 눈금의 개수에 의해 자동으로 설정된다.

– **Scale Value** : 표시 수치를 눈금으로 표시하는 경우에 체크한다.

– **Value. Color** : [Scale Value]를 체크하고, 수치수(2 ~ 101), 수치색을 설정한다.

– **Scale Value** : 눈금값의 수치를 변경하는 경우에 눈금값의 하한값, 상한값을 설정한다.

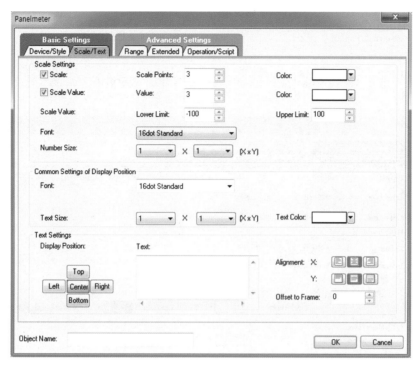

|그림 4-261| 패널미터 [Scale/Text]탭 설정 화면

6 예제 4-23

1) [그림 4-262]와 같이 [예제 4-22]의 작화를 수정한다.

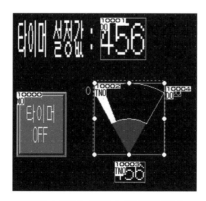

|그림 4-262| 예제 4-23 작화 화면

2) [그림 4-255]에서 레벨을 삭제하고, [Object] → [Graph] → [Panelmeter] 메뉴를 선택한다.

3) 패널미터를 배치하고자 하는 위치에서 클릭하고, 적당한 크기로 조정한다.

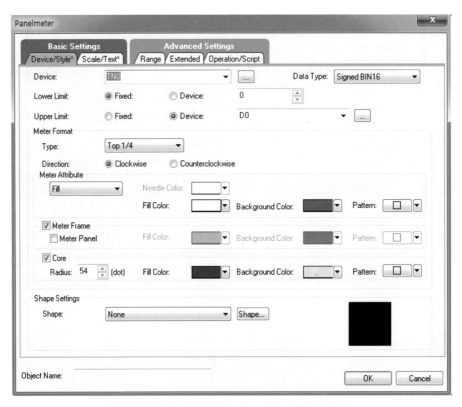

|그림 4-263| 예제 4-23 [Device/Style 탭] 설정 화면

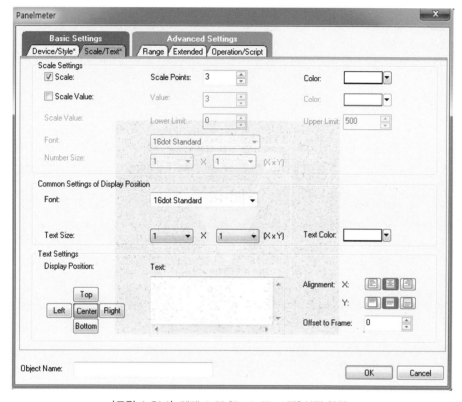

|그림 4-264| 예제 4-23 [Scale/Text 탭] 설정 화면

4) 패널미터를 클릭한 후, [Device/Style 탭]을 [그림 4-263]과 같이 설정한다.

5) [Scale/Text 탭]을 클릭하고, [그림 4-264]와 같이 설정한 후 [OK] 버튼을 클릭한다.

6) PLC 프로그램

   - 예제 4-22의 PLC 프로그램을 그대로 사용하여 패널미터의 동작상태를 확인한다.

ㄱ. 예제 4-24

1) [그림 4-265]와 같이 작화한다.

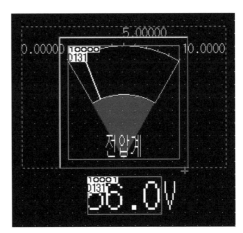

|그림 4-265| 예제 4-24 작화 화면

2) [Object] → [Graph] → [Panelmeter] 메뉴를 선택한다.

3) 패널미터를 배치하고자 하는 위치에서 클릭하고, 적당한 크기로 조정한다.

4) 패널미터를 클릭한 후, [Device/Style 탭]을 [그림 4-266]과 같이 설정한다.

5) [Scale/Text 탭]을 클릭하고, [그림 4-267]과 같이 설정한 후 [OK] 버튼을 클릭한다.

6) 수치표시와 Text는 적당히 작화한다.

7) PLC 프로그램
   -A/D 모듈의 스위치 설정, 파라미터 및 자동_리프레시는 [그림 4-268], [그림 4-269] 및 [그림 4-270]과 같이 설정한다.
   -PLC 프로그램은 [그림 4-271]과 같이 작성하여 패널미터 및 AD모듈의 특성을 확인한다.

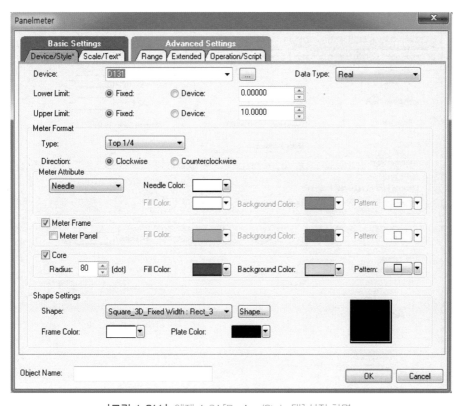

|그림 4-266| 예제 4-24 [Device/Style 탭] 설정 화면

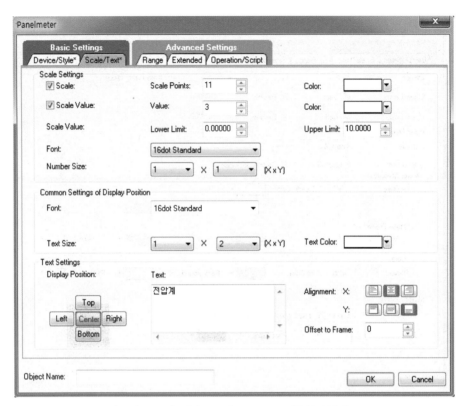

|그림 4-267| 예제 4-24 [Scale/Text 탭] 설정 화면

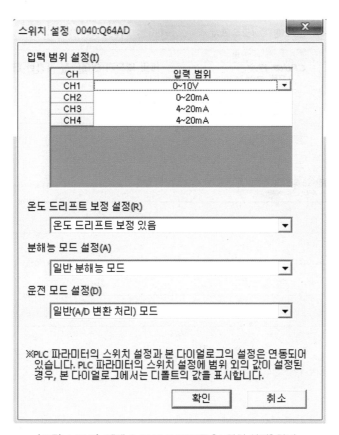

|그림 4-268| 예제 4-24 PLC AD모듈 [스위치 설정] 화면

표시 필터(R)	모두 표시 ▼

항목	CH1
기본 설정	**A/D 변환 제어 방식을 설정합니다.**
A/D 변환 허가/금지 설정	0:허가
샘플링/평균 처리 지정	1:평균 처리
시간 평균/횟수 평균 지정	1:시간 평균
평균 시간/평균 횟수	100 ms

|그림 4-269| 예제 4-24 PLC AD모듈 [파라미터] 설정 화면

표시 필터(R)   모두 표시   ▼

항목	CH1
⊟ **CPU에 전송**	버퍼 메모리 데이터를 지정한 디바
├── 디지털 출력값	D11
├── 최대값	D12
├── 최소값	D13
└── 에러 코드	

|그림 4-270| 예제 4-24 PLC AD모듈 [자동_리프레시] 설정 화면

⊞ [PRG]쓰기 MAIN 18스텝 ✕ | ⊞ 0040:Q64AD[]-파라미터 | ⊞ 0040:Q64AD[]-자동_리프레시

```
        X40   X4E   Y49
   0 ────┤├────┤├────┤/├──────────────────────────────[MOV   D11    D101  ]

        SM400
   5 ────┤├──────────────────────────────────────────[FLT   D101   D111  ]

                                                      [E*    D111   E10    D121 ]

                                                      [E/    D121   E4000  D131 ]

  17 ────────────────────────────────────────────────────────────────────[END   ]
```

|그림 4-271| 예제 4-24 PLC 프로그램

8 예제 4-25

1) [그림 4-272]와 같이 작화한다.

|그림 4-272| 예제 4-25 작화 화면

2) [그림 4-265]에서 패널미터의 [Device/Style 탭]과 [Scale/Text 탭]의 [Upper Limit]을
   20으로 수정한다.

3) 수치표시와 Text는 적당히 수정한다.

4) PLC 프로그램
   - A/D 모듈의 스위치 설정을 [그림 4-273]과 같이 설정하고 파라미터 및
     자동_리프레시는 [예제 4-24]와 같이 설정한다.
   - PLC 프로그램은 [그림 4-174]와 같이 작성하여 패널미터 및 AD모듈의 특성을
     확인한다.

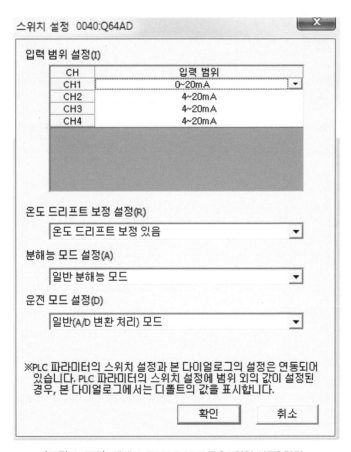

|그림 4-273| 예제 4-25 PLC AD모듈 [스위치 설정] 화면

|그림 4-274| 예제 4-25 PLC 프로그램

3.8.3 꺾은선 그래프

1 복수의 워드 디바이스의 데이터를 일괄로 수집하여 꺾은선 그래프로 표시하는 기능이다.

2 [Object] → [Graph] → [Line Graph] 메뉴를 선택한다.

3 꺾은선 그래프를 배치하고자 하는 위치에서 클릭하면, 꺾은선 그래프의 배치가 완료된다.

4 Data 탭

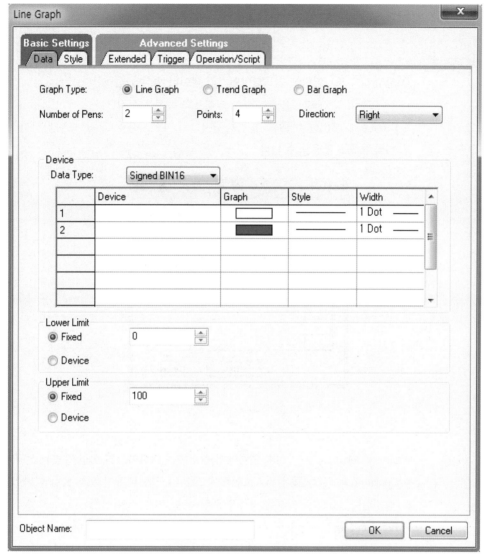

|그림 4-275| 꺾은선 그래프 [Data]탭 설정 화면

1) Graph Type : 설정하는 그래프를 선택한다.(꺾은선그래프/ 트렌드그래프/ 막대 그래프)

2) Number of Pens : 표시되는 그래프 개수를 설정한다. 1~8개를 설정할 수 있다.

3) Points : 1개의 그래프에 표시되는 포인트수(모니터 디바이스의 수)를 설정한다. 2 ~ 500 포인트를 설정할 수 있다. 각 포인트의 간격은 설정된 포인트수와 X축 표시 범위에 의해 자동으로 정해진다.

403

4) Direction : 모니터 디바이스의 설정 방향을 선택한다.

5) Device : 모니터 디바이스를 설정한다.

    -Data Type : 모니터하는 워드디바이스의 데이터 형식을 선택한다.

    -List : 일람표의 각 항목을 클릭하여 그래프의 속성을 설정한다.

       · Device : [Edit] 버튼을 클릭하면 [그림 4-276]과 같이 모니터하는 워드
         디바이스를 설정할 수 있다.

|그림 4-276| 꺾은선 그래프 [Device] 설정 화면

· Device Settings : 디바이스 일람에서 설정하는 디바이스의 설정 방법을 선택한다.

· Continuous : 그래프선의 1포인트에 모니터되는 디바이스를 선두 디바이스로
  설정한다. 2포인트 이후는 자동으로 연속된 디바이스가 설정된다.

· Random : 포인트마다 모니터 디바이스를 1점씩 임의로 설정한다.

· 2 Device/Point : 1개의 포인트를 2개의 디바이스 값으로 표시하는 경우에
  체크한다.

· Graph :그래프의 선색을 선택한다.

· Style : 그래프의 선 종류를 선택한다.

· Width : 그래프의 선폭을 선택한다.(1~7도트)

5 예제 4-26

1) [그림 4-277]과 같이 작화한다.

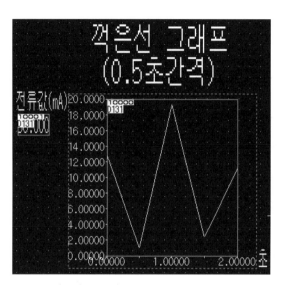

|그림 4-277| 예제 4-26 작화 화면

2) [Object] → [Graph] → [Line Graph] 메뉴를 선택한다.

3) 위치하고자 하는 위치에서 클릭하고 적당한 크기로 작화한다. 꺾은선 그래프를 더블클릭하고 [Data]탭을 [그림 4-278]과 같이 설정한다.

4) [Device]의 [Edit]버튼을 클릭하여 디바이스 명을 [D131]로 입력하면 [그림 4-279]와 같이 연속된 디바이스가 자동으로 입력되는 것을 알 수 있다.

5) [Style]탭을 클릭하고 [그림 4-280]과 같이 설정한다.

6) PLC 프로그램
   - A/D 모듈의 설정은 [예제 4-25]와 같이 한다.
   - PLC 프로그램은 [그림 4-281]과 같이 작성하여 꺾은선 그래프 및 AD모듈의 특성을 확인한다.

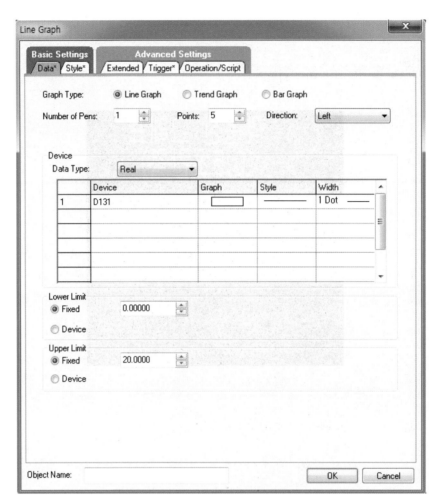

|그림 4-278| 예제 4-26 꺾은선 그래프 [Data]탭 설정 화면

|그림 4-279| 예제 4-26 꺾은선 그래프 [Device Edit] 설정 화면

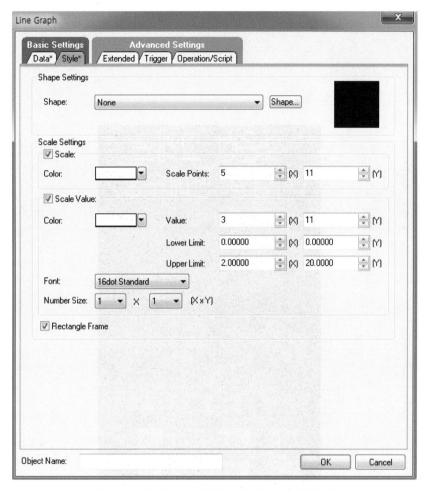

|그림 4-280| 예제 4-26 꺾은선 그래프 [Style]탭 설정 화면

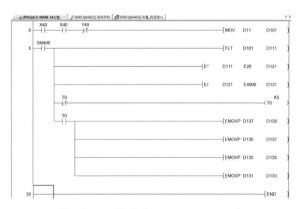

|그림 4-281| 예제 4-26 PLC 프로그램

6 예제 4-27

1) [그림 4-282]와 같이 작화한다.

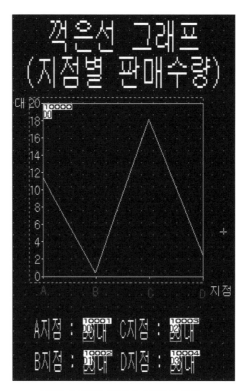

|그림 4-282| 예제 4-27 작화 화면

2) 꺾은선 그래프의 [Data]탭을 [그림 4-283]과 같이 설정하면 [그림 4-284]와 같이 연속된 디바이스가 자동으로 입력된다.

3) [Style]탭을 클릭하고 [그림 4-285]와 같이 설정한다.

4) 수치 입력과 텍스트는 [그림 4-282]에 맞추어 작성한다.

5) D0에 A지점의 판매수량, D1에 B지점의 판매수량, D2에 C지점의 판매수량, D3에 D지점의 판매수량을 입력한다.

6) PLC 프로그램 : 산술 연산이 없으므로 별도의 PLC 프로그램없이 PLC에 연결만 하여 꺾은선 그래프의 특성을 확인한다.

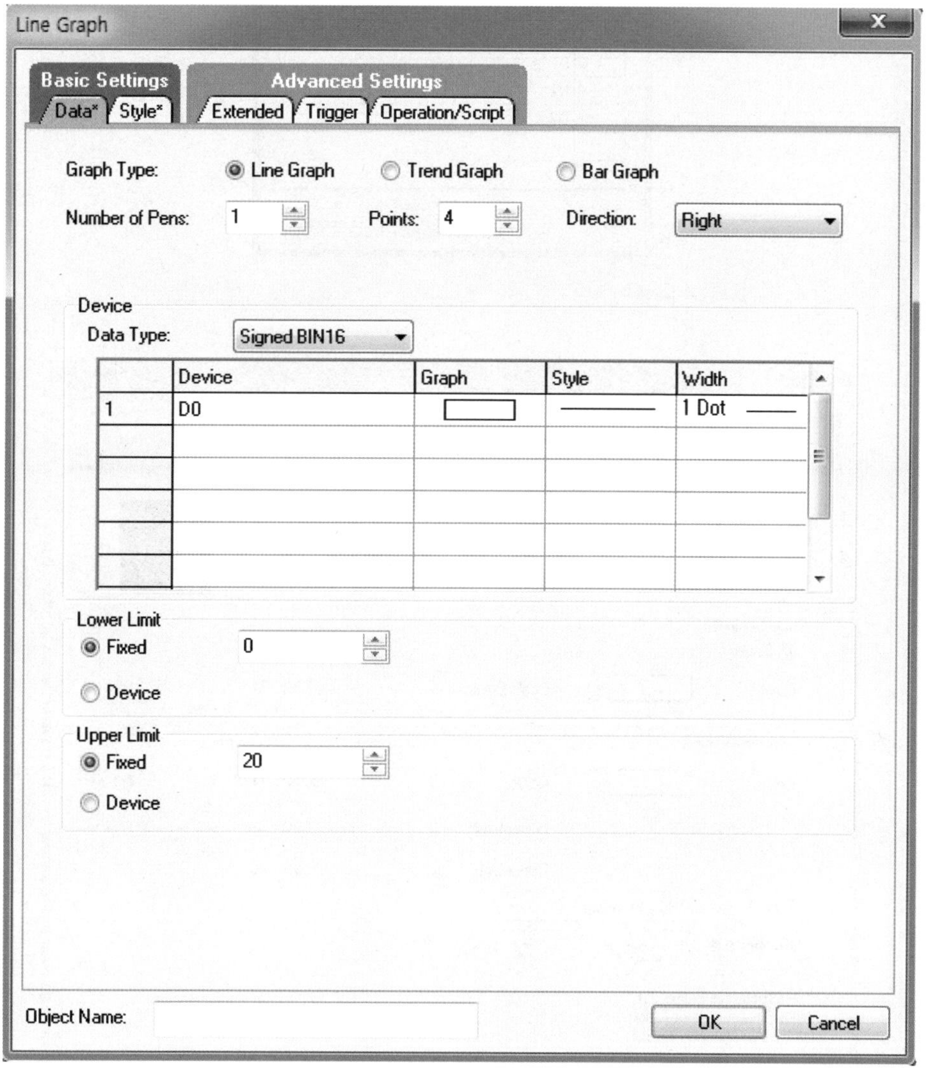

|그림 4-283| 예제 4-27 꺾은선 그래프 [Data]탭 설정 화면

|그림 4-284| 예제 4-27 꺾은선 그래프 [Device Edit] 설정 화면

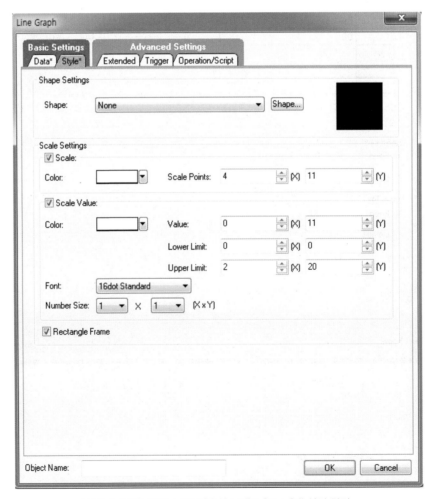

|그림 4-285| 예제 4-27 꺾은선 그래프 [Style]탭 설정 화면

트렌드 그래프

1 워드 디바이스의 데이터를 계속해서 수집하여 트렌드 그래프로 표시하는 기능이다.

2 [Object] → [Graph] → [Trend Graph] 메뉴를 선택한다.

3 트렌드 그래프를 배치하고자 하는 위치에서 클릭하고 적당한 크기로 조정하면, 막대 그래프의 배치가 완료된다.

4 Data 탭

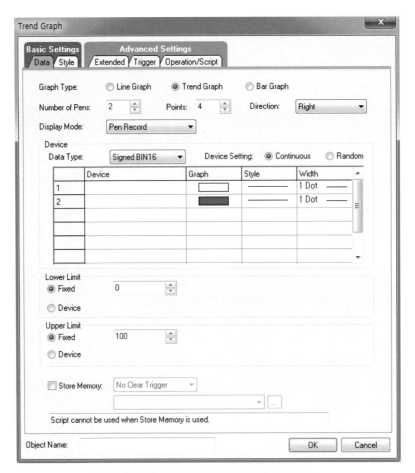

|그림 4-286| 트렌드 그래프 [Data]탭 설정 화면

1) Store Memory : 트렌드 그래프가 설정되어 있지 않은 화면을 표시하고 있을 때에도 계속해서 데이터를 수집하는 경우에 체크 표시를 한다. GOT의 내부 메모리에 그래프로 설정된 포인트 수만큼의 데이터를 저장한다. 체크 후 GOT의 내부 메모리에 저장되어 있는 데이터를 삭제하는 타이밍을 선택한다.

- **No Clear Trigger** : 내부 메모리에 저장되어 있는 데이터를 삭제하지 않는다.
- **Clear On Trigger Rise** : 내부 메모리에 저장되어 있는 데이터를 비트 디바이스의 상승펄스(OFF → ON)시 삭제한다.
- **Clear On Trigger Fall** : 내부 메모리에 저장되어 있는 데이터를 비트 디바이스의 하강펄스(ON → OFF)시 삭제한다.
- [Clear On Trigger Rise]/[Clear On Trigger Fall]을 선택한 경우, 삭제 트리거로하는 비트 디바이스를 설정한다.

5 예제 4-28

1) [그림 4-287]과 같이 작화한다.

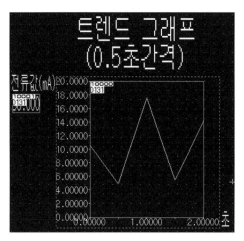

|그림 4-287| 예제 4-28 작화 화면

2) [Object] → [Graph] → [Trend Graph] 메뉴를 선택한다.

3) 위치하고자 하는 위치에서 클릭하고 적당한 크기로 작화한다. 트렌드 그래프를 더블클릭하고 [Data]탭을 [그림 4-288]과 같이 설정한다.

4) [Style]탭을 클릭하고 [그림 4-289]와 같이 설정한다.

5) [trigger]탭을 클릭하고 [그림 4-290]과 같이 설정하여, 0.5초 간격으로 샘플링하여 트렌드 그래프로 나타나도록 한다.

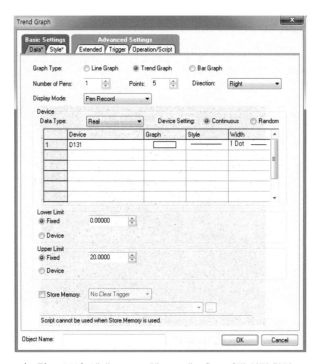

|그림 4-288| 예제 4-28 트렌드 그래프 [Data]탭 설정 화면

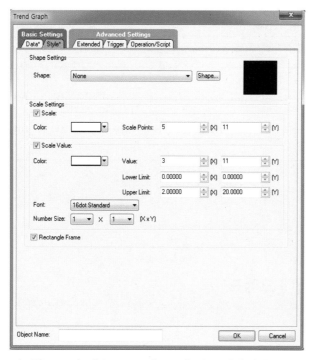

|그림 4-289| 예제 4-28 트렌드 그래프 [Style]탭 설정 화면

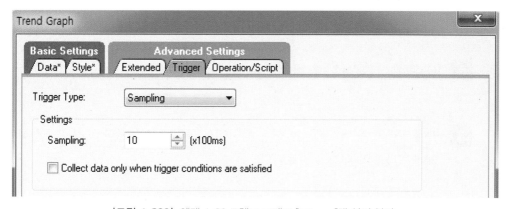

|그림 4-290| 예제 4-28 트렌드 그래프 [Trigger]탭 설정 화면

6) PLC 프로그램

- A/D 모듈의 설정은 [예제 4-25]와 같이 한다.
- PLC 프로그램은 [그림 4-291]과 같이 작성하여 트렌드 그래프 및 AD모듈의 특성을 확인한다.

415

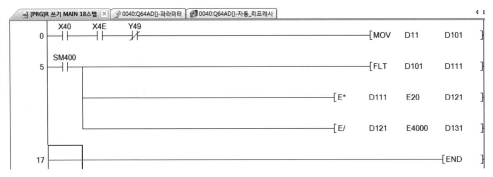

|그림 4-291| 예제 4-28 PLC 프로그램

4.8.5 막대 그래프

1 워드 디바이스의 데이터를 계속해서 수집하여 막대 그래프로 표시하는 기능이다.

2 [Object] → [Graph] → [Bar Graph] 메뉴를 선택한다.

3 막대 그래프를 배치하고자 하는 위치에서 클릭하고 적당한 크기로 조정하면, 막대 그래프의 배치가 완료된다.

4 Data 탭

1) Base Value

막대 그래프가 표시하고자 하는 디바이스의 기준값을 설정한다.

|그림 4-292| 막대 그래프 [Data]탭 설정 화면

5 Style 탭

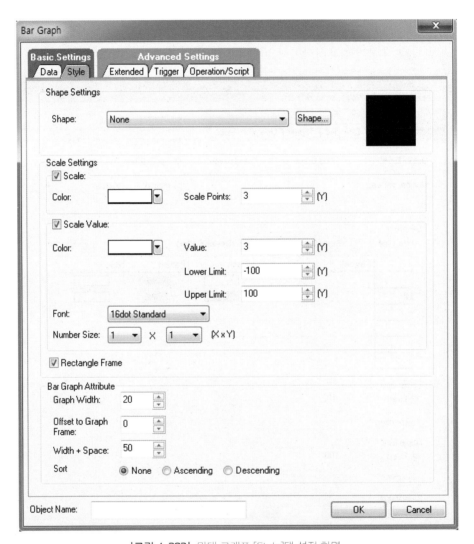

|그림 4-293| 막대 그래프 [Style]탭 설정 화면

1) Bar Graph Attribute

- **Graph Width** : 그래프의 폭을 설정한다.(1 ~ 500도트) 막대 그래프의 가로폭에는 설정된 폭의 값에 경계선(세로방향:왼쪽, 가로방향:위쪽) 1도트가 포함된다. 가로폭:폭+경계선

- **Offset to Graph Frame** : 그래프의 원점에서 원점 부근의 막대 그래프 표시 위치까지의 간격을 설정한다. (0 ~ 100도트)

- Width + Space : 막대그래프 사이의 간격을 설정한다.(1 ~ 500도트) 설정값내에 가로폭도 포함된다.
- Sort : 그래프를 정렬하는 경우에 체크 표시를 하면, 필터링 방법을 선택할 수 있다. (없음/오름차순/내림차순)

6 예제 4-29

1) [그림 4-294]와 같이 작화한다.

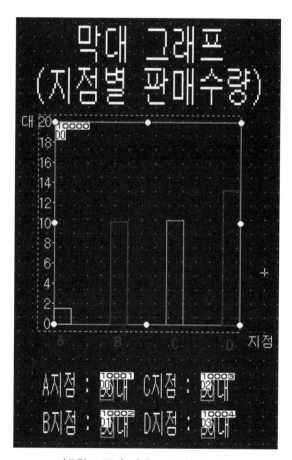

|그림 4-294| 예제 4-29 작화 화면

2) 막대 그래프의 [Data]탭을 [그림 4-295]와 같이 설정하면서 Device1에 [D0]만 입력하면 D1~D3까지 연속된 디바이스가 자동으로 입력된다.

3) [Style]탭을 클릭하고 [그림 4-296]과 같이 설정하고, 그래프의 폭과 간격이 맞지 않으면 Graph Width, Offset to graph frame, Width + Space를 적당히 조정하여 그래프의 폭과 간격을 조정한다.

4) 수치 입력과 텍스트는 [그림 4-294]에 맞추어 작성한다.

5) D0에 A지점의 판매수량, D1에 B지점의 판매수량, D2에 C지점의 판매수량, D3에 D지점의 판매수량를 입력한다.

6) PLC 프로그램 : 산술 연산이 없으므로 별도의 PLC 프로그램없이 PLC에 연결만 하여 막대 그래프의 특성을 확인한다.

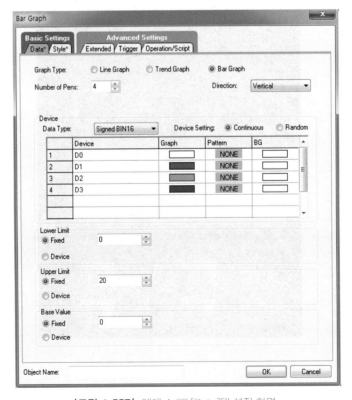

|그림 4-295| 예제 4-29 [Data]탭 설정 화면

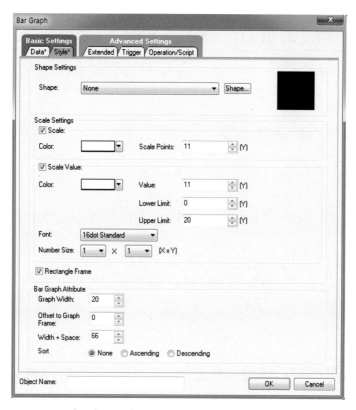

|그림 4-296| 예제 4-29 [Style]탭 설정 화면

4.9 아스키 표시 / 아스키 입력

4.9.1 아스키 표시 설정

1 [Object] → [ASCII Display/Input] → [ASCII Display] 메뉴를 선택한다.

2 아스키 표시를 배치하고자 하는 위치에서 클릭하면, 아스키 표시의 배치가 완료된다.

3 배치한 아스키 표시를 더블 클릭하면, 설정 대화상자가 표시된다.

4 Device/Style 탭

1) 사용하는 기능(아스키 표시/ 아스키 입력)을 선택하고, 디바이스, 표시 형식(글꼴, 문자 크기, 표시 자리, 도형)을 설정한다.

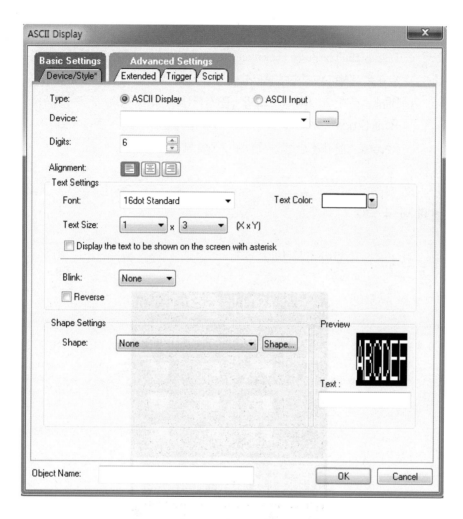

|그림 4-297| 아스키 출력 [Device/Style]탭 설정 화면

2) Digits : 표시/입력하는 문자의 자리(1 ~ 100)를 설정한다. 문자의 종류에 따라
자리는 다음과 같이 설정한다.

- 반각 문자(ASCII 코드) : 1자리
- 전각 문자(ASCII 코드) : 2자리
- 스페이스는 반각 문자의 경우 1자리, 전각 문자의 경우 2자리를 사용한다.

3) Text Settings

- Display the text to be shown on the screen with asterisk : 화면에 표시되는 문자를 별표로 표시하는 경우에 체크한다.
- Blink : 문자, 도형의 블링크 방법을 선택한다.(없음/ 저속/ 중 즉/ 고속)
- Blink Scope : 블링크하는 범위를 선택한다.(문자/ 문자+ 플레이트)
- Reverse : 문자를 반전 표시하는 경우에 체크한다.

5 예제 4-30

1) [그림 4-298]과 같이 작화한다.

|그림 4-298| 예제 4-30 작화 화면

2) ASCII 출력의 [Device/Style]탭을 [그림 4-299]와 같이 설정한다.

3) 공구 1, 2, 3의 교체시간을 수치입력 D10, D20, D30으로 설정하고, 사용시간을 수치표시 SN0, SN1, SN2로 설정한다.

4) 선그리기와 텍스트를 이용하여 표를 작성한다.

5) 공구 1의 교체 표시 램프는 [그림 4-300]과 같이 워드 램프 SN0을 이용하여 작성한다.

6) 공구 2와 3의 교체 표시 램프는 [그림 4-300]과 같은 방법으로 디바이스 SN1, SN2을 이용하여 작성한다.

7) PLC 프로그램 : [그림 4-301]과 같이 PLC 프로그램을 작성하여 ASCII 표시 방법을 확인한다.

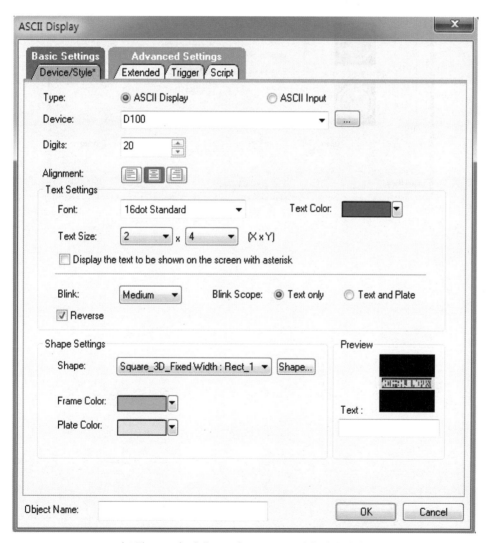

|그림 4-299| 예제 4-30 [Device/Style]탭 설정 화면

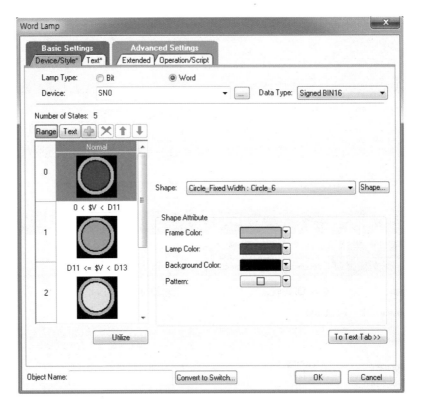

(a)

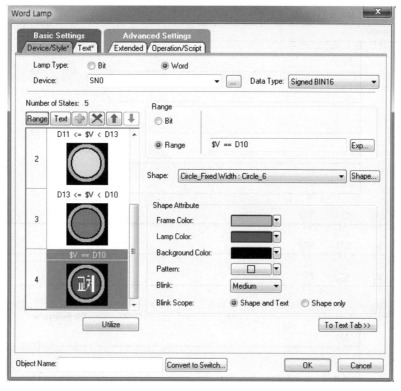

(b)

|그림 4-300| 예제 4-30 공구1 교체 램프 [Device/Style]탭 설정 화면

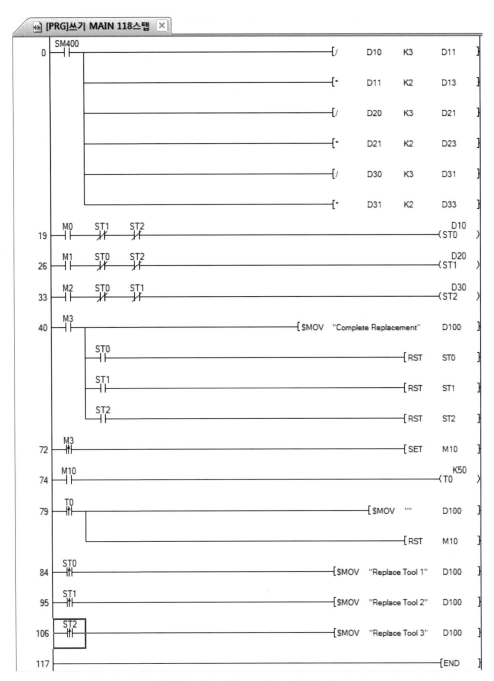

|그림 4-301| 예제 4-30 PLC 프로그램

아스키 입력 설정

1　[Object] → [ASCII Display/Input] → [ASCII Input] 메뉴를 선택한다.

2　아스키 표시를 배치하고자 하는 위치에서 클릭하면, 아스키 표시의 배치가 완료된다.

3　배치한 아스키 표시를 더블 클릭하면, 설정 대화상자가 표시된다.

4　Device/Style 탭

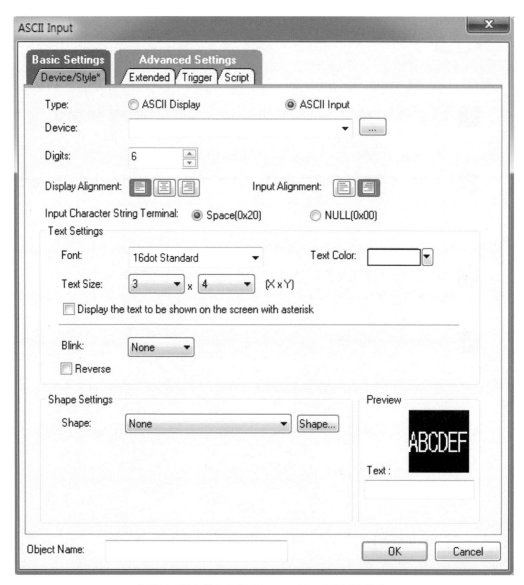

|그림 4-302| 아스키 입력 [Device/Style]탭 설정 화면

1) Input Character String Terminal : 입력된 문자수가 [Device/Style] 탭의
   [Digits]에서 지정한 문자수보다 부족한 경우, 부족한 부분에 삽입하는 ASCII 코드를
   선택할 수 있다.

   - 스페이스(0x20) : 스페이스로 확보한다.
   - NULL(0x00) : 첫 1번째 문자에 NULL(0x00)을 저장한다. NULL보다 앞의 문자열을
     유효로 하고, NULL 이후의 문자를 무시한다.

5 예제 4-31

1) [그림 4-303]과 같이 작화한다.

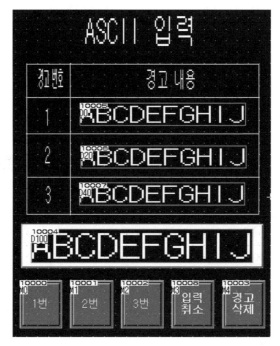

|그림 4-303| 예제 4-31 작화 화면

2) ASCII 입력의 [Device/Style]탭을 [그림 4-304]와 같이 설정한다.

3) 선그리기와 텍스트를 이용하여 표를 작성한다.

4) 경고 번호 1의 경고내용은 [그림 4-305]와 같이 아스키 출력으로 설정한다.

5) 경고번호 2와 3의 경고 내용은 [그림 4-305]와 같은 방법으로 디바이스 D20, D40을 이용하여 작성한다.

6) PLC 프로그램 : [그림 4-306]과 같이 PLC 프로그램을 작성하여 ASCII 입력과 표시 방법을 확인한다.

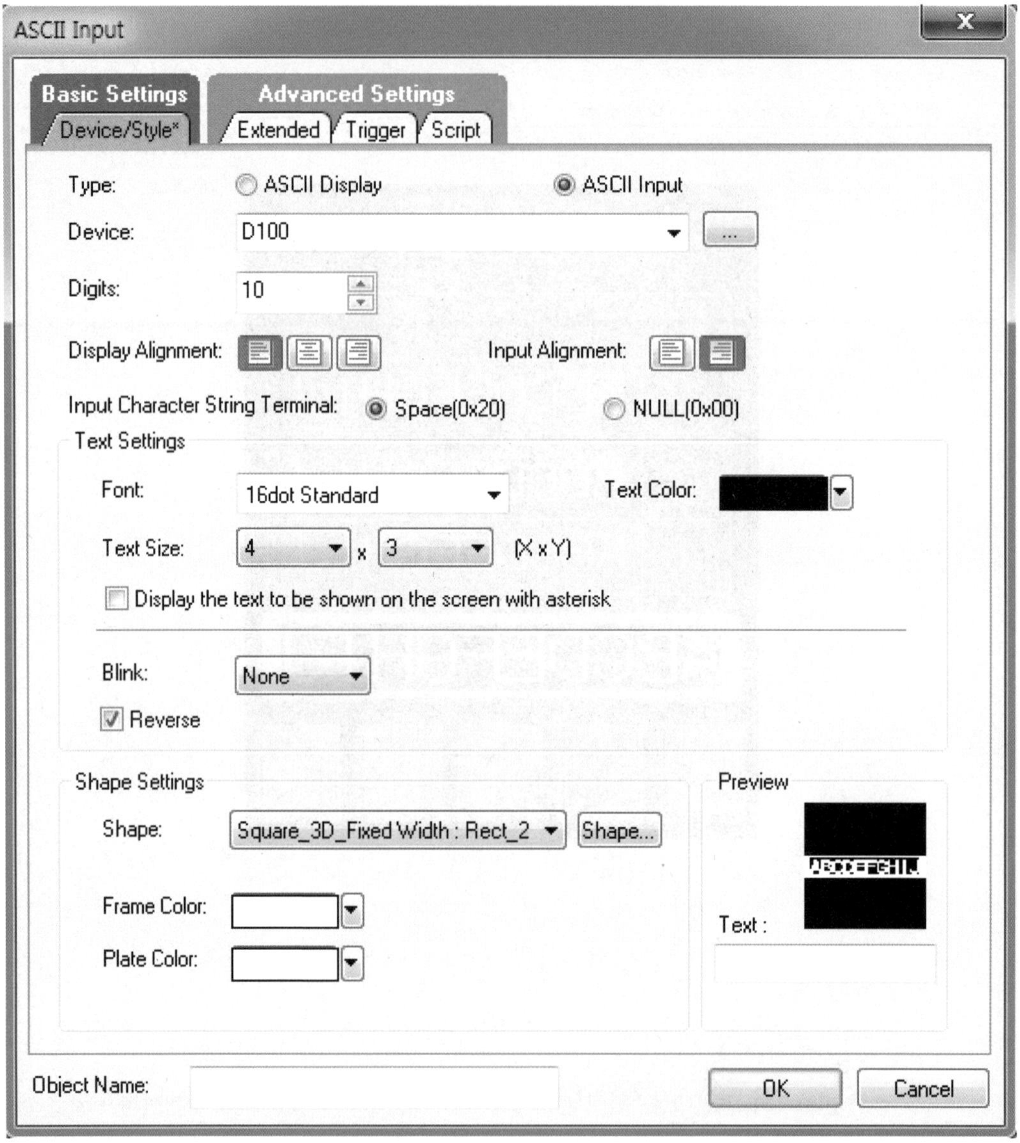

|그림 4-304| 예제 4-31 [Device/Style]탭 설정 화면

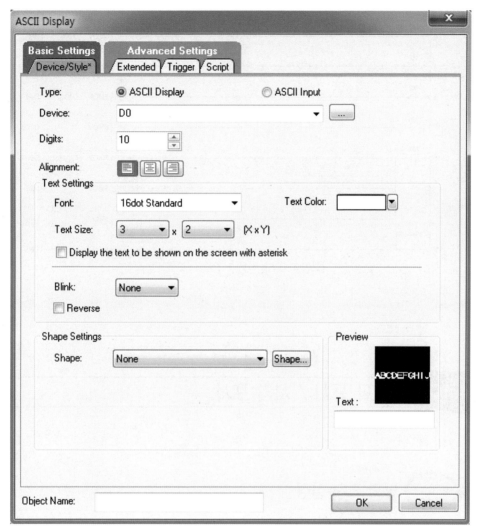

|그림 4-305| 예제 4-31 경고 내용1 아스키 표시 [Device/Style]탭 설정 화면

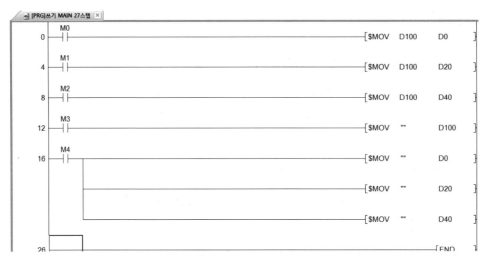

|그림 4-306| 예제 4-31 PLC 프로그램

4.10 날짜 표시 / 시간 표시

 날짜 표시 설정

1 [Object] → [Date/Time Display] → [Date Display] 메뉴를 선택한다.

2 날짜 표시를 배치하고자 하는 위치에서 클릭하면, 날짜 표시의 배치가 완료된다.

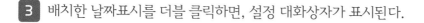

3 배치한 날짜표시를 더블 클릭하면, 설정 대화상자가 표시된다.

4 Date Setting 탭

1) 표시항목(날짜/시간)과 표시 포맷을 설정한다.

2) Type : 날짜를 표시할 것인지, 시간을 표시할 것인지를 선택한다.

    - Date : 년, 월, 일을 표시한다.

    - Time : 시간을 표시한다.

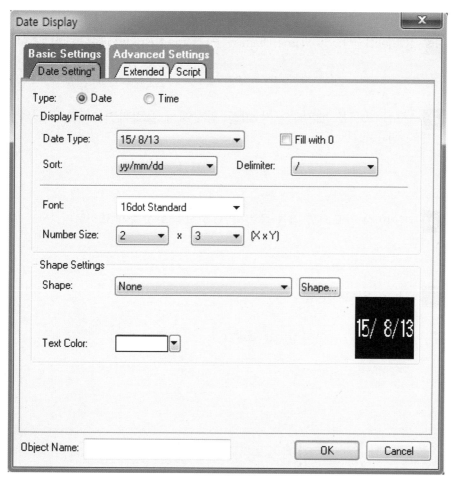

|그림 4-307| 날짜 표시 [Date Setting]탭 설정 화면

3) Display Format

-Date Type : 날짜의 표시를 선택한다.

-Fill with 0 : 월, 일의 앞에 0을 표시하고자 하는 경우에 체크표시를 한다.

-Sort : 년, 월, 일의 배열을 설정한다.

- Delimiter : 년, 월, 일을 구분하는 문자를 설정한다.

 4.10.2 시간 표시 설정

1 [Object] → [Date/Time Display] → [Time Display] 메뉴를 선택한다.

2 시간 표시를 배치하고자 하는 위치에서 클릭하면, 시간 표시의 배치가 완료된다.

3 배치한 시간표시를 더블 클릭하면, 설정 대화상자가 표시된다.

4 Time Setting 탭

1) Time Type : 시간의 표시를 선택한다.

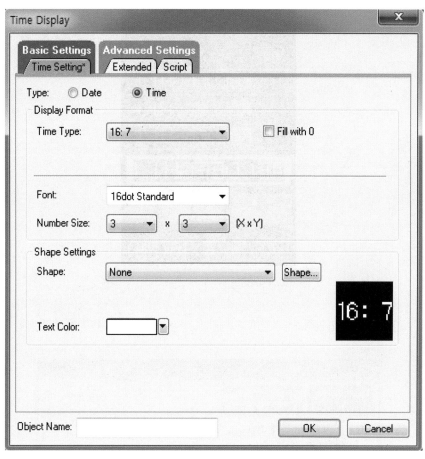

|그림 4-308| 시간 표시 [Time Setting]탭 설정 화면

5 예제 4-32

1) [그림 4-309]와 같이 [예제 4-31] 작화의 아래쪽에 날짜와 시간 표시를 삽입하여 작화한다.

|그림 4-309| 예제 4-32 작화 화면

2) 날짜와 시간의 설정은 [그림 4-310]과 [그림 4-311]과 같이 각각 설정한다.

|그림 4-310| 예제 4-32 날짜 표시 [Date Setting]탭 설정 화면

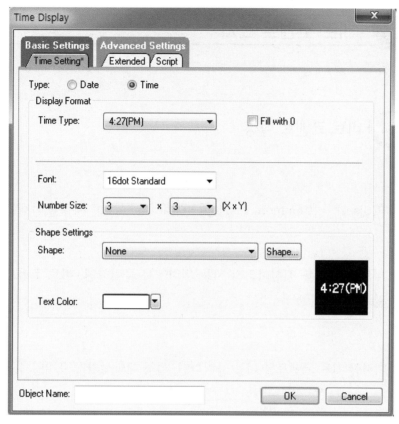

|그림 4-311| 예제 4-32 시간 표시 [Time Setting]탭 설정 화면

4.11 비트 코멘트 표시

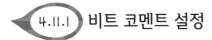 비트 코멘트 설정

1 [Object] → [Comment Display] → [Bit Comment] 메뉴를 선택한다.

2 비트 코멘트를 배치하고자 하는 위치에서 클릭하면, 비트 코멘트의 배치가 완료된다.

3 배치한 비트 코멘트를 더블 클릭하면, 설정 대화상자가 표시된다.

4 Device/Style 탭

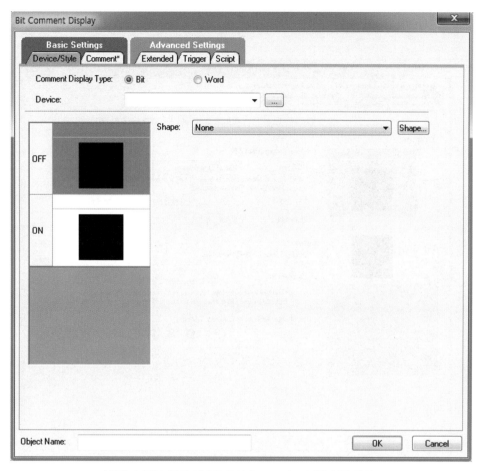

|그림 4-312| 비트 코멘트 표시 [Device/Style]탭 설정 화면

1) Comment Display Type : 비트를 선택한다.

2) Device : 모니터 디바이스를 설정한다.

3) 미리 보기 일람 : ON/OFF 시의 상태를 표시한다.

5 Comment 탭

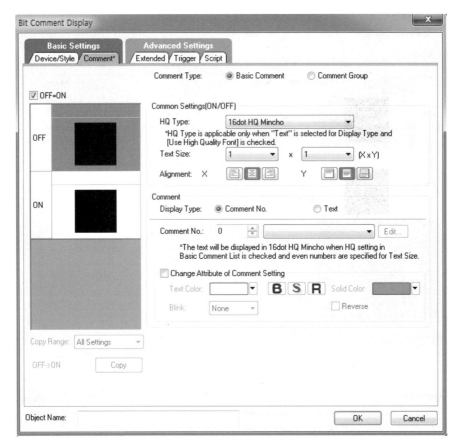

|그림 4-313| 비트 코멘트 표시 [Comment]탭 [basic comment] 설정 화면

1) 기본 코멘트

- Comment
- Display Type : 코멘트의 표시 방법을 선택한다.
  · Comment No. : 사용하는 코멘트의 코멘트 No.를 설정한다.
  · Text : [그림 4-314]와 같이 문자를 입력하고 GT Designer3의 화면에 표시하는
    내용을 설정한다.
- Comment No. : GT Designer3의 화면에 표시하는 코멘트 표시의 코멘트 No.를
  설정한다. 표시되는 코멘트를 편집하는 경우, Comment No.를 증가시키고
  [Edit] 버튼을 클릭한다. 클릭하면 코멘트 편집 대화 상자가 [그림 4-315]와 같이
  표시되어 코멘트를 편집할 수 있다.

|그림 4-314| 비트 코멘트 표시 [Comment]탭 Text 설정 화면

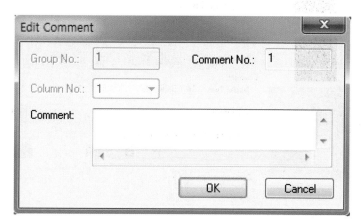

|그림 4-315| 비트 코멘트 표시 [Comment]탭 코멘트 편집 화면

· Change Attribute of Comment Setting : 체크 표시를 하면, 코멘트 속성을 변경할 수 있다.

2) 코멘트 그룹

 - **Preview Column number** : GT Designer3의 화면에 표시되는 코멘트의 열 No.를 설정한다. (GOT에 표시되는 코멘트의 열 No.는 언어 전환 디바이스로 지정한다.)
 - **Comment Group**
 · Fixed : 지정 코멘트 그룹을 사용하는 경우에 선택한다.
 · Device : 설정하는 디바이스값과 같은 코멘트 그룹 No.를 표시하는 경우에 선택한다.

· Adjust Text Size : 문자 크기를 자동으로 조정하는 경우에 체크 표시를 한다.
체크 표시를 하지 않으면, 문자열 자동 행 바꾸기를 한다. 체크 표시를 한 후
문자 크기 자동조정시의 최소 문자의 크기를 설정한다.

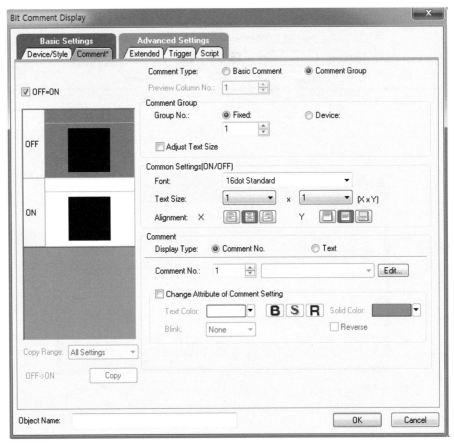

|그림 4-316| 비트 코멘트 표시 [Comment]탭 [Comment Group] 설정 화면

6 코멘트 편집

1) [그림 4-317]과 같이 [Project] – [Comment]를 클릭하면 [Basic Comment]와
   [Comment Group]의 코멘트를 편집할 수 있다.

2) 기본 코멘트
   - [Project] – [Comment] – [Basic Comment]를 더블클릭하면 [그림 4-318]과 같이
     코멘트를 편집할 수 있는 창이 나타난다.
   - Comment No.를 증가시키면서 코멘트를 작성한다.

3) 코멘트 그룹
   - [Project] – [Comment] – [New Comment Group]을 더블클릭하면 [그림 4-319]와
     같이 코멘트를 편집할 수 있는 창이 나타난다.
   - Group No.와 Column No.를 설정하고 [OK]버튼을 클릭하면 [그림 4-320]과 같이
     그룹코멘트를 작성할 수 있는 편집 화면이 나타난다.

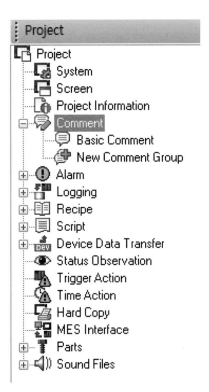

|그림 4-317| [Project]창의 [Comment] 선택 화면

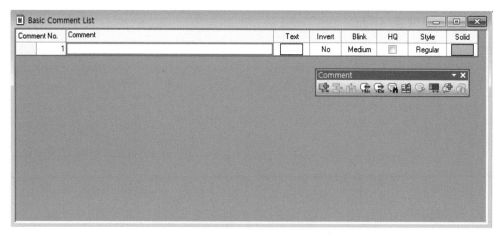

|그림 4-318| [Basic Comment] 편집 화면

|그림 4-319| [Comment Group] 편집 화면

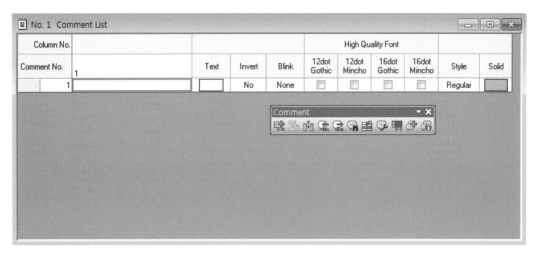

|그림 4-320| [Comment Group] 코멘트 편집 화면

ㄱ 예제 4-33

1) [그림 4-321]과 같이 작화한다.

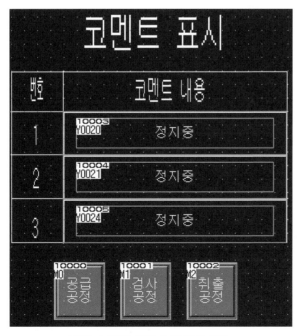

|그림 4-321| 예제 4-33 작화 화면

2) [Project] – [Comment] – [Basic Comment]를 더블클릭하여 [그림 4-322]와 같이
기본 코멘트를 편집한다.

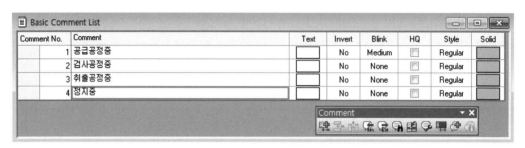

|그림 4-322| 예제 4-33의 기본 코멘트 리스트 화면

3) 디바이스 Y20에 대한 코멘트 표시의 [Device/Style]탭을 [그림 4-323]와 같이
설정한다.

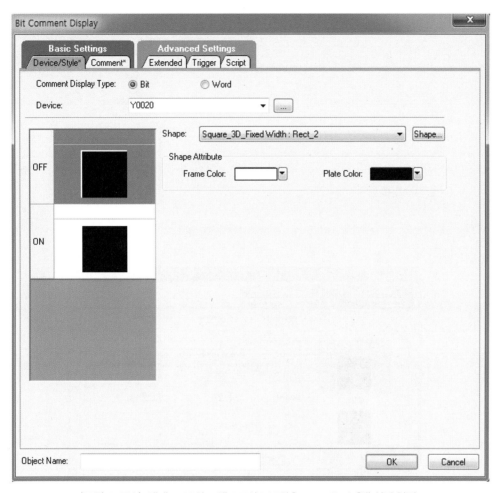

|그림 4-323| 예제 4-33의 코멘트표시 Y20의 [Device/Style]탭 설정 화면

4) [Comment]를 클릭하고, [그림 4-324]와 같이 OFF 상태의 [Comment]탭을 설정한다.

5) [그림 4-324]의 OFF=ON 체크를 해제하고, ON을 클릭한다.

6) [그림 4-325]와 같이 ON 상태의 [Comment]탭을 설정한다.

7) Y21과 Y24의 코멘트 표시 설정도 3) ~ 6)과 같은 방법으로 설정한다.

8) Y21과 Y24의 OFF 시의 Comment No.는 4로 설정하고, ON시의 Comment No. 2와
   3으로 각각 설정한다.

9) Comment Text Color는 임의로 설정한다.

10) Text와 표는 사용자 임의로 설정한다.

11) M0 ~ M2까지의 버튼의 크기와 색은 사용자 임의로 설정하고, [Device Action]은
[Alternate]로 설정한다.

12) 터치의 작화가 끝난 후, GOT 쓰기에서 [그림 4-326]과 같이 [Comment]를 반드시
체크하여야 한다.

13) PLC 프로그램은 [그림 4-327]과 같이 작성한다.

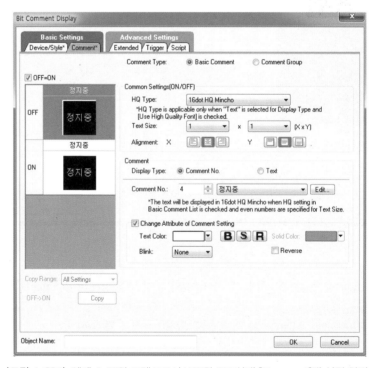

|그림 4-324| 예제 4-33의 코멘트표시 Y20의 OFF상태 [Comment]탭 설정 화면

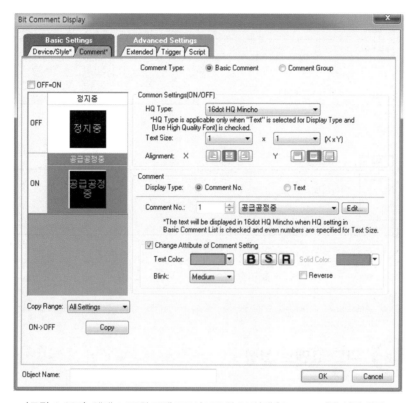

|그림 4-325| 예제 4-33의 코멘트표시 Y20의 ON상태 [Comment]탭 설정 화면

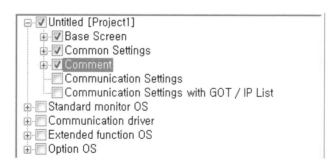

|그림 4-326| 예제 4-33의 GOT Write시 설정 화면

|그림 4-327| 예제 4-33의 PLC 프로그램

 워드 코멘트 설정

1 [Object] → [Comment] → [Word Comment] 메뉴를 선택한다.

2 워드 코멘트를 배치하고자 하는 위치에서 클릭하면, 워드 코멘트의 배치가 완료된다.

3 배치한 워드코멘트를 더블 클릭하면, 설정 대화상자가 표시된다.

4 Device/Style 탭

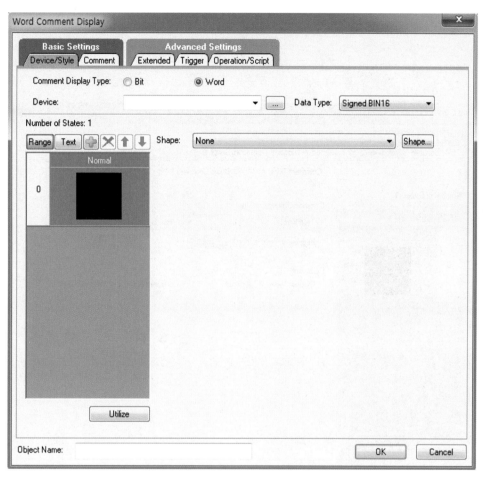

|그림 4-328| 워드 코멘트 표시 [Device/Style]탭 설정 화면

1) Comment Display Type : 워드를 선택한다.

2) Device : 모니터 디바이스를 설정한다.

3) Data Type : 모니터할 워드 디바이스의 데이터 형식을 선택한다.

5 Comment 탭

1) 기본 코멘트

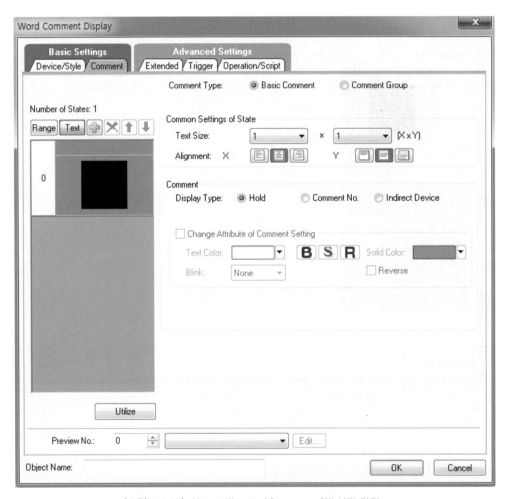

|그림 4-329| 워드 코멘트 표시 [Comment]탭 설정 화면

- Comment
    · Display Type : 코멘트의 표시 방법을 선택한다.
    · Hold : 코멘트가 표시되지 않는다.
    · Comment No. : 사용하는 코멘트의 코멘트 No.를 설정한다.
    · Indirect Device : 모니터 디바이스값에 대응하는 코멘트 No.를 표시하는 경우에
        선택한다.

6 예제 4-34

1) [그림 4-330]과 같이 작화한다.

|그림 4-330| 예제 4-34 작화 화면

2) [Project] - [Comment] - [Basic Comment]를 더블클릭하여 [예제 4-33]의 [그림 4-322]와 같이 기본 코멘트를 편집한다.

3) 디바이스 D0에 대한 코멘트 표시의 [Device/Style]탭을 [그림 4-331]과 같이 [Device]에 D0를 입력하고, 🖱 버튼을 3번 클릭하여 [No. of Stages]가 4가 되도록 설정한다.

4) [Range 1]을 클릭하고, [Range...]버튼을 클릭하면 [그림 4-332]와 같이 Range를 편집할 수 있는 화면이 나타난다. [그림 4-332]와 같이 설정한다.

5) 마찬가지로 [Range 2]와 [Range 3]도 [그림 4-331]과 같이 설정한다.

6) [Comment]탭을 클릭하고, [그림 4-333]과 같이 [Range 0]의 [Comment]탭을 설정한다.

7) [Range 1] ~ [Range 3]의 [Comment]탭 설정도 같은 방법으로 설정한다.

8) [Range 1] ~ [Range 3]의 [Comment No.]를 1 ~ 3으로 각각 설정한다.

9) [Range 1] ~ [Range 3]의 Comment Text Color는 임의로 설정한다.

10) Text와 표는 사용자 임의로 설정한다.

11) M0, M1 버튼의 크기와 색은 사용자 임의로 설정하고, [Device Action]은 [Momentary]로 설정한다.

12) PLC 프로그램은 [그림 4-334]와 같이 작성한다.

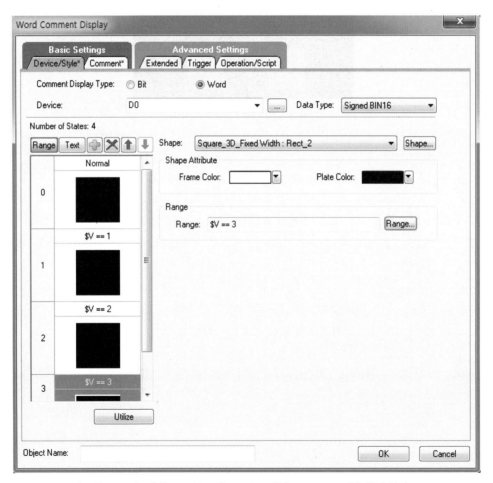

|그림 4-331| 예제 4-34의 코멘트표시 D0의 [Device/Style]탭 설정 화면

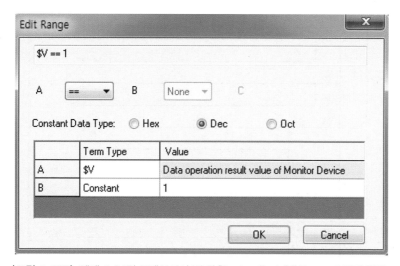

|그림 4-332| 예제 4-34의 코멘트표시 D0의 [Device/Style]탭 Range 1 편집 화면

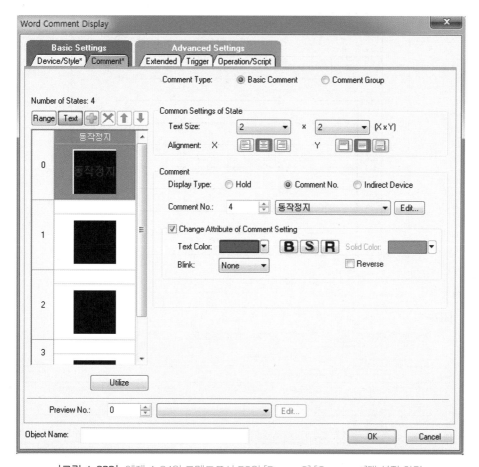

|그림 4-333| 예제 4-34의 코멘트표시 D0의 [Range 0] [Comment]탭 설정 화면

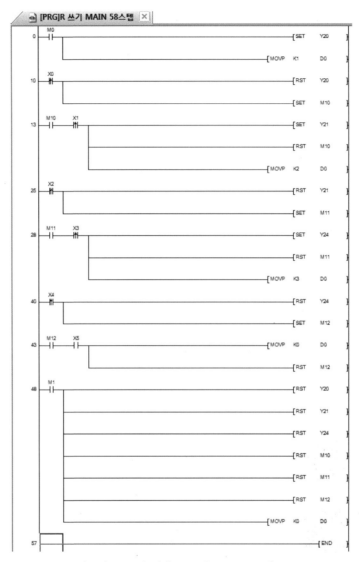

|그림 4-334| 예제 4-34의 PLC 프로그램

|표4-1| 예제 4-34의 PLC I/O 할당표

입력		출력	
X0	공급실린더 전진센서	Y20	공급실린더
X1	공급실린더 후진센서	Y21	스토퍼실린더
X2	스토퍼실린더 하강센서	Y24	상하실린더
X3	스토퍼실린더 상승센서		
X4	상하실린더 하강센서		
X5	상하실린더 상승센서		

4.12 알람

 알람 기능

1 알람발생 시 미리 설정된 코멘트 표시

사용자 알람으로 표시되는 코멘트는 임의의 코멘트를 등록할 수 있다.

1) 계층별로 나누어 표시 : 확장 알람 기능에서는 1개의 알람 발생 시의 코멘트를 3개의 계층(상계층, 중계층, 범용)으로 나누어 표시 할 수 있다.

- 3개의 계층에서 표시하는 경우의 코멘트설정 : 표시되는 코멘트는 1개의 그룹 또는 복수의 그룹으로 나누어 설정할 수 있다. 코멘트를 복수의 그룹으로 나누어 설정하여 계층별로 코멘트 그룹을 나누어 사용할 수 있다.
- 알람발생 시 표시되는 계층 : 알람 발생 시 표시되는 코멘트의 계층(초기 표시 계층)을 설정할 수 있다. 계층은 터치 스위치 등을 사용하여 상하의 계층으로 이동할 수 있다.

2) 언어를 전환하여 표시 : 디바이스 값(언어 전환 디바이스)으로 표시되는 코멘트의 언어를 전환한다.

2 발생한 알람의 정보(발생 시간 등)를 표시하여 장치의 가동 상황파악

발생 시간, 코멘트, 복구 시간, 확인 시간, 누적 시간, 발생 횟수

3 표시내용 조작

1) 설정에 의한 표시 순서 변경

확장 알람기능에서는 발생 일시, 코멘트, 알람 상태, 복구 일시, 확인 일시, 발생 횟수, 누적 시간, Down time, 레벨, 그룹 중에서 하나의 오름차순/내림차순으로 정렬할 수 있다.

2) 디바이스로 알람표시 조작

 - **표시/ 숨기기** : 디바이스에서 알람의 표시/ 숨기기를 변경할 수 있다.
 - 표시 내용 필터링 : 확장 알람 기능에서는 디바이스로 표시 내용을 필터링할 수 있다.(계층, 레벨, 그룹, 표시 순서, 확장 사용자 알람 설정의 알람 ID, 코멘트그룹에서 필터링 가능.)
 - 알람에 레벨이나 그룹의 설정이 가능하므로, 알람의 레벨이나 그룹별로 표시 내용을 필터링할 수 있다.(2개 이상의 항목을 동시에 지정하여 필터링하는 것도 가능하다.)

3) 알람 내용에 의해 표시색 설정

 - 알람 마다 다른 문자색을 표시하여 시각적으로 알람의 종류를 구별할 수 있다.

4 알람발생 시만 알람 표시

1) 확장 알람 팝업 표시, 알람 흐름 표시를 사용하여 알람 표시 오브젝트를 화면에 배치하지 않고도 알람 발생 시만 알람을 표시할 수 있다.

2) 확장 알람 기능에서는 화면에 표시된 확장 알람팝업 표시를 터치하여 화면을 전환하거나 계층을 전환하여 상세 화면을 표시할 수 있다.

5 코멘트를 흐름 표시

알람 발생 시의 코멘트를 오른쪽에서 왼쪽으로 흐름 표시한다.

6 알람의 정보를 디바이스에 쓰기

1) 알람의 이력수 및 발생수를 디바이스에 출력할 수 있다.

2) 쓰기가 가능한 정보
   - 알람 ID, 발생 시간, 레벨, 코멘트 그룹 번호, 복구날짜, 그룹, 코멘트 번호, 복구 시간, 발생 횟수, 알람 상태, 확인 날짜, 누적시간, 발생 날짜, 확인 시간, Down time

7 알람의 감시 디바이스를 자유롭게 설정

1) 알람의 감시 디바이스는 사용자가 자유롭게 설정할 수 있다.

2) 알람 기능에서는 감시 디바이스 설정과 알람 표시설정을 1개의 설정 화면에서 실행한다.

8 알람 데이터의 저장(정전 유지)과 저장되어 있는 데이터의 활용

1) 알람 데이터의 저장(정전 유지)
   - 알람 데이터를 알람 로그 파일로 CF 카드에 저장하면, GOT의 전원이 OFF 되어도 알람의 이력을 유지할 수 있다.
   - 사용자 알람의 이력을 CF 카드에 저장할 수 있다.

2) CSV 파일에 출력
   - 알람의 데이터를 CSV 파일에 출력할 수 있다.
   - CSV 파일에 출력한 알람의 데이터는 PC 등에서 표시할 수 있다.

3) 알람 로그 파일 전환
   - 알람 로그 파일은 CSV/Unicode 텍스트 파일로 전환할 수 있다.

4) CF 카드에 저장되어 있는 알람데이터 활용
   - 확장 알람 기능에서는 저장되어 있는 알람의 데이터를 GOT에 그래프로 표시할 수 있다.

알람 기능의 종류

1 사용자 알람표시

1) 알람 발생 시 사용자가 작성한 코멘트를 알람메시지로 표시하는 기능

2) 사용자가 독자적으로 알람을 작성하여 표시하는 경우에 사용

2 시스템 알람 표시

1) 접속 기기, GOT, 네트워크의 에러발생 시, 에러코드와 에러메시지를 표시하는 기능

2) 접속 기기, GOT, 네트워크의 에러를 표시하는 경우에 사용

2 알람 이력 표시

1) 사용자 알람발생 시 사용자가 작성한 코멘트, 발생 일시, 복구일시, 확인 일시, 누적 시간(알람이 발생하고 있는 시간), 발생 횟수를 기억하여 이력의 일람을 표형식으로 표시하는 기능

　　－ **알람 발생**
　　－ **알람 상세 표시** : 알람 내용, 에러의 처리 방법 등을 표시
　　－ **알람 확인 시간** : 터치 스위치로 알람의 확인 시간을 표시
　　－ **알람 복구 후** : 복구된 시간 표시

4 알람 흐름 표시

1) 사용자 알람발생 시 사용자가 작성한 코멘트, 발생 일시를 흐름 표시하는 기능

2) 알람 표시오브젝트를 배치할 필요가 없으며, 긴 코멘트도 모두 표시할 수 있다.

 확장 사용자 알람 표시

1 알람 검출용으로 지정된 디바이스의 조건성립 시(비트OFF → ON 시/ 워드디바이스 범위) 발생 시간이나 코멘트를 GOT의 내장 메모리에 저장하여 이력의 일람을 표시

2 확장 사용자 알람 감시 설정

1) 확장사용자 알람 감시일람
　　- [Common] → [Alarm] → [Advanced User Alarm Observation] 메뉴를 클릭하면, 설정 대화상자가 표시된다.
　　- 확장사용자 알람 설정(알람으로 설정하는 디바이스, 감시 주기, 이력수집 방식)을 알람 ID 마다 설정한다.
　　- 알람 ID는 최대 255개까지 설정할 수 있다.

2) 확장 사용자 알람 감시
　　- 프로젝트 트리에서 [Alarm] → [Advanced User Alarm Observation] → [New]를 더블 클릭하면, 설정 대화상자가 표시된다.
　　- **Basic 탭** : 알람의 이력수집 방식, 이력을 저장하는 버퍼링을 설정한다.

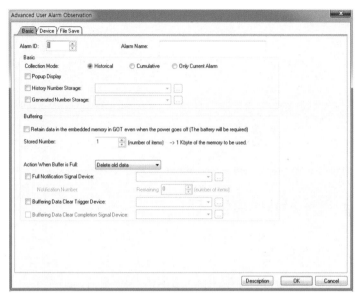

|그림 4-335| 확장 사용자 알람 감시 설정 창(Basic탭)

· Alarm ID, Alarm Name : 설정하는 확장 사용자 알람의 알람 ID 번호(1 ~ 32767)와 알람명을 설정한다.

· Basic

· Collection Mode : 확장 사용자 알람을 수집하는 방법을 선택

- **Historical** : 확장 사용자 알람의 발생상황을 이력으로 수집. 확장 사용자 알람이 발생할 때 마다 이력을 추가

- **Cumulative** : 최신의 확장 사용자 알람 상태와 지금까지 발생한 확장 사용자 알람의 횟수나 시간을 확장 사용자 알람마다 누적하여 수집

- **Only Current Alarm** : 발생중인 확장 사용자 알람만 수집. 복구된 확장 사용자 알람의 이력은 저장되지 않는다.

· Popup Display : 수집된 확장 사용자 알람을 확장알람 팝업 표시로 표시하는 경우에 체크

· History Number Storage : 확장 사용자 알람의 이력수를 워드 디바이스에 저장하는 경우에 체크. 저장되는 이력수는 알람의 발생, 확인, 복구를 모두 더한 개수. [Collection Mode]가 [Historical]일 때만 설정.

· Generated Number Storage : 현재 발생 중인 확장 사용자 알람의 수를 워드 디바이스에 저장하는 경우에 체크.

· Buffering : 수집된 확장 사용자 알람의 이력을 저장하는 버퍼링을 설정한다.

· Stored Number : 확장 사용자 알람의 이력을 저장하는 건수(최대 32,767)를 설정. [Collection Mode]가 [Historical]일 때만 설정. [Device] 탭의 [Alarm Points] 이상의 건수로 설정.

· Action when Buffer is Full : 버퍼링 영역에 저장되어 있는 확장사용자 알람의 건수가 [Stored Number]에 도달한 경우의 동작을 선택. [Collection Mode]가 [Historical]일 때만 설정.

■ Delete old data : 복구가 완료된 알람 중에서 가장 오래된 확장 사용자 알람을 삭제하고 새로운 확장사용자 알람 내용을 추가.

■ Add no item : 확장 사용자 알람의 수집을 중단. 새로 확장 사용자 알람이 발생한 경우에도 수집하지 않음.

· Full Notification Signal Device : 저장할 수 있는 확장사용자 알람의 나머지 건수가 [Notification Number]에서 설정한 건수 이하가 된 것을 외부에 통지하는 경우에 체크. [Collection Mode]가 [Historical]일 때만 설정.

· Notification Number : 버퍼링 영역의 사용가능 용량이 작아졌을 때 외부에 통지하는 타이밍(확장사용자 알람이 저장 가능한 나머지 건수:0 ~ 255)을 설정. [Collection Mode]가 [Historical]일 때만 설정. 또한, [Full Notification SignalDevice]가 설정되어 있는 경우에만 설정. 저장할 수 있는 확장사용자 알람의 이력의 나머지 건수가 [Notification Number]에서 설정한 건수 이하가 되었을 때 [Full Notification Signal Device]가 ON.

· Buffering Data Clear Trigger Device : 버퍼링 영역에 저장된 복구 완료 확장사용자 알람을 디바이스에 의해 삭제하는 경우에 체크. 체크 표시를 한 후 [...] 버튼을 클릭하여 버퍼링 데이터 삭제 트리거디바이스를 설정

· Buffering Data Clear Completion Signal Device : 버퍼링 데이터의 삭제 완료를 통지하는 디바이스를 설정하는 경우에 체크. 체크 표시를 한 후 [...] 버튼을 클릭하여 버퍼링 데이터 삭제 완료 신호 디바이스를 설정. 이 설정내용은 [Buffering Data Clear Trigger Device]에 체크 표시가 되어 있는 경우에만 설정.

‒ **Device 탭** : 확장 사용자 알람을 수집하는 타이밍이나 확장 사용자 알람에 대한 설정(확장 사용자 알람으로 설정하는 디바이스, 확장 사용자 알람발생시 표시되는 코멘트, 확장 사용자 알람의 리셋, 레벨/그룹 설정)을 한다.

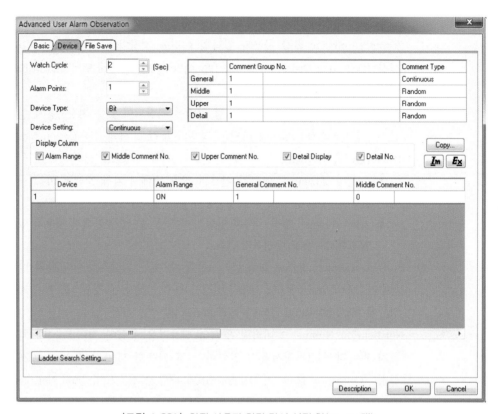

|그림 4-336| 확장 사용자 알람 감시 설정 창(Device탭)

· Watch Cycle : 설정된 디바이스를 모니터하는 주기(1 ~ 3600초)를 설정.

· Alarm Points : 모니터 디바이스의 점수(1 ~ 32767점)를 설정

　최대점수(32,767점)는 모든 알람 ID로 설정된 알람 점수의 합.

· Device Type : 모니터하고자 하는 디바이스의 데이터 형식을 선택.

· Device Setting : 디바이스 설정 방법을 선택.

　■ Continuous : 설정된 디바이스를 선두로 연속으로 설정.

　■ Random : 1점씩 디바이스를 설정.

　■ Identical : [Device Type]에서 [Bit] 이외를 선택 시 동일 워드디바이스로
　　복수의 발생 범위를 설정.

· Comment group : 범용알람/중계층알람/상계층알람/상세표시코멘트로 표시하는
코멘트 그룹의 그룹No., 코멘트 설정방법을 설정.

■ Comment Group No. : 코멘트그룹 No.를 설정.

■ Comment Type : 코멘트 설정 방법을 선택.

→ Continuous : 설정하는 코멘트 그룹의 코멘트 No.를 선두로 연속해서
코멘트그룹의 코멘트 No.를 설정.

→ Random : 1 점씩 코멘트 그룹의 코멘트 No.를 설정.

· Display Column : 체크 표시를 하면, 알람 설정 일람에 항목을 표시.

· [Copy] : 알람 설정 일람의 내용을 복사, 붙여넣기 한다.

· [Im] : Unicode 텍스트 파일 /CSV 파일로 편집한 확장 사용자 알람 감시 설정을
GT Designer3에서 읽는다.

· [Ex] : GT Designer3에서 설정한 확장 사용자 알람 감시설정을 Unicode 텍스트
파일 /CSV 파일로 저장.

· Alarm setting list : 알람으로 설정하는 디바이스와 알람발생시 표시되는
코멘트를 설정

■ Device : 알람으로 설정하는 디바이스를 설정

■ Alarm Range : 알람을 표시하고자 하는 디바이스의 범위를 설정

→ [Device Type]이 [Bit]인 경우

▶ ON : 비트 디바이스의 상승펄스(OFF → ON)시 알람을 표시

▶ OFF : 비트 디바이스의 하강펄스(ON → OFF)시 알람을 표시

→ [Device Type]이 [Bit] 이외인 경우

▶ [Exp.] 버튼을 클릭하여 알람을 표시하는 워드 디바이스값의 범위를 설정

■ General Comment No., Middle Comment No., Upper Comment No.
: 알람발생시 표시되는 코멘트를 코멘트그룹의 코멘트 No.로 설정.
1개의 알람에 대하여 상계층 알람, 중계층 알람, 범용알람으로 이용하는
코멘트그룹의 코멘트 No.를 각각 지정. 중계층알람/상계층알람이 표시되지
않는 경우, "0"을 지정.

■ Detail Display : 상세 표시의 표시방법을 선택. 표시되는 코멘트 그룹의
코멘트 No. /베이스 화면 번호/ 윈도우 화면 번호는 [Detail No.]로 설정

→ Not Display : 상세 표시를 표시하지 않는다.

→ Comment Window : 상세표시용 윈도우로 상세 표시. 코멘트 윈도우에는
등록되어 있는 코멘트를 표시

→ Base Screen : 베이스 화면을 상세 표시. 디바이스의 상세 No.로 설정된 베이스 화면이 표시

→ Window Screen :윈도우화면(오버랩윈도우1)을 상세 표시 디바이스의 상세 No.로 설정된 윈도우화면이 표시.

- Detail No. : 알람발생시 상세표시를 하는 코멘트그룹의 코멘트 No. / 윈도우화면 번호/베이스 화면 번호를 설정.

- Reset : 알람의 리셋 조작(리셋용 터치스위치로 알람의 지정디바이스를 OFF 상태/ 리셋값으로 한다)을 유효로 할 것인지 무효로 할 것인지를 선택

→ YES :알람의 지정 디바이스를 OFF 상태/ 리셋값으로 한다. 알람의 지정 디바이스가 워드디바이스인 경우, 선택 후 리셋값을 설정한다.

→ NO :알람의 지정 디바이스를 OFF 상태/ 리셋값으로 하지 않는다.

- Level : 알람에 레벨을 설정합니다.(1 ~ 255) 레벨이 높은 것을 우선적으로 표시하거나 지정레벨의 알람만 표시할 수 있다.

- Group : 알람에 그룹을 설정합니다.(1 ~ 255) 그룹순으로 알람을 표시하거나 지정 그룹의 알람만 표시할 수 있다.

· [Ladder Search Setting..] : 래더 모니터 기동 시 선택된 알람의 디바이스를 검색하도록 설정.

– **File save 탭** : 버퍼링 영역에 저장되어 있는 알람의 이력을 CF 카드에 저장하도록 설정

· Save alarm log files : 버퍼링 영역에 저장되어 있는 확장 사용자 알람의 이력을 알람로그 파일로 CF 카드에 쓴다. CF 카드에는 바이너리 파일(.G1A)로 쓰여진다. [Collection Mode]에서 [Historical], [Cumulative]를 선택한 경우에만 체크표시를 할 수 있다.

· File Access

- Drive Name : 저장 위치의 드라이브명이 표시
- Folder Name : 파일을 저장하는 폴더의 명칭을 설정
- File Name : 파일의 명칭을 설정

· Store Trigger

- Trigger Type : 버퍼링 영역에 저장되어 있는 확장사용자 알람을 CF 카드에 저장하는 타이밍을 선택. [Sampling], [ON Sampling], [OFF Sampling] 선택시는 주기(1 ~ 1440 분)를 1분 단위로 설정.
- Device : 저장 트리거로 설정하는 디바이스를 지정.

· Writing Notification Device : 알람 로그 파일의 쓰기 중을 통지하는 디바이스를 설정

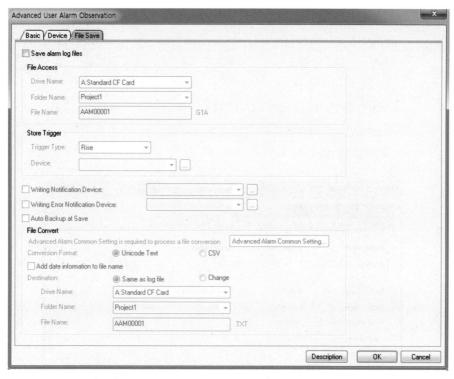

|그림 4-337| 확장 사용자 알람 감시 설정 창(File Save탭)

· Writing Error Notification Device : 알람 로그 파일을 쓰는데 실패하였을 때 에러를 통지하는 디바이스를 설정. 쓰기 에러 통지 디바이스는 에러가 복구되어도 자동으로 OFF 되지 않으므로 사용자가 OFF.

· Auto Backup at Save : 알람 로그 파일 저장 시 파일을 저장하기 직전의 파일을 백업 파일로 저장할 수 있다. 백업 파일명은 본래의 파일명의 마지막에 ".BAK" 라고 하는 확장자를 부가.(BAK 파일은 GOT의 유틸리티상에서는 표시되지 않는다.)

· File Convert : 파일을 전환하기 위한 설정. 파일 전환 기능을 사용하는 경우, [Advanced Alarm Common]을 설정. [Advanced Alarm Common] 버튼을 클릭하여, [Advanced Alarm Common] 대화상자에서 설정

  ■ Conversion Format : 전환 후의 파일 형식을 선택.(Unicode 텍스트 /CSV)

  ■ Add date information to file name : 전환된 파일의 파일명에 날짜 정보를 부가

  ■ Destination : 전환된 파일의 저장 위치를 선택

3) 확장 사용자 알람 표시 설정

  - [Object] → [Alarm Display] → [Advanced User Alarm Display] 메뉴를 선택한다.
  - 확장 사용자 알람표시를 배치하고자 하는 위치에서 클릭하면, 확장 사용자 알람
    표시의 배치가 완료된다.
  - 배치한 확장 사용자 알람 표시를 더블클릭하면, 설정 대화상자가 표시된다.
  - Alarm 탭 : 표시되는 확장 알람 감시의 종류, 메시지의 표시 방법, 터치 시의 동작
    등을 설정한다.

|그림 4-338| 확장 사용자 알람 표시 설정 창(Alarm탭)

 · Display Alarm : 확장 알람 표시로 표시되는 확장 알람의 종류를
   선택.(사용자알람/시스템 알람)
 · Alarm ID : 표시되는 확장 사용자 알람 감시의 알람 ID를 설정. [Edit] 버튼을
   클릭하면 [Advanced User Alarm Observation] 대화상자가 표시.
 · Display Target : 수집된 알람을 표시하는 방법을 선택
   ■ All alarms : 과거에 발생한 알람을 포함한 알람의 이력을 모두 표시
   ■ Generating Alarm : 현재 발생 중인 알람만 표시

· Display Type : 알람으로 표시되는 코멘트의 표시 방법을 선택

  ■ Fixed : 알람발생 시 표시되는 코멘트를 1행으로 표시. 코멘트의 표시 행수에서 초과한 부분이나 복수행 코멘트의 2번째 행 이후는 표시되지 않는다.

  ■ Flow : 알람발생 시 표시되는 코멘트를 오른쪽에서 왼쪽으로 흐름 표시. 복수행의 코멘트에서는 2번째 행 이후의 코멘트도 표시. 선택 후 [Speed]에서 코멘트를 흐름 표시하는 속도를 선택

· Speed : [Display Type]을 [Flow]로 설정한 경우, 흐름 표시 속도를 선택한다.

  ■ High : 1초간 약 213도트(16도트의 문자가 약 13문자분)의 속도로 흐름 표시

  ■ Medium : 1초간 약 106도트(16도트의 문자가 약 7문자분)의 속도로 흐름 표시

  ■ Low : 1초간 약 53도트(16도트의 문자가 약 3문자분)의 속도로 흐름 표시

· Initial Display Hierarchy : 확장사용자 알람표시에서 최초로 표시되는 알람계층을 선택

· Touch Mode : 확장사용자 알람표시에 터치하였을 때의 동작을 선택

  ■ None : 터치해도 동작하지 않음

  ■ Selection : 터치한 알람을 선택

  ■ Operation : 터치한 알람에 대해서 알람계층을 변경하거나 상세 화면을 표시. 표시중인 알람계층에 따라 동작 내용이 다르다.

    → 상계층/중계층 알람표시 시 : 하위의 알람계층으로 전환

    → 범용 알람표시 시 : 터치한 알람을 선택. 다시 선택한 알람을 터치하면, 상세 화면을 표시.

· Number of Rows : 1화면에 표시되는 행수(1 ~ 27행)를 설정

· Display Start Row : [Number of Rows]에서 설정한 행수이상으로 알람이 발생한 경우, 알람의 몇 번 째에서 표시할 것인지를 설정

  ■ [Display Start Row] 설정값보다 알람의 건수가 많은 경우 : [Display Start Row]에서 설정한 행수의 알람을 기준으로 표시

  ■ [Display Start Row] 설정값보다 알람의 건수가 적은 경우 : 최하행의 알람을 기준으로 표시

· [Number of Rows] 설정값보다 알람의 건수가 적은 경우 : [Display Start Row] 설정은 무효가 되고, 발생한 모든 알람이 표시

− **Display 탭** : 알람에서 표시되는 내용(표시 항목, 표시 순서)을 설정한다.

|그림 4-339| 확장 사용자 알람 표시 설정 창(Display탭)

· Title : 타이틀에 표시되는 문자 설정 방법을 선택

▶ Direct : 타이틀에 표시되는 문자를 [Title]에서 입력하는 경우에 선택

▶ Comment : 타이틀에 표시되는 문자를 코멘트 그룹의 코멘트로 표시하는 경우에 선택

→ Group No. : 타이틀에 표시되는 문자가 등록되어 있는 코멘트 그룹을 설정

→ Adjust Text Size:문자 크기를 자동으로 조정하는 경우에 체크 표시. 체크 표시를 하지 않으면, 문자열을 자동으로 행 바꾸기하여 조정. 체크 후 문자크기 자동 조정시의 최소 문자의 크기를 설정.(8 ~ 128도트)

■ Hide : 타이틀이 표시되지 않는 경우에 선택

· Contents

- Display, Attribute : 사용자 알람에 표시되는 항목을 선택

  → Occurred :알람의 발생일시를 표시하는 경우

  → Comment :알람에 대응하는 코멘트를 표시하는 경우

→ Status : 알람의 상태를 표시하는 경우.

  ▶ Ocr. : 알람발생 중

- Rstr : 알람복구

  ▶ Chk. : 알람 발생이 확인된 상태

  → Restored :알람이 복구된 일시를 표시하는 경우

  → Checked :알람의 발생을 확인한 일시를 표시하는 경우

  → Frequency :알람이 발생한 횟수를 표시하는 경우

  → Down Time:과거에 알람이 발생한 시간을 포함한 알람발생 시간의 총합계(Down time의 합계)를 표시하는 경우

  → Down time :알람 발생에서 복구할 때까지의 시간을 표시하는 경우

  → Level :알람으로 설정된 레벨을 표시하는 경우

  → Group :알람으로 설정된 그룹을 표시하는 경우

- Width : 각 항목의 표시자리를 설정.(반각문자는 1자리, 전각문자는 2자리)

  → Occurred : [Date/Time Type]의 설정에 따라 자동으로 설정

  → Comment : 10 ~ 80자리

  → Status : 6 ~ 80자리

  → Restored : [Date/Time Type]의 설정에 따라 자동으로 설정

  → Checked : [Date/Time Type]의 설정에 따라 자동으로 설정

  → Frequency : 5 ~ 80자리

  → Down Time : 8 ~ 80자리

  → Down time : 8 ~ 80자리

  → Level : 3 ~ 80자리

  → Group : 3 ~ 80자리

- Title : 확장사용자 알람표시의 타이틀 부분의 문자를 설정

  → [Title]에서 [Direct] 선택 시 : [Width]에서 설정한 자리(반각문자는 1자리, 전각문자는 2자리)의 문자를 입력

  → [Title]에서 [Comment] 선택 시:표시되는 코멘트그룹 No. 또는 코멘트내용을 설정

  → [Title]에서 [Hide] 선택 시 :[Title]은 설정할 수 없다.

■ Date/Time Format : 알람발생 시(발생일시/복구 일시/확인 일시)의 날짜, 시간의 표시를 설정

· Display Order : 확장사용자 알람 표시에서의 표시 순서를 설정

· Sort : 알람의 표시를 정렬하는 항목과 방법을 선택

　　■ 정렬 방법은 다음의 2종류 중에서 선택

　　　→ Ascending :각 항목의 값을 작은 순서로 정렬

　　　→ Descending:각 항목의 값을 큰 순서로 정렬

　　■ 정렬하는 항목에서 [Date/Time Type]을 선택한 경우

　　　→ Ascending :기존 → 신규

　　　→ Descending:신규 → 기존

－ Text 탭 : 알람을 표시하는 글꼴을 설정한다.

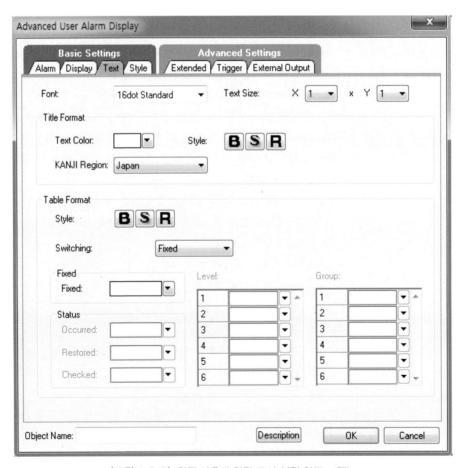

|그림 4-340| 확장 사용자 알람 표시 설정 창(Text탭)

· Table Format

■ Switching : 알람을 표시하는 열의 문자색을 분류하는 대상을 선택

→ Fixed : 문자색을 1가지 색으로만 표시하는 경우

→ Status : 알람상태(발생 시, 복구 시, 확인 시)에 의해 문자색을 구분하는 경우

→ Level : 레벨에 의해 문자색을 구분하는 경우에 선택

→ Group : 그룹에 의해 문자색을 구분하는 경우에 선택

■ Fixed : [Switching]에서 [Fixed] 선택 시 문자색을 선택

■ Status : [Switching]에서 [Status] 선택 시, 알람상태(발생 시, 복구 시, 확인 시) 마다 문자색을 선택

■ Level : [Switching]에서 [Level] 선택 시, 레벨 번호마다 문자색을 선택

■ Group : [Switching]에서 [Group] 선택 시, 그룹번호마다 문자색을 선택.

- Style 탭

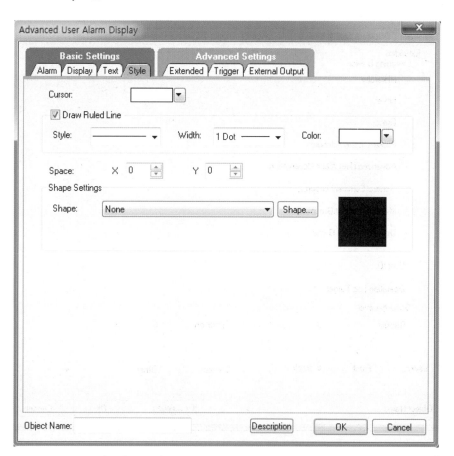

|그림 4-341| 확장 사용자 알람 표시 설정 창(Style탭)

· Cursor : 알람을 선택하는 커서의 색을 선택

· Draw Ruled Line

■ Style : 확장 사용자 알람표시의 외곽선의 종류를 선택

■ Width : 확장 사용자 알람표시의 외곽선의 폭을 선택(1/2/3/4/5/7)

■ Color : 확장 사용자 알람표시의 외곽선의 색을 선택

· Space : 표시하고자 하는 문자나 시간표시 등을 표의 외곽선에서 어느 정도의 간격을 둘 것인지를 설정

■ 세로:0 ~ 32도트(1도트 단위로 설정)

■ 가로:0 ~ 32도트(8도트 단위로 설정)

- Extended 탭 : 확장 사용자 알람 표시에서 표시되는 내용을 디바이스에 의해 전환할 것인지를 설정

|그림 4-342| 확장 사용자 알람 표시 설정 창(Extended탭)

· Switching Device : 디바이스에 의해 표시를 전환하는 항목을 체크

- Hierarchy : 표시되는 알람 계층을 디바이스값으로 전환하는 경우에 체크. 지정된 알람 계층의 알람을 모두 표시

- Level : 지정된 레벨 번호의 알람만 표시하는 경우에 체크.
  → 지정 레벨을 표시하는 경우, 1 ~ 255로 레벨 번호를 지정
  → 모든 레벨을 표시하는 경우, 0 또는 256 이상을 지정

- Group : 지정된 그룹 번호의 알람만 표시하는 경우에 체크.
  → 지정그룹을 표시하는 경우, 1 ~ 255로 그룹번호를 지정
  → 모든 그룹을 표시하는 경우, 0 또는 256 이상을 지정

- Priority Display Attribute : 정렬키의 기준이 되는 항목을 디바이스값으로 전환하는 경우에 체크

- Advanced User Alarm Observation : 지정된 확장사용자알람(알람 ID)을 표시하는 경우
  → 본 디바이스에는 확장사용자알람 감시의 알람 ID를 저장
  → 본 디바이스에 "0"을 저장하면, [Alarm]탭 [Display Alarm]의 [User Alarm]에 설정되어 있는 알람 ID의 알람이 표시

- General Comment Group/Middle Comment Group/Upper Comment Group : 범용알람/ 중계층 알람/ 상계층 알람에서 표시되는 코멘트의 코멘트 그룹을 디바이스 값으로 전환하는 경우에 체크
  → 본 디바이스에 "0"이 저장되어 있는 경우, 확장사용자 알람 감시로 설정되어 있는 코멘트 그룹으로 표시

- User ID : 확장사용자알람 표시의 사용자 ID를 설정

- Operation Log Target : 설정되어 있는 오브젝트를 조작 로그의 대상으로 하는 경우에 체크

- Security Level

- Display, Operation : 보안 기능을 설정하는 경우, 보안레벨을 설정(1 ~ 15)
  → 보안 기능을 설정하지 않는 경우에는 "0"으로 설정
  → 반드시 보안[Operation]을 보안[Display] 이상의 값으로 설정

3 예제 4-35

1) [그림 4-343]과 같이 작화한다.

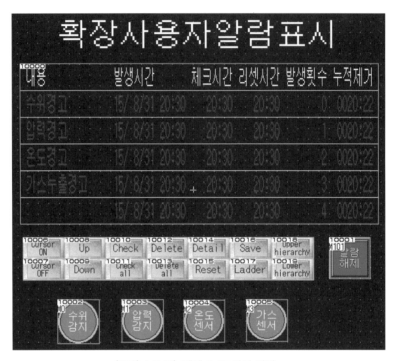

|그림 4-343| 예제 4-35 작화 화면

2) [Project] – [Comment] – [New Comment Group]을 더블클릭하고 [그림 4-344]와
   같이 Group NO.를 1로 하고 [OK]버튼을 클릭한다.

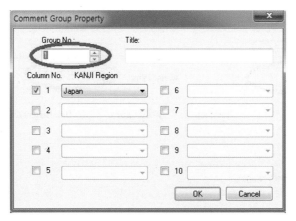

CHAPTER

4

|그림 4-344| 예제 4-35 [New Comment Group]의 [Property] 설정

3) [그림 4-345]의 [Comment List]와 같이 설정한다.

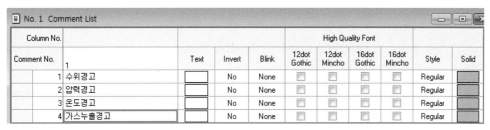

Column No.					High Quality Font					
Comment No.	1	Text	Invert	Blink	12dot Gothic	12dot Mincho	16dot Gothic	16dot Mincho	Style	Solid
1	수위경고		No	None					Regular	
2	압력경고		No	None					Regular	
3	온도경고		No	None					Regular	
4	가스누출경고		No	None					Regular	

|그림 4-345| 예제 4-35 [Group 1]의 [Comment List]

4) [Project] – [Alarm] – [Advanced User Alarm Observation] – [New]를 더블클릭하고
[그림 4-346]와 같이 [Basic]탭의 Alarm ID와 Alarm Name을 설정한다.

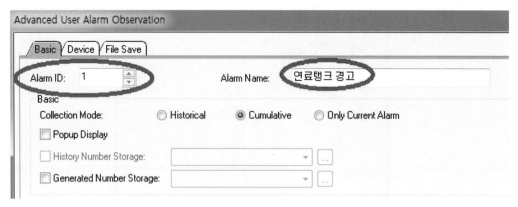

|그림 4-346| 예제 4-35 [Advanced User Alarm Observation]의 [Basic]탭 설정

5) [Device]탭을 클릭하고 [그림 4-347]과 같이 [Alarm Point]를 4, [Device Type]을 [Bit], [Device Setting]을 [Continuous], [Display Column]에서 [Middle Comment No.]와 [Upper Comment No.]의 체크를 해제한다. [Device]의 1에 [M0]를 입력하면 [Device] 2 ~ 4에 M1 ~ M3이 연속으로 지정된다. [Alarm Range]를 [ON]으로 설정하고, [General Comment No.]를 각각 1 ~ 4로 입력하면, [Comment Group 1]의 내용이 자동으로 입력된다. [Detail Display]에 각각 [Window Screen]을 선택하고, [Detail No.]에 1 ~ 4를 입력하면 Window Screen 1에서 4번이 선택된다. 스크롤바를 오른쪽으로 움직여서 [Reset]을 모두 [YES]을 선택하고 [OK]버튼을 클릭한다.

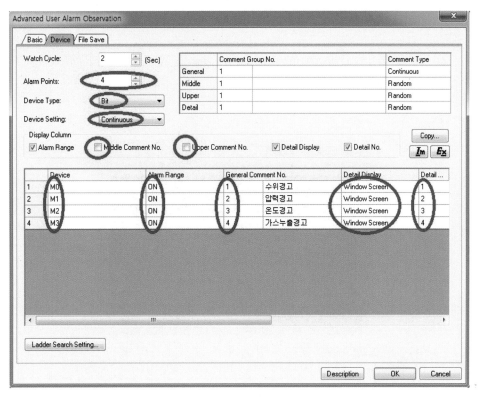

|그림 4-347| 예제 4-35 [Advanced User Alarm Observation]의 [Device]탭 설정

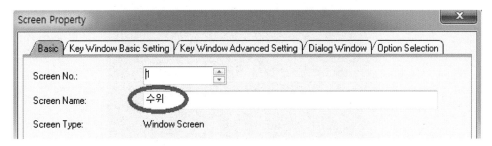

|그림 4-348| 예제 4-35 [Window Screen No.1]의 [Property] 설정

6) [Screen] – [Window Screen] – [New]를 더블 클릭한다. [그림 4-348]의 [Screen Property] 화면에서 [Screen Name]에 [수위]라고 쓰고, [OK]버튼을 클릭한다.

7) [그림 4-349]과 같이 [Window Screen No. 1]의 내용을 설정한다.

8) 같은 방법으로 [Window Screen No. 2 ~ 4]을 [그림 4-350] ~ [그림 4-352]와 같이 설정한다.

|그림 4-349| 예제 4-35 [Window Screen No.1]의 내용 설정

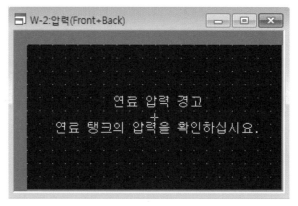

|그림 4-350| 예제 4-35 [Window Screen No.2]의 내용 설정

|그림 4-351| 예제 4-35 [Window Screen No.3]의 내용 설정

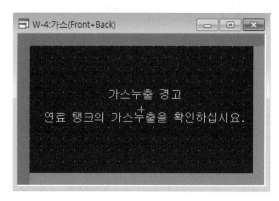

|그림 4-352| 예제 4-35 [Window Screen No.4]의 내용 설정

9) [Object] – [Alarm Display] – [Advanced User Alarm Display]를 선택하고 위치하고자 하는 화면에 클릭한다.

10) [Advanced User Alarm Display]를 더블클릭하고, [그림 4-353]과 같이 [Alarm ID]는 1, [Display Target]은 [All Alarm], [Display Type]은 [Fixed], [Initial Display Hierarchy]는 [General], [Touch Mode]는 [Operation], [Number of Rows]는 5, [Display Start Low]는 1로 선택하고 [Display]탭을 클릭한다.

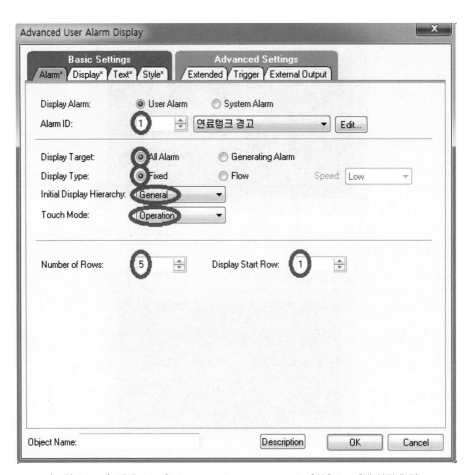

|그림 4-353| 예제 4-35 [Advanced User Alarm Display]의 [Alarm]탭 설정 화면

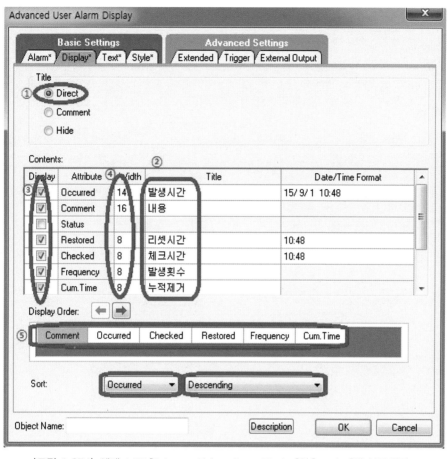

|그림 4-354| 예제 4-35 [Advanced User Alarm Display]의 [Display]탭 설정 화면

11) [그림 4-354]의 [Display]탭에서 [Title]은 [Direct]를 선택하고 ②와 같이 [Title] 리스트를 작성한다.

12) [Contents]의 [Display]는 ③과 같이 체크하여 표시하고자 하는 항목을 설정한다.

13) [Contents]의 [Width]는 ④와 같이 설정하여 표의 크기를 설정한다.

14) [Display Order]의 화살표를 이용하여 ⑤와 같이 항목의 순서를 설정한다.

15) [Sort]는 [Occured]와 [Descending]을 선택하고 [Text]탭을 클릭한다.

16) [그림 4-355]과 같이 [Text]탭에서 [Text Size]를 [X]는 1, [Y]는 2로 선택하여 Text의 크기를 키운다.

17) [Switching]을 [Status]로 선택하고, [Status]의 [Occurred], [Restored], [Checked]의 색상을 적색, 녹색, 황색으로 각각 선택하고 [Style]탭을 클릭한다.

18) [그림 3-356]의 [Style]탭에서는 [Space]를 [X]는 8, [Y]는 4로 선택하여 표에 충분한 공간을 확보하고 [OK]버튼을 클릭하여 설정을 종료한다.

19) 알람 표시용 커서의 표시, 이동, 알람 내용 상세 표시 등, 알람 표시에서 사용하는 터치 스위치를 설정한다.

   – 알람 표시용 터치 스위치는 라이브러리에 등록되어 있다.

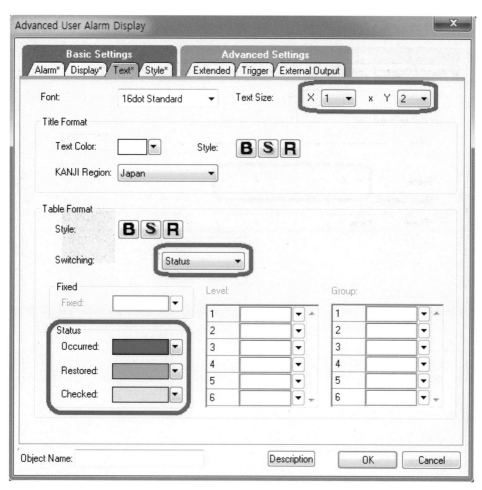

|그림 4-355| 예제 4-35 [Advanced User Alarm Display]의 [Text]탭 설정 화면

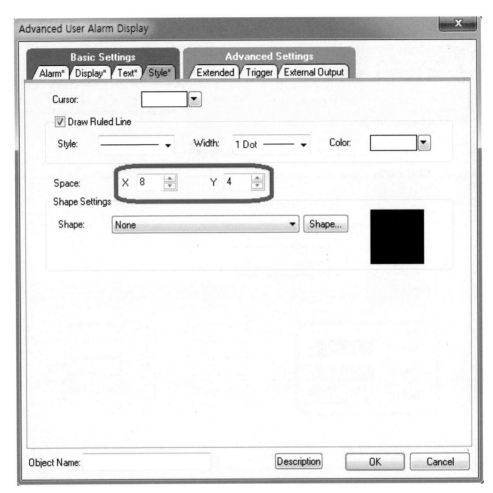

|그림 4-356| 예제 4-35 [Advanced User Alarm Display]의 [Style]탭 설정 화면

20) [View] – [View Window] – [Library List]를 클릭한다.

21) [그림 4-357]과 같이 [Library] – [System Library] – [Search By Subject] – [AV]
    – [AV Alarm Key] – [1 ADALM01_B]를 선택하여 확장사용자알람보기표 아래에
    배치한다.

|그림 4-357| 예제 4-35 알람 표시용 터치스위치 선택 화면

22) 터치스위치에 오른쪽 마우스를 클릭하고 [Ungroup]을 선택하면, 각 버튼의 설정이 종료된다.

|표4-2| 알람 이력 표시용 터치 스위치의 종류와 Key 코드 값

스위치 명	설명	key 코드 값
커서 ON	커서 표시	FFB0
커서 OFF	커서 삭제	FFB1
위	커서를 위로 이동 커서가 숨겨진 경우 : 이전 페이지로 이동	FFB2
아래	커서를 아래로 이동 커서가 숨겨진 경우 : 다음 페이지로 이동	FFB3
확인	선택한 알람의 일시 표시	FFB4
모두 확인	모든 알람의 일시 표시	FFB5
삭제	복구되어 있는 알람 소거	FFB6
모두 삭제	복구되어 있는 모든 알람 소거	FFB7
상세	상세 정보 표시	FFB8
리셋	저장 디바이스 리셋	FFB9
저장	알람 내용을 메모리 카드에 저장	FFBB
위 계층	위 계층으로 이동	FFC2
아래 계층	아래 계층으로 이동	FFB8

23) Text는 사용자 임의로 설정한다.

24) 센서 감지 램프(M0, M1, M2, M3)와 알람 해제 버튼(M101)은 사용자 임의로 설정한다.

25) PLC 프로그램은 [그림 4-358]와 같이 작성한다.

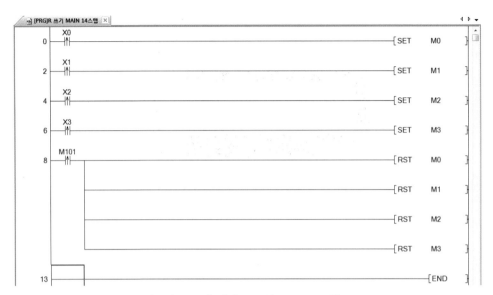

|그림 4-358| 예제 4-35의 PLC 프로그램

|표4-3| 예제 4-35의 PLC I/O 할당표

입력	
X0	수위센서
X1	압력센서
X2	온도센서
X3	가스센서

 알람 이력 표시

1 알람 이력 설정

1) 알람 검출용으로 지정된 디바이스의 조건 성립 시(비트 OFF → ON 시/ 워드디바이스 범위), 발생 시간이나 코멘트를 GOT의 내장 메모리에 저장하여 이력의 일람을 표시

2) [Common] → [Alarm] → [Alarm History] 메뉴를 클릭하면, 설정 대화상자가 표시

3) Basic탭
　　– 알람 데이터의 수집 방법이나 디바이스를 설정

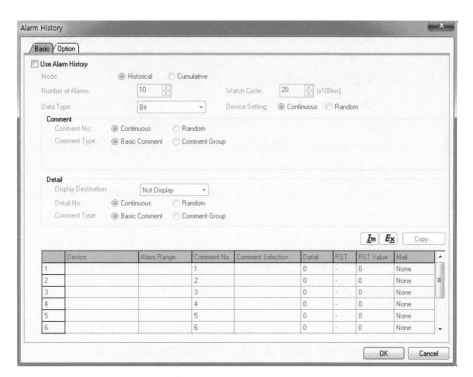

|그림 4-359| 알람 이력 [Basic]탭

- **Mode** : 알람이력 표시 기능의 수집모드를 선택
- **Number of Alarms** : 모니터 디바이스의 점수를 설정
- **Watch Cycle** : GOT가 접속 기기의 지정디바이스를 모니터하는 주기를 설정
- **Data Type** : 모니터하고자하는 디바이스의 데이터 형식을 선택
- **Device Setting** : 디바이스 설정 방법을 선택
  - Continuous : 설정된 디바이스를 선두로 하여 연속으로 설정
  - Random : 1점씩 디바이스를 설정
  - Identical : [Data Type]에서 다음의 데이터를 선택 시 설정할 수 있다. 동일 워드디바이스로 복수의 발생 범위를 설정
    - Signed BIN16, Unsigned BIN16, Signed BIN32, Unsigned BIN32, BCD16, BCD32, Real
- **Comment**
  - Comment No. : 설정하는 지정 디바이스에 대응하는 코멘트 No.를 어떻게 설정할 것인지를 선택
    - Continuous : 설정하는 코멘트 No.를 선두로 하여 연속해서 코멘트 No.를 설정
    - Random : 1점씩 코멘트 No.를 설정
  - Comment Type : 표시되는 코멘트의 종류를 선택(기본 코멘트/코멘트그룹)
- **Detail**
  - Display Destination : 알람 발생 시 알람 내용에 관한 상세 표시를 어느 방법으로 실행할 것인지를 선택.
  - Detail No. : 상세표시 코멘트 윈도우/윈도우 화면/베이스 화면의 설정방법을 선택
  - Comment Type : 표시되는 코멘트의 종류를 선택(기본 코멘트/코멘트그룹)
- **Alarm setting list** : 알람으로 설정하는 디바이스, 알람 발생 조건, 발생 시의 동작을 설정
  - Device : 모니터 디바이스를 설정
  - Alarm Range : [Data Type]을 워드디바이스로 설정한 경우, [Exp.] 버튼을 클릭하여 알람 내용을 표시하는 워드디바이스 값의 범위를 설정
  - Comment No. : 설정하는 디바이스에 대응하는 코멘트 No.를 설정
  - Comment Selection : [Comment No.]에 대응하는 코멘트가 표시
  - Detail : 알람 발생시(지정디바이스 조건 성립 시)에 상세 표시를 하는 코멘트 No.

/ 윈도우 화면번호/ 베이스 화면번호를 설정
- RST : 알람의 리셋조작(리셋용 터치스위치로 지정디바이스를 OFF/ 리셋)을 유효하게 할 것인지, 무효로 할 것인지를 선택. [ON] 선택 시, 디바이스가 워드디바이스일 때는 [RST Value]를 설정
- RST Value : 알람이력 표시용 터치 스위치로 리셋 시, 워드디바이스에 쓰는 값(리셋값)을 설정
- Mail : 메일의 송신 방법을 선택
  - None : 메일을 송신하지 않는다.
  - Occur : 알람 발생시(지정 디바이스 조건성립 시)에 발생 일시나 코멘트 내용을 메일로 송신
  - Restore : 알람 복구 시(지정 디바이스 조건 불성립 시)에 복구 일시나 코멘트 내용을 메일로 송신
  - Both : 알람 발생/ 복구 시 발생/복구 일시나 코멘트 내용을 메일로 송신

2 알람 이력 표시 설정

1) [Object] → [Alarm Display] → [Alarm History Display] 메뉴를 선택

2) 알람이력표시를 배치하고자 하는 위치에서 클릭하면, 알람 이력표시의 배치가 완료

3) Display 탭
   - 표시 내용(표시 항목, 표시 순서 등)을 설정

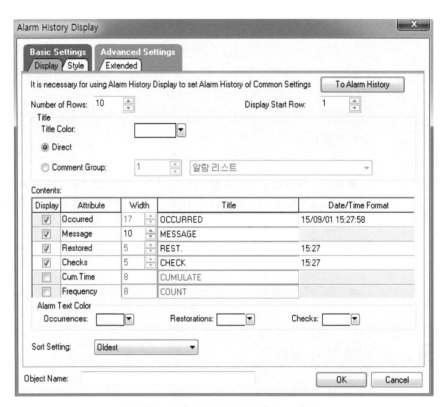

|그림 4-360| 알람 이력 표시 [Display]탭

- **To Alarm History** : 클릭하면, [Alarm History] 대화상자가 표시
- **Number of Rows** : 1화면에 표시되는 행수를 설정(1화면에 27행까지 표시)
- **Display Start Row** : 복수의 지정 디바이스의 조건 성립 시 알람발생순으로 몇 번째(1 ~ 1024 건)의 알람 내용부터 표시할 것 인지를 설정
- **Title** : 표시되는 항목의 타이틀색, 타이틀명 설정 방법을 선택
  · Title Color : 타이틀 문자의 색을 선택
  · Direct : 타이틀명을 [Display]의 [Title]에 입력하는 경우에 선택
  · Comment Group : 타이틀명을 코멘트그룹의 코멘트로 표시하는 경우에 선택선택 후 타이틀명에 표시되는 코멘트의 코멘트그룹 No.를 설정
- **Contents**
  · Display, Attribute : 알람이력 표시에 표시되는 항목을 선택
    ■ Occurred : 알람의 발생일시를 표시하는 경우에 선택

- Message :알람에 대응하는 코멘트를 표시하는 경우에 선택
- Restored :알람이 복구된 일시를 표시하는 경우에 선택
- Checks :알람의 발생을 확인한 일시를 표시하는 경우에 선택. 알람발생 후에 확인스위치를 터치한 시간이 표시
- Down Time:[Alarm History] 대화상자의 [Basic] 탭의 [Mode]에서 [Cumulative] 선택 시 선택할 수 있다. 과거에 알람이 발생한 시간을 포함한 알람 발생 시간의 총합계(Down time의 합계)를 표시하는 경우에 선택
- Frequency :알람이 발생한 횟수를 표시하는 경우에 선택

· Width : 각 항목의 표시 자리를 설정. 반각문자는 1자리, 전각문자는 2자리로 설정

- Occurred : [Date/Time Type]에서 [Text]를 설정시 자리를 설정.(1 ~ 20) [Date/Time Type]에서 [Text] 이외를 설정 시 자동으로 설정
- Message : 1 ~ 80자리
- Restored : [Date/Time Type]에서 [Text]를 설정시 자리를 설정.(1 ~ 20) [Date/Time Type]에서 [Text] 이외를 설정 시 자동으로 설정
- Checks : [Date/Time Type]에서 [Text]를 설정시 자리를 설정.(1 ~ 20) [Date/Time Type]에서 [Text] 이외를 설정 시 자동으로 설정
- Down Time : 8자리 고정
- Frequency : 8자리 고정

· Title : 알람이력 표시의 타이틀 부분의 문자를 설정.

- [Title]에서 [Direct] 선택시 : [Width]에서 설정한 자리(반각문자는 1자리, 전각문자는 2자리)의 문자를 입력할 수 있다.
- [Title]에서 [Comment Group] 선택시 : 확장 사용자 알람표시의 타이틀 부분에 표시되는 코멘트 그룹 No. 또는 코멘트 내용을 설정

· Date/Time Format : 알람발생 시(발생/ 복구/ 확인)의 날짜, 시간, 문자의 표시를 설정

- **Alarm Text Color** : 알람상태(발생시, 복구시, 확인 시)마다 문자색을 선택
- **Sort Setting** : 알람의 표시 순서를 선택.(새로운 순서/오래된 순서)

4) Style 탭

- 알람 이력 표시에 붙이는 도형, 외곽선/ 세로선을 설정

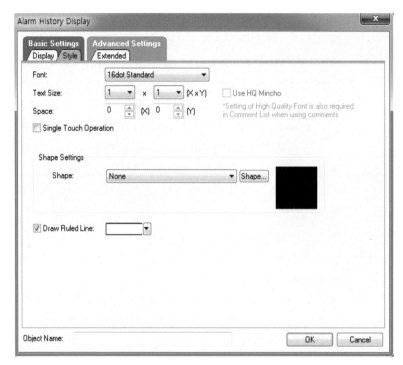

|그림 4-361| 알람 이력 표시 [Style]탭

- **Space** : 표시하고자 하는 문자나 시간 표시 등을 표의 외곽선에서 어느 정도의
  간격을 둘 것인지를 설정
  - 세로 : 0 ~ 32도트(1도트 단위로 설정)
  - 가로 : 0 ~ 32도트(8도트 단위로 설정)
    ■ 가로 간격은 [Text Size](문자 크기의 배율) 설정에 의해 실제로 표시되는
      간격이 다음과 같이 된다. [문자 크기의 배율×표시 간격 설정값]
- **Text Size** : 알람 이력에 표시되는 문자의 크기(가로×세로의 배율)를 선택(1
  ~ 8배). 가로 1배, 세로 1배일 때, 1문자의 크기는 8×16도트(가로×세로)가
  된다.(전각 문자의 경우, 16×16도트가 된다.)
- **Use High Quality Font** : 체크 표시를 하면, 문자를 고품위 문자로 표시할 수 있다.
  (문자 크기를 세로, 가로 모두 2, 4, 6, 8배 설정 시만) 체크표시를 하면, 문자의
  글꼴은 16dot HQ Mincho 글꼴로 표시한다. 체크하지 않은 경우, 16dot Standard
  글꼴로 표시한다. 고품위로 표시하는 경우, 기본코멘트 설정시도 고품위 문자를
  설정한다.
- **Single Touch Operation** : 체크 표시를 하면, 알람이력표시의 표시행을 터치하여

상세 표시 화면을 표시할 수 있다. 상세 표시 화면을 보고자 하는 표시란을 터치한다.

- Use comment scrolling depending on the message width : 체크 표시를 하면, 메시지에 표시되는 코멘트를 오른쪽에서 왼쪽으로 흐름 표시할 수 있다.
- Shape Settings
  · Shape : 오브젝트에 도형을 설정
    ■ [None]을 선택하면 도형이 표시되지 않는다.
    ■ [Shape] 버튼을 클릭하면, 리스트 상자 이외의 도형을 선택할 수 있다.
  · Frame Color, Plate Color : 도형의 테두리색/플레이트 색을 선택
- Draw Ruled Line : 체크 표시를 하면, 알람 이력표시에 외곽선을 표시할 수 있다. 체크 표시를 한 후 외곽선의 색을 선택한다.

3 예제 4-36

1) [그림 4-362]와 같이 작화한다.

|그림 4-362| 예제 4-36 작화 화면

2) [Project] – [Comment] – [Basic Comment]를 더블클릭하고, [그림 4-363]과 같이
[Comment List]를 설정한다.

Comment No.	Comment	Text	Invert	Blink	HQ	Style	Solid
1	에러1		No	None	☐	Regular	
2	에러2		No	None	☐	Regular	
3	에러3		No	None	☐	Regular	
4	에러4		No	None	☐	Regular	

|그림 4-363| 예제 4-36 [Basic Comment] Comment List

3) [Project] – [Comment] – [New Comment Group]을 더블클릭하고, [그림 4-364]와
같이 [Comment Group 1]의 [Comment List]를 설정한다.

Column No.					High Quality Font					
Comment No.	1	Text	Invert	Blink	12dot Gothic	12dot Mincho	16dot Gothic	16dot Mincho	Style	Solid
1	발생일시		No	None	☐	☐	☐	☐	Regular	
2	알람내용		No	None	☐	☐	☐	☐	Regular	
3	해제시간		No	None	☐	☐	☐	☐	Regular	
4	확인시간		No	None	☐	☐	☐	☐	Regular	
5	발생횟수		No	None	☐	☐	☐	☐	Regular	
6	해제소요누적시간		No	None	☐	☐	☐	☐	Regular	

|그림 4-364| 예제 4-36 [Comment Group 1] Comment List

4) [Project] – [Alarm] – [Alarm History]를 더블클릭하고 [그림 4-365]와 같이
[Basic]탭을 설정한다.

- Mode : Historical
- Number of Alarm : 4
- Data Type : Bit
- Device Setting : Continuous
- Comment No. : Continuous
- Comment Type : Basic Comment
- Display Destination : Window Screen
- Detail No. : Continuous
- Device 1 : M0
- Comment No. 1 : 1
- Detail 1 : 1
- RST : ON(All)

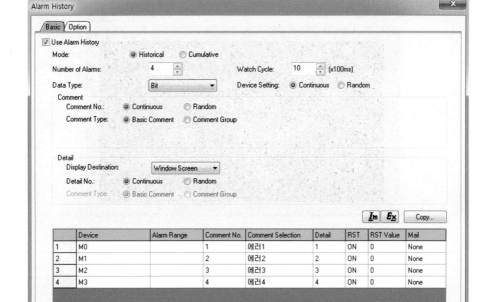

|그림 4-365| 예제 4-36 [Alarm History] [Basic]탭 설정

5) [Project] - [Alarm] - [Alarm History]를 더블 클릭하고 [그림 4-365]와 같이 [Basic]탭을 설정한다.

6) [Screen] - [Window Screen] - [New]를 더블 클릭하고, [그림 4-366]과 같이 [Window Screen No. 1]의 내용을 설정한다.

|그림 4-366| 예제 4-36 [Window Screen 1] 설정

7) 6)과 같은 방법으로 [그림 4-367]~[그림 4-369]와 같이 [Window Screen No. 2] ~[Window Screen No. 4]의 내용을 설정한다.

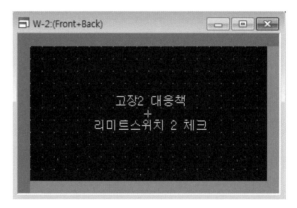

|그림 4-357| 예제 4-36 [Window Screen 2] 설정

|그림 4-368| 예제 4-36 [Window Screen 3] 설정

|그림 4-369| 예제 4-36 [Window Screen 4] 설정

8) [Object] – [Alarm Display] – [Alarm History Display]를 선택하고 위치하고자 하는 화면에 클릭한다.

9) [Alarm History Display]를 더블클릭하고, [그림 4-370]과 같이 [Display]탭을 설정한다.

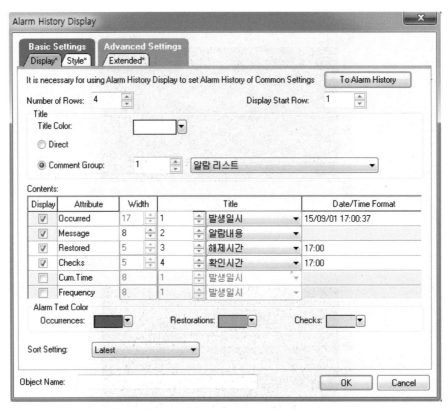

|그림 4-370| 예제 4-36 [Alarm History Display] [Display]탭 설정

- Number of Rows : 4

- Display Start Row : 1

- Title → Comment Group : 1선택

- Display : Occurred, Message, Restored, Checks 선택

- Width → Message : 8, 나머지는 선택 불가

- Title : 1, 2, 3, 4 순으로 선택

10) [그림 4-371]과 같이 [Style]탭을 설정한다.

- Text size : 1 X 2(X, Y)

- Space : X(16), Y(4)

- Draw Rule Line : 선택

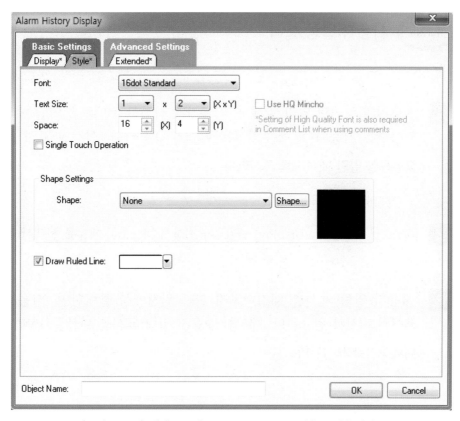

|그림 4-371| 예제 4-36 [Alarm History Display] [Style]탭 설정

11) [예제 4-35]와 같이 [Library] - [System Library] - [Search By Subject] - [AV] - [AV Alarm Key] - [1 ADALM01_B]를 선택하여 알람 이력 표시 아래에 배치하고, [Ungroup]하여 설정을 완료한다.

12) Text와 에러 해제 버튼(M101)의 설정은 사용자 임의로 한다.

13) PLC 프로그램은 [예제 4-35]와 같다.

사용자 알람 표시

1 사용자 알람이란 알람 발생 시 사용자가 작성한 코멘트를 알람 메시지로 표시하는 기능이다. 복수의 디바이스가 ON 되면, 설정된 표시 순으로 코멘트를 알람 메시지로 표시한다.

2 [Object] → [Alarm Display] → [User Alarm Display] 메뉴를 선택한다.

3 사용자 알람 표시를 배치하고자 하는 위치에서 클릭하면, 사용자알람 표시의 배치가 완료된다. 배치한 사용자 알람 표시를 더블클릭하면, 설정 대화상자가 표시된다.

4 Device 탭

1) 모니터 디바이스의 점수, 표시 포맷(코멘트수/디바이스)을 설정

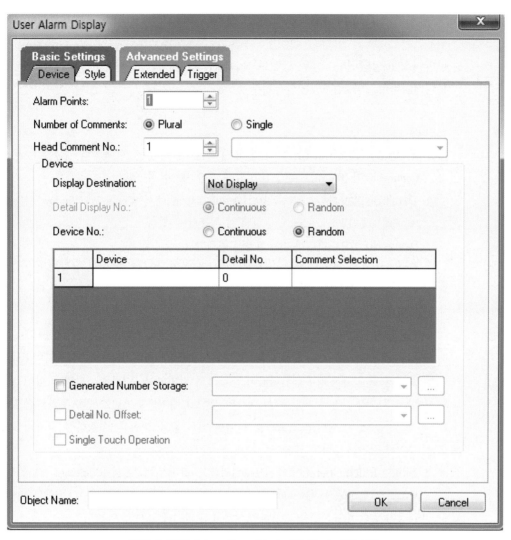

|그림 4-372| [User Alarm Display]의 [Device]탭 설정

2) Alarm Points : 모니터 디바이스의 점수를 설정한다.

3) Number of Comments : 표시되는 코멘트의 수를 설정한다.

　　－ Plural : 표시 테두리에 코멘트를 복수로 표시한다.
　　－ Single : 표시 테두리에 코멘트를 1개만 표시한다.

4) Head Comment No. : 알람 발생 시 표시되는 코멘트를 설정한다.(설정
범위:1 ~ 32767) 여기서 설정한 코멘트 No.(기본코멘트)는 Device 탭의 선두
디바이스에 할당된다. 선두 코멘트 No.(기본 코멘트)의 코멘트부터 연속된 No.가
모니터디바이스의 점수만큼 설정된다.

5) Device
 - **Display Destination** : 상세 표시의 표시 방법을 선택한다. [Number of
   Comments]가 [Plural]로 설정되어 있을 때만 사용할 수 있다.
 - **Detail Display No.** : [Device]의 [Detail Display]에서 [Comment Window], [Base
   Screen] 또는 [Window Screen] 선택 시 사용할 수 있다.
 - **Device No.** : 모니터디바이스 설정을 선택한다.
 - **Generated Number Storage** : 체크표시를 하면, 발생하고 있는 알람 점수(ON한
   디바이스의 점수)를 워드디바이스에 쓸 수 있다. 체크 표시를 한 후 알람 점수를
   저장하는 디바이스를 설정한다.
 - **Detail No. Offset** : [Device]의 [Detail Display]에서 [Comment Window], [Base
   Screen] 또는 [Window Screen] 선택 시 사용할 수 있다. 체크 표시를 하면, 상세
   표시의 표시 내용을 1개의 디바이스 값으로 전환하여 표시한다. 알람 디바이스의
   상세 No.로 설정된 코멘트 No.(기본코멘트)/베이스화면번호/윈도우화면번호에
   여기서 설정한 디바이스(오프셋 디바이스)의 값을 더한다.(설정하는 디바이스의
   데이터 길이는 16비트 고정)
 - **Single Touch Operation** : [Device]의 [Detail Display]에서 [Comment Window],
   [Base Screen] 또는 [Window Screen] 선택시 사용할 수 있다. 체크표시를 하면,
   사용자 알람의 표시행을 터치하여 상세표시 화면을 표시할 수 있다.

4 Style 탭

1) 표시 포맷(코멘트수/표시순서/도형)을 설정한다.

2) Shape Settings
 - **Shape** : 오브젝트에 도형을 설정한다.
 - **Frame Color, Plate Color** : 도형의 테두리색/플레이트색을 선택한다.

3) Display Format

– Date Display(yy/mm/dd hh:mm:ss) : 체크 표시를 하면, 알람 발생 시 일시를
표시할 수 있다. 일시는 "연/월/일 시:분:초"로 표시한다. (년은 서기 하위 2자리,
시는 24시간제로 표시)

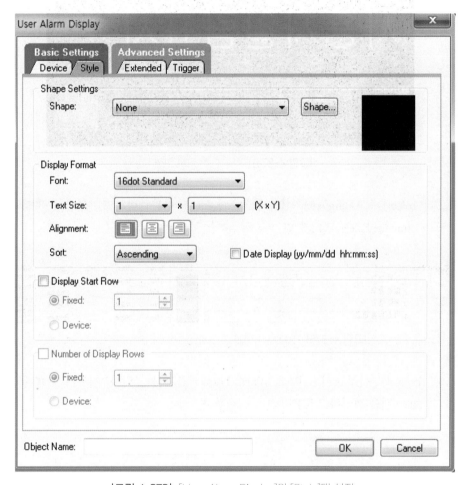

|그림 4-373| [User Alarm Display]의 [Style]탭 설정

5 예제 4-37

1) [그림 4-374]와 같이 작화한다.

|그림 4-374| 예제 4-37 작화 화면

2) [Project] – [Comment] – [Basic Comment]를 더블클릭하고, [그림 4-375]와 같이
[Comment List]를 설정한다.

Comment No.	Comment	Text	Invert	Blink	HQ	Style	Solid
1	수위 경고		No	Medium	☐	Regular	
2	압력 경고		No	None	☐	Regular	
3	온도 경고		No	None	☐	Regular	
4	가스 누출 경고		No	None	☐	Regular	

|그림 4-375| 예제 4-37 [Basic Comment] Comment List

3) [Project] – [Alarm] – [User Alarm Display]를 더블클릭하고 [그림 4-376]과 같이
[Basic]탭을 설정하고 [OK]버튼을 클릭한다.

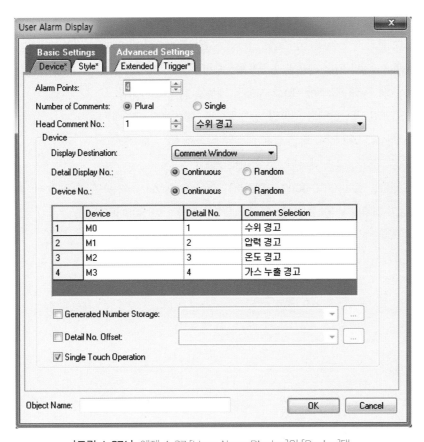

|그림 4-376| 예제 4-37 [User Alarm Display]의 [Device]탭

- Alarm Points : 4
- Number of Comments : Plural
- Head Comment No. : 1
- Display Destination : Comment Windows
- Detail Display No. : Continuous
- Device No. : Continuous
- Device 1 : M0
- Detail 1 : 1
- Single Touch Operation : Check

4) Text와 에러 해제 버튼(M101)의 설정은 사용자 임의로 한다.

5) PLC 프로그램은 [예제 4-35]와 같다.

참고문헌

1. GX-Work2 오퍼레이팅 매뉴얼 심플프로젝트편 / MITSUBISHI

2. I/O Module Type Building Block 사용자 매뉴얼 / MITSUBISHI

3. MELSEC-Q/L 프로그래밍 매뉴얼, 공통명령편 1/2 / MITSUBISHI

4. GT Designer3 Version1, 화면 설계 매뉴얼 작화편 1/2 / MITSUBISHI

5. GOT1000 시리즈 접속 매뉴얼 1/3 / MITSUBISH

6. 프로그래머블 표시기(GOT1000 시리즈)(GT Designer2 Version2용) / MITSUBISHI

7. 아날로그-디지털 변환 모듈(사용자 매뉴얼)(상세편) / MITSUBISHI

8. Digital-Analog Converter Module(User's Manual) / MITSUBISHI

GOT1000 시리즈와 멜섹 Q PLC를 이용한

HMI 응용실습

2015년 9월 20일 초   판 인쇄
2015년 9월 25일 초   판 발행
2016년 6월 10일 개정1판 발행
2022년 3월 10일 개정1판 2쇄 발행

저 자   조철수
발행인   조규백
발행처   도서출판 구민사
            (07293) 서울특별시 영등포구 문래북로 116, 604호(문래동 3가 46, 트리플렉스)
전화   (02) 701-7421(~2)
팩스   (02) 3273-9642
홈페이지   www.kuhminsa.co.kr

신고번호   제 2012-000055호(1980년 2월 4일)
ISBN   979-11-5813-260-6 13000

값 26,000원